COLLECTION
DES MÉMOIRES
SUR
L'ART DRAMATIQUE,

PUBLIÉS OU TRADUITS

Par MM. Andrieux,
Barrière,
Félix Bodin,
Després,
Évariste Dumoulin,
Dussault,
Étienne,

Merle,
Moreau,
Ourry,
Picard,
Talma,
Thiers,
Et Léon Thiessé.

DE L'IMPRIMERIE DE BAUDOUIN FRÈRES,
RUE DE VAUGIRARD, N° 36.

MÉMOIRES
DE
MISTRISS BELLAMY,

ACTRICE
DU THÉATRE DE COVENT-GARDEN,

AVEC UNE NOTICE SUR SA VIE,

PAR M. THIERS.

TOME PREMIER.

PARIS.

PONTHIEU, LIBRAIRE, AU PALAIS-ROYAL,
GALERIE DE BOIS, N° 252.

1822.

INTRODUCTION

AUX

MÉMOIRES DE MISTRISS BELLAMY.

Mistriss Bellamy a peu laissé à dire aux historiens de sa vie, car elle a tout raconté elle-même avec cette sincérité d'une ame élevée qui, comptant assez sur la noblesse de ses sentimens, croit pouvoir avouer toutes les imprudences de sa conduite. Mais sa naissance, son éducation, sa carrière dramatique, sa vie privée, son caractère tendre, noble et inconsidéré, sa fin déplorable, ses amitiés avec les premiers hommes de son siècle et de sa patrie, excitent une foule de réflexions que nous n'avons pas cru devoir omettre. En donnant les Mémoires dramatiques, on n'a pas eu pour but unique de fournir un traité de la représentation théâtrale, mais on a voulu réunir en quelque sorte les annales d'une classe particulière qui, libre et isolée au sein de la société, se livre à toutes les passions qu'elle est destinée à représenter sur le théâtre, vit avec une espèce d'entraînement et d'ivresse, et a confondu dans un même récit ses aventures et les principes de son art. Les acteurs et actrices célèbres ont donné en effet des Mémoires, où se trouvent des réflexions sur leur profession, mais jamais ils n'ont donné de traité en forme. Vivre et sentir, pour eux, c'est apprendre leur art ; raconter leur vie, c'est expliquer leur talent.

Mistriss Bellamy devait tout à la nature, qui la fit intelligente et sensible, qui la doua d'une voix pénétrante, et d'une beauté non point régulière, mais touchante et expressive ; elle ne dut rien à l'art, et aussi elle n'en a point parlé du tout dans ses Mémoires ; mais elle a raconté sa vie et son âme ; et si elle ne raisonne point sur la représentation théâtrale, elle nous donne à penser sur le cœur humain, elle nous éclaire sur la carrière du théâtre et sur les vicissitudes de la condition humaine.

Mistriss Bellamy était fille de lord Tyrawley, connu par son caractère et ses talens. Il semble que, fille reconnue et chérie d'un père riche et puissant, sa vie aurait dû s'écouler comme celle de toutes les jeunes personnes de même condition. Cependant il n'en fut point ainsi. Je ne veux pas étaler ici une vaine morale, mais, en réfléchissant sur la vie humaine, on ne peut s'empêcher d'être frappé de la manière dont un mal en amène un autre. L'aïeule de mistriss Bellamy, privée de ressources par son inconduite, avait été obligée de confier sa fille à la célèbre Arabelle Churchill, sœur de Marlborough et favorite de Jacques II. Celle-ci n'était point une mère, et ne sut pas la soustraire à la passion de lord Tyrawley. De cette passion naquit une malheureuse fille, mistriss Bellamy, douée de toutes les qualités dont la nature semble combler avec prédilection ces enfans nés de l'amour et confiés au hasard. Lord Tyrawley lui-même, quoique sensible et aimant, n'avait pas la sollicitude d'une mère, et ne pouvait en avoir les soins. Envoyé en Russie, et ne pouvant y conduire sa fille avec lui, il la confia à la garde d'une amie. A peine fut-il parti que la jeune Bellamy, touchée de compassion pour sa mère, courut à elle, malgré la défense de lord Tyrawley. Mais cette fille généreuse et imprévoyante ne comprit pas que son inutile dévouement contrarierait la volonté paternelle. Lord Tyrawley, indigné, renonça à elle, lui retira ses bienfaits, et elle fut laissée à la charge de sa mère qu'elle avait cru secourir.

On devine la suite d'une telle existence. La mère de mistriss Bellamy était vouée au théâtre, et vivait avec des actrices. Parmi elles, se trouvait la célèbre mistriss Woffington. Douée d'une intelligence prompte et étendue, d'un cœur sensible et passionné, cultivée par la meilleure éducation, la jeune Bellamy ne devait-elle pas plaire à la fameuse actrice? Elle lui plut en effet, et fut comblée de ses caresses. Là, se trouvaient Shéridan et Garrick. Shéridan, digne père du célèbre tribun anglais, était à la fois écrivain distingué, grand acteur, directeur de théâtre, et aussi ferme, aussi généreux, aussi prodigue que son illustre fils. Garrick, au contraire, jaloux de Shéridan, présentait avec lui le plus singulier contraste : envieux, avare, astucieux, comme s'il n'eût pas été passionné, il travaillait sa fortune et ses succès, et mesurait aussi bien sa vie que son talent. Tous deux enfin composaient une société séduisante pour une jeune fille qui avait elle-même des dispositions pour la scène. Entre mistriss Woffington, Shéridan et Garrick, on ne pouvait parler que de théâtre; la jeune Bellamy écoutait et se sentait enflammée. Elle accepta un rôle dans une représentation donnée à la campagne, et charma de ses talens naissans le Roscius anglais. Liée bientôt d'amitié avec les filles de M. Rich, directeur du théâtre de Covent-Garden, l'un des deux premiers théâtres de Londres, elle se trouva presque invinciblement engagée dans la carrière de sa mère. Ces jeunes personnes lisaient des vers : tandis que mistriss Bellamy déclamait une tirade d'Othello, M. Rich passe près de l'appartement où elle était, et il est frappé de la voix la plus touchante qu'il eût jamais entendue. Ravi, il s'approche et aperçoit mistriss Bellamy. Il avait besoin d'une jeune actrice, et il veut aussitôt la faire débuter à Covent-Garden. Un cœur chaud et passionné, qui se plaisait à donner l'expression à de beaux vers, une mère actrice, une société composée de rois et de reines de théâtre, tout entraînait la fille de lord Tyrawley et devait la séduire. Son début fut résolu. Le talent a quelques manières de débuter qui sont partout les mêmes. D'une part, mistriss Bellamy intéresse M. Rich; de l'autre, elle déplaît à M. Quin, acteur célèbre et tyran du théâtre de Covent-Garden, mais d'ailleurs généreux et bienfaisant. M. Rich offrait un caractère singulier et tel qu'on en rencontre quelquefois. Avec une docilité et une soumission habituelle, il avait des jours de force, et ces jours-là il était indomptable. Malgré M. Quin, il fit débuter mistriss Bellamy, la couvrit de parures qui alors n'abondaient pas au théâtre, et la produisit sur la scène malgré tous les obstacles et les bruits défavorables qu'on avait répandus. S'il en coûte tant à l'homme dont le front est le plus assuré, de se montrer, pour la première fois, à ses semblables, combien ce début doit-il être pénible pour une jeune fille sortie à peine de l'asile domestique; gardée jusqu'à ce jour par l'amitié, et, pour la première fois, livrée à la multitude qui acquiert tout droit de la juger. Ces sentimens qu'elle exprimait naguère avec tant de volupté et d'une voix si douce, ces accens qui la soulageaient en sortant de sa bouche et de son cœur, combien il doit lui en coûter de les répandre aujourd'hui ! Combien il lui est difficile de songer à des expressions tragiques, lorsqu'elle est tout occupée de ce public qui l'entoure, qui la presse, qui l'assiége de ses regards et de son attention! Tous les débuts ont cette difficulté, qu'il faudrait oublier le public la première fois qu'on le voit, et que le jour où il faudrait pouvoir le plus, on peut le moins. Mistriss Bellamy parut tremblante et s'évanouit plusieurs fois. La multitude, qui n'est rien, et veut être quelque chose, est si fière d'intimider, qu'elle récompense la peur qu'elle inspire. Sans entendre mistriss Bellamy, qui ne put jamais élever la voix pendant les quatre premiers actes, elle la couvrit d'applaudissemens. Au quatrième, enfin, la jeune débutante, aguerrie, échauffée par son rôle, déploya des moyens inattendus, charma l'auditoire, ravit le bon M. Rich, qui fut dédommagé de son énergie d'un jour, elle désarma surtout son ennemi M. Quin, qui devint aussitôt son protecteur et son soutien, et demeura depuis son plus fidèle et son plus généreux ami.

Il n'y a rien qui *réussisse comme le succès*. Un pareil début dut amener des suites brillantes, et valut bientôt à la fille de lord Tyrawley des amitiés illustres et de hautes protections. L'Angleterre ne se conduit point comme nous envers les artistes dramatiques ; elle ne flétrit pas les talens qu'elle aime le plus, et elle n'exclut pas des sociétés ceux qu'elle a couverts d'applaudissemens sur la scène. Chaque famille écarte ses enfans d'une profession périlleuse ; mais elle estime, elle honore ceux qui, une fois consacrés au théâtre, y ont conservé une conduite honnête et pure. Les plus grandes dames se font protectrices d'une jeune débutante, la reçoivent dans leur société, la placent à côté de leurs filles, secondent ses bénéfices et ses succès, et font par bienveillance ce qui, de la part des hommes, semblerait inspiré par l'amour ou la galanterie. Pour moi, qui ne fais honneur qu'à la nature et aux circonstances du caractère des individus et des peuples, qui apprécie leurs avantages divers, mais qui suis toujours prêt à leur contester des mérites dont ils sont trop fiers, je ne vanterai pas trop l'Angleterre de cette espèce d'équité envers une classe particulière de la société. Cette Angleterre, si fière, si dédaigneuse, si brutalement injuste envers la France, et qui, dans des journaux du dix-neuvième siècle, a le mauvais goût de traiter une nation rivale avec l'aveuglement et la fureur d'un parti ou d'une secte, cette Angleterre se vante trop de ses avantages pour qu'on ne lui montre pas à quoi ils se réduisent. Les Anglais, a dit l'un des hommes les plus sages entre tous ceux qui ont écrit sur les nations étrangères, les Anglais, s'ils ne sont foux de la folie générale, le sont de mille folies particulières. Il est vrai qu'il y a chez ces fiers insulaires beaucoup moins de conventionnel que partout ailleurs. Dès le bas âge, on soigne chez eux la nature, on prétend ne la gêner en rien : dans les arts, ils la vantent avec outrance, et la transportent telle quelle dans leurs peintures. Aussi ne séparent-ils pas le comique du tragique, le trivial du sublime ; et ils sont privés d'idéal dans les arts ainsi que dans les mœurs. S'ils n'ont pas la morgue des pays à usages, ils manquent de tenue et de dignité malgré leur extérieur froid et contenu. Ainsi, le célèbre Fox, quoique ministre, joue et s'enivre ; le peuple fait ses élections au milieu des orgies. Chez eux, en un mot, il y a moins de contrainte extérieure, et c'est à cela peut-être qu'est due l'équité apparente avec laquelle ils traitent certaines classes de la société. S'ils n'ont pas la vanité de la mode, ils ont celle de la bizarrerie ; et leurs plus grands écrivains, comme Sterne, se tourmentent pour être originaux. Vivant enfin sous un climat qui leur donne le besoin des liqueurs et des émotions fortes, ils s'enivrent, et veulent voir expirer sur la scène une grande partie des personnages d'une tragédie. Il faut que leurs acteurs se livrent à des mouvemens violens et convulsifs. Ainsi, mistriss Bellamy eut la plus grande peine à se faire pardonner un ton plus simple. Je ne nie pas les grandes qualités que la nature mêle à tous ces défauts : mais quand un peuple ne veut voir que le mauvais côté d'autrui, il faut lui montrer le sien. Je sais que tout change aujourd'hui, que les provinces, les royaumes tendent à l'uniformité par leurs communications réciproques : mais enfin voilà comment étaient les Anglais à la fin du siècle dernier.

C'est au milieu d'une société pareille que se montra mistriss Bellamy. Les protectrices ne lui manquèrent pas, et on en voit autour d'elle de tous les caractères ; s'il en est d'excellentes, il en est une, la duchesse de Queen'sberry, qui se plaît à rabaisser en obligeant, et, après une humiliation, aime à étonner par des bienfaits imprévus. Les amans se joignent aux amies. Mistriss Bellamy, d'après tout ce que les contemporains nous ont appris, n'était point exactement belle : sa taille était moyenne ; mais elle était pleine de grâces : elle avait un bras et une main dont elle faisait vanité, et surtout un son de voix enchanteur. Une femme applaudie tous les jours, une femme qui ravit tout le monde de son jeu, de ses expressions, en devient plus attrayante. Les transports du public sont sympathiques : on aime et on admire davantage ceux que tout le monde aime et admire. C'est là ce qui assure l'empire des femmes livrées au théâtre. Mistriss Bellamy fut entourée d'adorateurs : bientôt enlevée par un amant passionné, supposée coupable, abandonnée par ses amis et sa mère, elle se réfugie chez des parens quakers, est justifiée ensuite, et reparaît triomphante aux yeux du public et de ses amis. Mais, jeune, sans appui, avec un cœur sensible, elle devait enfin succomber. Si sa conduite ne fut pas exemplaire, elle fut du moins excusable. Elle aima un jeune seigneur violent, emporté, George Metham, et en eut un fils qui porta le nom de son père. Dans un moment où elle fuyait la violence de Metham, un homme perfide profite de l'occasion, lui persuade qu'elle n'est plus aimée, l'irrite contre son amant, la trompe, pleure, supplie, et obtient son union avec elle. Cet homme, John Calcraft, était le protégé d'Henri Fox. Il suppose que, dans le moment, il ne peut avouer ce mariage, et se soumet à un dédit de cinquante mille livres, s'il ne la prend pour épouse au bout de quelques années. Mistriss Bellamy accepte cet engagement. Les caractères fictifs que nous admirons dans les romans nous frappent, parce que tous les traits y sont mis en saillie ; je ne sais s'ils n'ont pas plus d'intérêt dans les Mémoires où ils ont l'effet de la réalité; c'est, du moins, là qu'il faut les étudier, comme dans la nature elle-même. L'avarice basse, l'astuce perfide, n'a jamais été mieux caractérisée qu'ici, ni plus frappante par son opposition avec un caractère noble, élevé et généreux. Mistriss Bellamy, dès ce moment, est supposée l'épouse de Calcraft ; sa maison devient splendide, et on y voit la réunion de tout ce que l'Angleterre possédait de plus remarquable. Pleine de goût et de politesse, elle attire autour d'elle un cercle brillant, se livre à son penchant pour la dépense, et devient le centre d'une société politique où se discutent les intérêts de l'État; elle-même étudie Puffendorff et Grotius ; avec un esprit actif et étendu, elle ose se mesurer à tous les sujets, mais par simple curiosité, sans prétention, et seulement pour comprendre les hommes qui l'entourent. Le compagnon de sa vie, Calcraft, se chargeait des agences de tous les généraux ou chefs de régimens absens. Mistriss Bellamy, par ses relations, par son activité, lui procurait une clientelle immense, et lui ménageait ainsi les moyens de faire une vaste fortune. Elle dépensait tous ses revenus du théâtre, allait au-delà, dans l'espoir que Calcraft, qui était en partie l'objet de ces dépenses, qui en profitait lui-même, fournirait au paiement deses dettes : mais Calcraft, qui mettait peu de prix aux grâces de sa compagne, profitait, en attendant, de la faveur qu'elle avait l'art de lui obtenir. Pour elle, d'une conduite irréprochable pendant la durée de cette union, elle se livrait au penchant de son cœur, secourait la famille de Calcraft lui-même qu'il abandonnait, réparait secrètement ses concussions, et recommandait les malheureux aux hommes puissans dont elle était adorée. A ses côtés, on voit un ami constant, et fait pour honorer cette femme charmante ; c'est Henri Fox, long-temps secrétaire de la guerre, père du célèbre Charles Fox, et déjà en lutte avec le père de Pitt ou lord Chatam. Ce noble et vertueux ministre, plein de douceur et de sens, préparait alors l'éducation de son fils, dont il fit un homme supérieur, sans pouvoir en faire un homme tempérant. On verra ici tout ce qu'il faisait pour l'habituer d'avance à être fidèle à sa parole, et comment un père sage, bienfaisant et juste, préparait un fils qui fut généreux et grand.

Mistriss Bellamy était douée du caractère le plus facile : endettée, elle s'endettait encore pour un caprice ou un bienfait. Elle était l'une des meilleures écuyères du royaume. On verra même l'indigne Calcraft profiter de cette circonstance pour mettre ses jours en péril. Elle aimait les chevaux, et faisait seulement pour ses équipages une dépense considérable. Dans les momens même où elle était le plus pressée, un malheureux à secourir, un service à rendre, lui faisaient oublier tous ses engagemens. Mais alors elle avait devant elle un avenir immense ; plusieurs amies lui avaient assuré leur héritage ; ses gains au théâtre étaient de plus en plus considérables, et la fortune de Calcraft, grâce à ses soins, se grossissait tous les jours.

Tout est si facile dans la jeunesse, et pendant le premier mouvement du bonheur ; tout semble venir à nous et s'offrir comme de soi-même ; les applaudissemens, les amitiés, la fortune. Il arrive enfin le jour où tout se retire, où il faut courir après les choses qui nous fuient, et les atteindre avec des forces usées. L'indigne Calcraft irrite enfin mistriss Bellamy, et elle se décide à l'abandonner, au grand étonnement de ceux qui les croyaient époux. Elle se retire chargée de dettes, refuse d'user d'une loi nouvelle, au moyen de laquelle elle eût pu s'acquitter, et forme le projet de payer ce qu'elle devait avec le seul revenu de ses travaux. Mais un attachement nouveau, des voyages, un reste d'enivrement, de succès et de dépenses achèvent de la ruiner ; et, lorsque l'enthousiasme du public est passé, elle se trouve accablée de dettes et sans moyen de fournir à son existence.

Cette femme charmante avait captivé jadis tous ses amis; son esprit élevé, son caractère généreux les avaient enchantés. Souvent dans une pareille situation, on aime le succès, en croyant n'aimer que le mérite. Aussi nous ne voyons plus auprès de Bellamy aucun de ses amis, quoique ses qualités soient les mêmes. Elle n'en accuse aucun; elle ne se plaint que du perfide Calcraft; mais enfin ses nombreux amis n'y sont plus; l'infortunée est seule, livrée aux obsessions de ses créanciers, rebutée des directeurs de théâtre, souvent exposée aux cruautés de la justice anglaise, et manquant parfois du nécessaire. Ruinée par un incendie, dépouillée de ses riches pierreries par un vol de Calcraft, privée par la perfidie d'un domestique d'un immense héritage, elle demeure sans ressources, et, dans sa détresse, fait encore du bien. Cette femme est un exemple unique d'une bonté facile et, on peut dire, imprudente. On n'a jamais vu peut-être au même degré, oublier ses propres besoins à la vue du besoin présent des autres. Réduite à la dernière extrémité, elle veut attenter à ses jours, et elle en est empêchée encore par le désir de faire l'aumône à une malheureuse mère plus pauvre qu'elle. C'est alors que le désir de se rappeler au souvenir du public, lui inspira l'idée d'écrire ses Mémoires. Ils en reçurent un accueil extraordinaire, et eurent quatre éditions successives. Les divers théâtres lui accordèrent des bénéfices. Il faut ou enchanter le public ou provoquer vivement sa pitié. Quand mistriss Bellamy eut renoncé à plaire, et se fut résolue à toucher, l'infortunée obtint encore quelques soulagemens. Cependant elle ne fut point débarrassée de ses dettes ; ce cruel souci ne l'abandonna jamais ; elle obtint pourtant une existence un peu plus calme. Mère de plusieurs enfans, d'une fille dénaturée, d'un fils excellent, mais mort dans l'Inde, d'un autre, dissipé et sans conduite, elle obtint néanmoins de ce dernier quelques consolations. Cette qualité de mère fut sa dernière ressource. Comme mère, elle n'avait pas failli, comme mère, elle fut soulagée. Ainsi, quelque brillans que soient les dons que nous a faits la nature, quelque heureux que soient les instans que la fortune nous dispense, il n'y a de félicité assurée que dans les rapports réguliers. Née de passions illégitimes, jetée au milieu du désordre, vivant dans le désordre, malgré tous les dons, malgré la plus extraordinaire bonté, et tout ce qui aurait dû lui concilier les hommes, mistriss Bellamy fut encore un exemple unique d'infortune et de cette punition que la nature attache toujours à l'infraction de ses lois. La nature sans doute ne défend aucune profession ; elle admet le bien dans toutes, mais dans toutes elle a voulu que la femme fût fille chérie et surveillée, épouse fidèle et protégée, mère soigneuse : hors de-là, point de repos, de bonheur, de vieillesse heureuse. Si l'homme peut s'aventurer, parce que, fort, il peut partout se protéger lui-même, la femme ne peut sortir de ses rapports naturels sans succomber de faiblesse et souffrir de tous les maux. Quoi qu'il en soit, on lira ces Mémoires avec une extrême curiosité, et un tendre intérêt pour la noble et généreuse héroïne qui les a écrits. La traduction que nous publions ici, pleine de fidélité et d'élégance, fut un délassement de jeunesse pour un homme que de hautes fonctions appellent aujourd'hui à de plus graves et à de plus utiles soins.

MÉMOIRES
DE GEORGES-ANNE
BELLAMY,
ACTRICE
DU THÉATRE DE COVENT-GARDEN.

LETTRE PREMIÈRE.

MISTRISS BELLAMY A MISS ***.

Londres, 20 septembre 17 —.

Madame,

Par déférence pour vos ordres et pour les conseils de plusieurs de mes amis, j'entreprends d'écrire mon apologie, et de me disculper de toutes les calomnies qui ont été publiées contre moi. Ma conduite, à plusieurs égards, n'a pas été exempte de blâme; je le sais, et cependant je ne peux me refuser au désir de me laver de ceux de ces reproches que je n'ai pas mérités.

Ce n'est pas sans amertume que je vais traîner mon imagination sur le souvenir de toutes mes erreurs; mais vous avez désiré de connaître dans le plus grand détail les particularités de ma vie. Je tâcherai de me les rappeler toutes, et je les mettrai sous vos yeux dans une suite de lettres que je continuerai à mesure que les faits se présenteront à ma mémoire. Vos bons offices répandront, je l'espère, ma justification dans cette société choisie, dont je désire de recouvrer la considération. Un jour, peut-être, j'oserai donner au public ces Mémoires recueillis pour votre amusement. Heureuse, si le tableau de mes fautes et de mes malheurs peut, comme un fanal salutaire, écarter l'imprudente jeunesse de ces rives trompeuses sur lesquelles on lui promet le plaisir et la gloire, et où, comme je le sais trop, elle ne doit trouver que le remords et l'infortune!

Je serai souvent prolixe; mais votre amitié ne me lira point avec l'œil sévère de la critique. La main consolatrice du temps n'a pu rendre encore à mon esprit une tranquillité, troublée par tant de tristes événemens, et de plus tristes réflexions. Je compte donc sur votre indulgence pour mon style, comme je l'implore pour ma conduite.

Je n'ai pas, comme un personnage célèbre (1), le projet de remplir plusieurs volumes des événemens qui ont précédé mon existence. Cependant, comme j'ai lieu de penser que quelques-unes des traverses de ma vie ont pris leur source dans des faits fort antérieurs à ma naissance, je suis obligée d'entrer dans plusieurs détails relatifs à ma famille. Un mauvais libelle publié en 1761, contenant, outre beaucoup de mensonges sur mon compte, plusieurs particularités offensantes pour ma mère; je dois, avant tout, la justifier d'imputations injurieuses, et pour cela, je suis contrainte de commencer mon récit à l'époque de sa naissance.

Ma mère était fille d'un riche quaker, fermier du comté de Kent, dont le nom était Seal. Il retirait de ses houblonnières, qui étaient très-grandes, tant de bénéfice, qu'il

---

(1) Tristram Shandy, dont les malheurs, ainsi que chacun sait, commencèrent neuf mois avant sa naissance, et qui ne vient au monde qu'au troisième volume de son histoire. (*Note du traducteur.*)

se vit en état d'acheter, près des eaux de Tumbridge, une terre appelée le mont Sion. Pendant quelques années, il jouit en paix du fruit de son industrie. Mais, un soir d'automne, étant resté trop tard aux champs, il gagna un rhume, à la suite duquel vint une fièvre qui l'emporta en peu de jours.

Il n'avait point fait de testament : tout ce qu'il possédait tomba entre les mains de sa femme, sans qu'aucune portion en fût légalement réservée à ma mère, qui avait alors environ quatre ans.

Ma grand'mère, jeune, encore jolie, se trouvant veuve avec un seul enfant, et propriétaire d'une fortune indépendante, pensa que rien ne l'obligeait à suivre les entreprises de mon père, qui demandaient beaucoup de soins et d'activité. Elle vendit donc tout ce qu'elle avait à Maidstone, et se retira aux eaux de Tumbridge. Elle y meubla avec élégance quelques maisons qu'elle louait aux gens riches pendant la saison des eaux.

A peine fut-elle établie dans son nouveau domicile, que sa fortune et sa beauté lui attirèrent les regards de tous les jeunes gens du voisinage, principalement de ceux de la même secte. Pendant deux ans elle résista à leurs attaques. Enfin, pour son malheur et celui de sa fille, elle donna sa main à un M. Busby, architecte estimé, et qui passait pour riche. Ma grand'mère, pendant qu'il la recherchait, avait conçu une si haute opinion de sa probité et de sa délicatesse, qu'elle l'épousa sans stipuler, ni pour elle, ni pour son enfant, aucune réserve de sa fortune. Il lui fit, à la vérité, les plus belles promesses, tant pour l'une que pour l'autre; mais elle n'eut que trop tôt sujet de se repentir de son imprudence.

Parmi les personnes de qualité qui occupaient de temps à autre les maisons de mon aïeule, était mistriss Godfrey, sœur du fameux duc de Marlborough. Une fille d'un premier lit de M. Busby était attachée à cette dame, et demeurait chez elle. Mistriss Godfrey, pendant son séjour à Tumbridge, avait conçu pour ma grand'mère une telle bienveillance, et pour ma mère une telle tendresse, qu'elle offrit de prendre celle-ci chez elle, et de la faire élever, à tous égards, comme sa propre fille miss Godfrey. Ma grand'mère, qui n'avait alors aucune raison de douter que son mari ne reconnût à sa fille une fortune considérable, se refusa poliment à cette offre; mais elle promit que, l'hiver suivant, lorsque mistriss Godfrey retournerait à Londres, elle l'y accompagnerait et y passerait avec elle trois ou quatre mois.

Les eaux étant finies, mistriss Godfrey partit pour Londres; en y arrivant, elle apprit que son illustre frère était abandonné par les médecins; elle était alors un peu brouillée avec la duchesse de Marlborough, à qui elle reprochait avec raison d'avoir montré au public ce grand homme tombé en enfance. Cette circonstance l'empêcha de le voir à ses derniers momens. Je dois ajouter ici que la duchesse avait coutume de prendre dans son carrosse le duc de Marlborough, et de le conduire avec elle partout où elle allait, faisant ainsi une espèce de parade de cet homme célèbre, aussi redoutable dans un camp, par ses talens militaires, que recommandable dans le cabinet par l'étendue de ses connaissances. Certes, ce spectacle des ruines d'un héros devait révolter tous ceux à qui on avait l'indiscrétion de le faire voir.

Mistriss Godfrey ne pouvant aller elle-même

à l'hôtel de Marlborough, et cependant désirant d'en savoir des nouvelles, y envoya la fille de M. Busby. Avec elle y alla ma mère qui avait suivi à Londres mistriss Godfrey.

En arrivant à la porte de l'hôtel, elles la trouvèrent ouverte, et, à leur grande surprise, elles ne rencontrèrent pas une ame dans tout l'espace qu'elles eurent à parcourir pour parvenir à l'appartement où le corps était exposé. Pas un cierge ne brûlait dans la chambre; pas une personne n'y veillait: tel était le respect, tels étaient les honneurs que rendaient à l'un des premiers hommes de son siècle, les personnes qui lui étaient unies par les liens les plus chers.

Mistriss Godfrey instruite de ce honteux abandon, en fut frappée au point qu'elle en contracta une longue et dangereuse maladie. Elle finit par tomber dans un état tel, que si l'on avait eu pour elle aussi peu d'attention que pour son frère, elle eût été enterrée toute vive. Un dimanche matin, se trouvant mieux qu'elle n'avait été depuis quelque temps, elle s'habillait pour aller à la chapelle. Tout-à-coup, elle tomba, présentant toutes les apparences de la mort.

Les cris de sa femme de chambre et de ma mère attirèrent dans la chambre le colonel Godfrey. Probablement, il se rappela dans ce moment quelques exemples de gens crus morts et rendus ensuite à la vie; en conséquence, il ordonna que sa femme fût mise au lit, et que deux personnes restassent constamment à côté d'elle jusqu'à ce que son corps offrît des symptômes infaillibles de mort. Le résultat prouva le grand sens du colonel. Malgré l'opinion des médecins qui déclaraient tous que la vie était éteinte, malgré les conseils de ses amis qui le pressaient de faire enterrer ce cadavre, il s'obstina à le conserver jusqu'au dimanche suivant, jour auquel, précisément à la même heure que la syncope avait commencé, il reparut des signes de sensibilité.

Le moment du réveil répondit si exactement à celui de l'évanouissement, que mistriss Godfrey reprit ses sens à l'instant même où sonnait le second coup de cloche de la chapelle. Ce son rappelant à sa mémoire l'action dont elle était occupée lors de son accident, elle gronda ses gens de ne l'avoir pas éveillée assez tôt pour qu'elle pût aller à l'église, comme elle se l'était proposé. Le colonel Godfrey profita de cette circonstance : craignant de l'affliger par la connaissance du danger qu'elle avait couru, il donna ordre qu'on ne lui parlât en aucune manière de ce qui s'était passé; je crois que jusqu'à sa mort elle l'a ignoré. Cette anecdote, qui m'a souvent été répétée par ma mère, se trouve racontée, à peu près de la même manière, dans un ouvrage du docteur Peckard, imprimé en 1757. Je dois ajouter que la personne qu'elle concerne, était la célèbre Arabelle Churchill, sœur du fameux duc de Marlborough. Avant d'épouser le colonel Godfrey, elle avait eu, du roi Jacques II, deux fils et une fille (1).

---

(1) Le duc de Berwick, maréchal de France, Henri Fitzjames, dit le grand-prieur, et Henriette qui épousa lord Waldegrave.

LETTRE II.

24 septembre 17 —.

Je reviens à ce qui concerne ma famille. Peu de temps avant cet incident, mon aïeule avait reconnu que l'homme en qui elle avait pris tant de confiance l'avait étrangement trompée. M. Busby, loin de posséder la fortune qu'on lui supposait, était perdu de dettes. Ses créanciers saisirent toutes les propriétés de sa femme qui, n'ayant pris aucune précaution pour s'assurer, non plus qu'à sa fille, une partie de son bien, se trouva dénuée de toute ressource.

Ce revers de fortune l'engagea à accepter avec reconnaissance l'offre que lui avait faite mistriss Godfrey. Elle s'estima heureuse d'avoir trouvé pour sa fille un si respectable asile. Mais quelques avantages que semblât promettre alors cette protection, j'ai lieu de penser qu'elle devint la cause première des malheurs de ma mère qui, ainsi soustraite à la surveillance maternelle, se trouva exposée à toutes les tentations dont sont environnées la jeunesse et la beauté.

Placée, par mistriss Godfrey, dans une pension où était la fille de cette dame, elle y resta jusqu'à ce qu'elle eût atteint l'âge de quatorze ans, époque à laquelle, pour son malheur, elle attira les regards du lord Tyrawley. Ce seigneur, jeune alors, et aussi célèbre par sa galanterie que distingué par son esprit, son courage et ses talens, ayant un jour rencontré ma mère, fut si frappé de ses charmes, qu'il résolut de la séduire. Ma mère, sensible à ses soins, flattée des attentions d'un homme d'un si haut rang, n'eut point de peine à se laisser persuader de quitter sa pension. Elle saisit, en conséquence, la première occasion favorable, et, renonçant aux bontés de sa généreuse protectrice, alla chercher le bonheur dans les bras de son amant.

Lord Tyrawley, glorieux de son succès, conduisit sa conquête à sa demeure, à Sommerset-House, où elle fut traitée avec les mêmes égards que si elle eût été lady Tyrawley. Souvent il lui avait promis qu'il l'élèverait à ce rang, et il continua de le lui faire espérer. Égarée par ses promesses mensongères, tranquillisée par l'affection qu'elle éprouvait pour lui, par la tendresse, chaque jour plus vive, qu'il lui témoignait, elle prit le nom de lady Tyrawley, et crut follement être aussi véritablement la femme de son amant, que si le nœud nuptial eût été serré d'une manière indissoluble.

Quelques mois s'écoulèrent, au bout desquels lord Tyrawley reçut ordre de joindre en Irlande son régiment. Il lui était d'autant plus important d'obéir, que ses intérêts en ce pays avaient le plus grand besoin de sa présence. Leurs regrets furent mutuels, ceux de mylord parurent extrêmes.

Arrivé en Irlande, il trouva ses affaires dans un état très-différent de celui où il les croyait. Le régisseur de ses terres avait profité de l'absence et de l'inattention de son maître pour s'enrichir à ses dépens. Il en résultait que mylord, au lieu de toucher une forte somme qu'il croyait exister entre les mains de cet intendant, fut tout étonné de se trouver devoir beaucoup d'argent. Il avait vécu jusqu'alors d'une manière très-dispendieuse, et ses dettes s'élevaient en masse à une énorme somme. Un seul expédient se présentait pour le tirer d'embarras, celui d'épouser quelque riche héritière. Mais son attachement pour ma mère semblait mettre à ce projet un obstacle insurmontable. Il se flatta qu'elle l'aimait assez pour ne pas s'opposer à une démarche qui pouvait seule le sauver d'une infaillible ruine. Mais, comme il connaissait la violence de son caractère, il tremblait de lui en faire la proposition. Il hésita long-temps avant de prendre un parti qui l'exposait à la perdre pour toujours.

Cependant la nécessité le pressait : il avait jeté les yeux sur miss Stewart, fille du comte de Blessington. On supposait une fortune de 30,000 liv. (1) à cette jeune personne, qui d'ailleurs témoignait pour lui quelque penchant. Elle n'avait pas, il est vrai, à s'enorgueillir de sa beauté : cependant, sa figure était agréable ; et ce qui était d'un bien plus grand prix, le ciel l'avait douée du plus heureux caractère qu'il ait jamais accordé à aucune femme. Inutiles avantages ! Une fâcheuse

---

(1) Cette expression, dans tout le cours de l'ouvrage, désigne des livres sterlings.

destinée devait l'unir à un homme qu'un autre attachement rendait incapable d'apprécier son mérite.

Pendant que mylord lui faisait la cour, le père de la demoiselle, soucieux du bonheur de sa fille, fit des recherches sur tout ce qui regardait son gendre futur. Il entendit parler de sa liaison avec ma mère, et prit le parti d'écrire à celle-ci une lettre polie, par laquelle il la priait de l'instruire de la nature de ses engagemens avec lord Tyrawley. Il lui faisait part en même temps du motif de ces questions.

Ma mère, lorsqu'elle reçut cette lettre, était encore mal rétablie d'une couche assez récente. Affaiblie par son indisposition, elle n'eut pas la force de résister au choc de ses passions. La colère l'emportant sur la tendresse, et lui faisant oublier toute prudence, elle adressa au comte de Blessington toutes les lettres qu'elle avait reçues de son amant. Dans le nombre, en était une qu'elle avait reçue par le même courrier : elle ne l'avait pas encore ouverte, et elle l'envoya sans la décacheter. Lord Tyrawley, dans cette lettre, l'instruisait de la triste position de ses affaires, et de la nécessité à laquelle il se voyait réduit de faire un mariage de fortune. Il ajoutait qu'il ne resterait avec la femme qu'il se proposait d'épouser, que le temps qu'il lui faudrait pour se mettre en possession de son bien, après quoi il volerait sur les ailes de l'amour pour le partager avec elle; quoiqu'une autre dût avoir sa main, elle seule aurait son cœur, et serait, devant Dieu, sa véritable femme. Pour le lui prouver, disait-il, il avait préféré miss Stewart, laide et sotte, à une autre personne qui, pourvue d'une fortune aussi considérable, avait de plus de l'esprit et de la beauté; tant il avait craint de trouver dans son mariage une occasion de porter atteinte aux sentimens qu'il avait voués à sa maîtresse !

Vous concevez quelle indignation dut saisir lord Blessington, lorsqu'il vit des preuves aussi convaincantes de la perfidie de mylord. Dans sa colère, il se hâta de défendre à sa fille de recevoir Tyrawley, ou de lui écrire. Tardive précaution! Déjà les deux jeunes gens étaient époux : ils avaient serré leurs nœuds à l'insu du comte.

Lord Tyrawley devint ainsi la victime de sa duplicité. Privé de la fortune sur laquelle il comptait, et uni à une femme qu'il ne pouvait aimer, il se trouva véritablement malheureux. Déterminé cependant à se débarrasser, de quelque manière que ce fût, de sa nouvelle épouse, il demanda sur-le-champ au ministre à être envoyé à la cour de Lisbonne. Il obtint facilement cet emploi : personne n'était plus propre que lui à le remplir. Il possédait à fond la langue portugaise, et surpassait en talens et en connaissances tous ses concurrens.

En se séparant de sa femme, lord Tyrawley lui fit 800 liv. de pension : elle alla occuper, dans Sommerset-House, l'appartement même dans lequel ma mère avait demeuré. Celle-ci n'avait pas plutôt appris le mariage de son amant, qu'elle s'était hâtée de fuir un lieu qui lui rappelait son bonheur passé et ses espérances déçues. Déterminée à ne plus revoir des objets susceptibles de réveiller de si tristes souvenirs, elle n'emporta ni son argenterie, ni aucun des présens dont l'avait comblée, en diverses occasions, le plus généreux des hommes.

LETTRE III.

17 septembre 17 —.

Peu de temps avant que ma mère, au désespoir, quittât la demeure de lord Tyrawley, une parente de mon aïeule, prenant en considération les pertes que celle-ci venait d'éprouver, lui avait laissé par testament une maison. Elle l'habitait, en louait une partie, et vivait tant de ce petit revenu que des bontés de sa respectable amie mistriss Godfrey. Quoiqu'elle n'eût pas vu sa fille depuis son évasion, et qu'elle fût très-mécontente de sa conduite, elle ne put, dans une circonstance si critique, lui refuser un asile : ma mère vint demeurer avec elle.

Pendant qu'elle habitait Sommerset-House, elle avait eu occasion de voir une des principales actrices du théâtre de Drury-lane, nommée Butler, qui était venue la prier de s'intéresser à son bénéfice (1). Il s'était formé entre elles une espèce d'intimité; et pendant le séjour de lord Tyrawley en Irlande, mistriss Butler allait souvent passer la soirée chez ma mère. Celle-ci, qui lui avait confié les détails de son bonheur, alla lui raconter ses peines et la consulter sur sa position.

Mistriss Butler, ne voyant aucune apparence qu'elle renouât jamais une liaison avec son amant offensé, lui conseilla de prendre la profession qu'elle-même avait embrassée. Ma mère était grande, sa figure était imposante, et ne manquait point de beauté; mais un maintien froid et composé, qu'elle avait pris probablement des Quakers, avec lesquels elle avait passé les premières années de sa vie, lui promettait peu de succès sur le théâtre : cependant, vaincue par les conseils et les instances de mistriss Butler, elle se décida à entrer dans cette carrière.

Les théâtres de Londres ne pouvant alors lui offrir un engagement avantageux, on lui

---

(1) Représentation donnée à son profit. Chaque acteur, outre ses appointemens, a un bénéfice. Il en sera souvent question dans ces Mémoires. (*Note du traducteur.*)

conseilla d'aller en Irlande, où elle trouverait quelques amis parmi ceux de lord Tyrawley : elle en avait vu plusieurs à Sommerset-House. Elle prit donc ce parti ; et laissant aux soins de sa mère le fils que depuis peu elle avait mis au monde, elle entreprit, seule, sans amis, sans protecteurs, d'exécuter un projet qui, lors même que toutes les circonstances le favorisent, est encore environné de dangers et de désagrémens.

Elle fut reçue à Dublin avec applaudissemens ; mais elle dut, ce semble, les succès qu'elle y obtint, plutôt au peu d'habitude qu'avaient alors les spectateurs du pays du jeu des grands acteurs, qu'au talent dont elle fit preuve ; cependant elle y joua avec quelque considération les premiers rôles pendant plusieurs années, au bout desquelles une discussion s'étant élevée entre elle et les propriétaires du théâtre, elle résolut de quitter cette ville.

Après quelque hésitation sur le plan qu'elle avait à suivre, elle prit tout-à-coup l'étrange résolution d'aller trouver en Portugal lord Tyrawley. Mylord, pendant qu'elle était en Irlande, lui avait souvent écrit ; il l'avait pressée plusieurs fois, au nom de leurs amours, de venir le rejoindre; mais voyant ses sollicitations inutiles, depuis long-temps, il les avait interrompues.

Malgré sa longue répugnance à se rendre aux invitations de son amant, elle fut reçue à Lisbonne avec des transports de joie : malheureusement elle y arriva dans une circonstance qui rendit sa présence moins agréable qu'elle n'eût paru quelque temps plus tôt. Mylord, désespérant de la voir condescendre à ses prières réitérées, avait formé une liaison avec une dame portugaise, nommée Dona Anna, qu'il avait engagée à quitter sa protectrice, femme du malheureux comte Olivarez. Connaissant trop bien ma mère pour lui confier cette particularité, il la plaça dans la maison d'un négociant anglais, où elle fut traitée avec les plus grands égards.

Elle y avait passé quelque temps, satisfaite et tranquille, lorsqu'un capitaine anglais, nommé Bellamy, vint faire une visite dans la maison qu'elle habitait : frappé de ses charmes, et ne connaissant point sa position, il devint amoureux d'elle, et lui offrit sa main qui fut refusée.

Le parti cependant était avantageux, et le capitaine en conclut que quelque autre attachement avait fait dédaigner le sien. La jalousie a un œil de lynx. Lord Tyrawley venait quelquefois dans la maison : Bellamy, sans soupçonner autre chose qu'un penchant pour mylord, parla de lui à ma mère, et, par suite de conversation, lui apprit dans quels termes l'ambassadeur vivait avec Dona Anna : celle-ci était alors en couches du second enfant qu'elle avait eu de lui.

La colère étouffant encore une fois dans le cœur de ma mère l'amour qu'elle avait pour lord Tyrawley, le ressentiment fit ce que n'avaient pu opérer tous les soins de Bellamy; sans hésiter, sans réfléchir, elle consentit à lui donner sa main. Le bâtiment que commandait le capitaine était sous voile, prêt à partir pour l'Irlande; elle s'y embarqua avec lui. Son mariage, son départ furent si secrets, que mylord, malgré tous les moyens que lui donnait sa place pour être instruit des moindres choses, n'en eut connaissance qu'après qu'ils eurent quitté Lisbonne.

Peu de mois après l'arrivée en Irlande du capitaine Bellamy et de sa nouvelle épouse, je fis, au grand étonnement du premier, mon entrée dans le monde. Ma mère avait soigneusement caché à son mari, et sa grossesse, et ses rapports avec Tyrawley; il n'avait pas le moindre soupçon sur sa conduite : ma naissance vint révéler le mystère; et le capitaine fut si irrité contre sa femme, que sur-le-champ il quitta le royaume. Jamais depuis il ne l'a revue, ni n'a eu avec elle la moindre correspondance.

LETTRE IV.

2 octobre 17 —.

Je naquis à Fingal, dans le royaume d'Irlande, le jour de Saint-Georges, 21 avril 1731, plusieurs mois trop tôt pour que le capitaine Bellamy pût avoir à mon existence quelque prétention. Aussitôt que lord Tyrawley avait été instruit du départ de ma mère, il avait écrit en Irlande à son adjudant, le capitaine Pye, qui demeurait auprès de Fingal, le priant, si mistriss Bellamy accouchait assez tôt pour que l'enfant pût être regardé comme provenant de mylord, d'en prendre soin dès qu'il serait venu au monde, et d'empêcher, s'il était possible, que la mère le vît. Cet ordre avait pour motif l'opinion où était mylord que c'était par caprice, par vengeance, et non pour épouser le capitaine, que ma mère l'avait quitté. Je fus donc, suivant cette instruction, enlevée à ma mère aussitôt après ma naissance, et mise chez une nourrice avec qui je restai deux ans : à cette époque, le régiment retournant aux casernes à Dublin, mistriss Pye, dont je ne peux oublier les bontés, et dont je chérirai éternellement la mémoire, me retira de nourrice, et m'emmena avec elle.

J'avais à peu près quatre ans, lorsque lord Tyrawley manda au capitaine Pye de m'envoyer en France pour m'y faire élever. Mylord avait été très-lié dans sa jeunesse avec le malheureux colonel Frazer : quoiqu'il eût des principes politiques absolument opposés aux siens, l'humanité l'avait engagé à donner quelques secours à la fille unique du colonel, orpheline alors, et destituée de toute ressource. Précieuse et véritable philantropie, qui ne laisse ni la religion, ni la politique, entrer en concurrence avec les liens du sang ou de l'amitié !

Cette jeune personne, un peu plus âgée que moi, d'une figure agréable et d'un heureux caractère, devait, suivant les instructions de lord Tyrawley, m'accompagner en France. Mistriss Pye vint avec nous à Londres, pour y préparer notre départ, et s'informer d'un couvent où l'on pût nous envoyer.

Pendant le séjour que nous fîmes à Londres, une domestique qui avait soin de moi, voyant le nom de ma mère sur les affiches du théâtre de Covent-Garden, se persuada qu'elle serait fort bien reçue si elle me menait chez elle. Sans en demander la permission à sa maîtresse, elle m'y conduisit : on nous fit entrer dans un appartement où je trouvai ma mère superbement vêtue. J'étais trop jeune pour faire attention à ses traits ; mais ses beaux habits me plurent fort ; je courus à elle avec empressement. Combien mon jeune cœur ne fut-il pas blessé lorsque je me sentis rudement repousser, et lorsque j'entendis ma mère dire, après m'avoir quelque temps examinée : « Bon Dieu ! qu'est-ce » que vous m'avez amené là ? cette plate » figure, avec ses yeux de bœuf, et sa bouche » de four, ne peut être ma fille, emmenez, » emmenez-la. » Accoutumée aux manières douces, aux tendres caresses, je fus extrêmement choquée de cette réception, et je m'en allai, aussi mécontente de ma mère qu'elle pouvait l'être de moi.

Mistriss Pye avait engagé une dame irlandaise, nommée mistriss Dunbar, qui demeurait à Boulogne, à prendre miss Frazer et moi sous sa protection; nous l'accompagnâmes en France. On avait donné des ordres positifs de ne me point contrarier; si un couvent me déplaisait, on devait nous placer dans un autre. L'argent nécessaire à nos besoins était remis à M. Smith, négociant de la ville, auquel on donna les mêmes instructions.

En arrivant à Boulogne, nous fûmes placées dans le couvent des Annonciades, situé dans la ville basse. Il y avait peu de temps que nous y étions, lorsqu'une religieuse fut enfermée entre quatre murs, pour avoir essayé de mettre le feu à la maison, à l'effet de faciliter son évasion. Miss Frazer fut si frappée de cette punition, et la malpropreté de la maison nous révoltait à tel point l'une et l'autre, quoique fort jeunes, que nous demandâmes à changer. Peu de jours après, M. Smith vint nous prendre, et nous conduisit au couvent des Ursulines, dans la ville haute. Bien des années se sont écoulées depuis cette époque, et je ne peux encore prononcer sans émotion le nom de ce couvent. Chère et paisible retraite, combien je serais heureuse si jamais je n'étais sortie de ton enceinte !

J'y restai jusqu'à l'âge de onze ans : alors arriva l'ordre, long-temps redouté, de nous préparer à notre départ. Avec quel chagrin je le reçus ! Je ne connaissais point l'homme de qualité à qui je devais le jour et la subsistance : la manière dont ma mère m'avait reçue pesait encore sur ma mémoire ; je n'avais ainsi nul désir de voir mes parens ; tous mes vœux se seraient bornés à rester dans mon couvent, et à y passer avec ma chère Maria le reste de ma vie. Religieuses et pensionnaires, tout le monde me traitait avec bonté : une religieuse surtout m'aimait à l'idolâtrie ; lorsque je me séparai d'elle, j'éprouvai une affliction qu'il m'est impossible de peindre ; il me semble que mes sentimens, en cette occasion, furent plus vifs qu'on n'eût pu les attendre d'une fille de mon âge : souvent j'ai pensé que c'était une sorte de pressentiment, avant-coureur de tant de peines qui m'attendaient dans ce monde où j'allais entrer, peines dont les unes devaient être la juste punition de mes erreurs, mais dont les plus graves ont eu pour cause la scélératesse du plus vil des hommes.

Souffrez qu'en quittant la France, prête à sortir de cet âge heureux où l'on ne connaît ni remords, ni soucis, je suspende ici ma narration. Nulle époque de ma vie ne me rappellera de si doux souvenirs.

LETTRE V.

15 octobre 17 —.

En arrivant à Douvres, nous y trouvâmes un homme, nommé Duval, qui jadis avait été domestique de lord Tyrawley. Il tenait alors une boutique de perruquier dans Saint-James's-Street, et nous devions demeurer chez lui jusqu'à ce que mylord, qu'on attendait chaque jour, fût arrivé de Portugal. Madame Duval, sa femme, était une vive et jolie Française, beaucoup plus jeune que son mari. Dans leur voisinage demeurait un nommé Jones, autrefois coutelier; il avait pris, à la sollicitation de sa femme, une boutique de bijoux et de porcelaines. Mistriss Duval était fort liée avec mistriss Jones : celle-ci était la fille d'un riche apothicaire de Westminster, qui lui avait donné ce qu'on appelle communément une bonne éducation; c'est-à-dire, qu'elle connaissait les parures et les amusemens à la mode, parlait quelques mots de français, et racontait assez plaisamment l'anecdote du jour. Elle ne manquait ni de babil pour amuser les dames, ni d'adresse pour plaire aux hommes qui fréquentaient sa maison : sa boutique était le rendez-vous de beaucoup de gens comme il faut. Les articles dont elle était remplie intéressaient beaucoup une personne de mon âge; j'étais presque toujours dans cette maison, dont la maîtresse semblait s'amuser de mon étourderie.

Ces visites me donnèrent occasion de connaître la plupart des gens qui venaient chez elle : je m'y liai, entre autres, avec trois jeunes personnes de qualité, dont deux m'ont honorée de leur amitié jusqu'à la fin de leur vie; c'étaient lady Caroline Fitz-Roy, miss Conway et miss Saint-Léger. La première, à qui je me plais à publier que j'avais plusieurs obligations, les a toutes effacées par l'injustice qu'elle m'a faite de croire que j'avais tenu sur elle quelques propos désobligeans : la faiblesse qu'elle a eue d'ajouter foi à un commérage, m'a ôté tout désir de renouveler l'intimité dans laquelle j'eus pendant quelque temps l'honneur d'être avec elle.

Enfin on annonça à miss Frazer et à moi

l'instant, si long-temps attendu, de l'arrivée de lord Tyrawley en Angleterre. Nous nous rendîmes à Strutton-Street, où mylord était venu loger : il nous reçut toutes deux de la manière la plus affectueuse; il montra en me voyant une joie si vive, que j'eus tout lieu d'être flattée de mon entrevue. Dona Anna ne parut pas tout-à-fait aussi contente de me voir; elle avait de mylord plusieurs enfans, et il était naturel qu'elle craignît pour eux la concurrence d'une rivale qui semblait devoir être si dangereuse; mais les traits de sa malveillance ne s'adressaient à moi qu'en tombant sur mon amie, à laquelle elle donnait, en toute occasion, des témoignages de mauvaise volonté. Trop habile pour ne pas savoir que mylord ne me laisserait pas maltraiter impunément, elle prenait pour m'affliger cette voie détournée. Elle ne pouvait choisir de méthode plus efficace.

Constante dès-lors dans mes goûts, comme je l'ai toujours été depuis, je ne pus supporter de voir ainsi maltraiter ma chère Maria. J'employai donc tout le crédit que j'avais sur l'esprit de mylord, pour l'engager à nous éloigner d'une demeure qui nous déplaisait pour plusieurs raisons. Quoique lord Tyrawley vécût avec toute la splendeur de son rang, et dépensât même beaucoup au-delà de ses revenus, sa maison avait plutôt l'air du sérail d'un pacha que de la demeure d'un seigneur anglais; l'air sombre et le maintien hypocrite de sa brune dulcinée, ne pouvaient d'ailleurs charmer beaucoup de jeunes personnes, peut-être un peu trop gaies. J'obtins donc de mylord qu'il nous plaçât chez mistriss Jones, dans Saint-James's-Street; et comme il passait une grande partie de son temps au café de White, il venait nous voir souvent deux fois par jour.

Nous nous trouvions là heureuses et contentes; mais notre satisfaction ne fut pas de longue durée. Nous y avions passé peu de temps, lorsque mon aimable compagne, miss Frazer, fut attaquée de la rougeole, et en mourut.

Quoiqu'elle eût quelques années de plus que moi, et que son esprit fût naturellement plus sérieux que le mien, elle m'avait toujours témoigné tant d'attachement, elle montrait tant d'indulgence pour les écarts de mon imagination, qu'en l'aimant comme une tendre amie, je la respectais comme une mère.

Sa mort me fit une vive impression, ma santé en fut affectée : on craignit pendant quelque temps que je ne tombasse dans le marasme. Lord Tyrawley, pour me distraire, prit une petite maison dans Bushy-Park, à laquelle il me conduisit avec sa famille. Elle était alors composée de mylord, de dona Anna, de trois filles, toutes de différentes mères, et de moi. Les garçons avaient été mis dans une pension à Mary-Bone, et mon frère servait sur mer.

Mylord me témoignait alors une tendresse sans bornes; non-seulement il croyait voir dans mon visage une ressemblance avec ses traits, mais il se flattait que mon esprit, à l'aide de ses soins, aurait quelques rapports avec le sien qui, de l'aveu de tout le monde, était du premier ordre.

Peu de temps après que nous fûmes établis à Bushy-Park, dona Anna, dans une partie de plaisir à laquelle elle et les jeunes personnes avaient été invitées, eut l'impudence de prendre le titre de lady Tyrawley : mylord en fut si offensé, qu'il les renvoya toutes à la ville. J'eus alors le bonheur de passer seule avec lui six jours de la semaine ; le septième, qui était le dimanche, il ne manquait jamais d'aller à Richemond faire la partie du roi : le soir, il retournait à Londres ; et le lendemain, il revenait à Bushy.

Les personnes qu'il y amenait étaient ordinairement des gens aimables et spirituels ; ils s'aperçurent bientôt que le moyen de lui faire leur cour était de ne pas m'épargner les louanges. Je devins donc en apparence l'objet de leur admiration, et ils n'eurent point de peine à me faire croire que j'étais réellement un petit prodige. La vanité est de tout âge ; la flatterie séduit l'enfance, comme elle égare l'âge mûr et endort la vieillesse.

LETTRE VI.

28 octobre 17 —.

Le seul roman qui fût dans la bibliothèque de Bushy-Park, était Cassandre; lord Tyrawley m'avait défendu de le lire : préférant la poésie à l'histoire, j'essayai d'apprendre par cœur l'Homère de Pope; je fis dans cette étude de si grands progrès, qu'en peu de temps je fus en état de réciter les trois premiers chants. Lorsque je fus bien sûre de ma mémoire, je conçus le plus grand désir d'être présentée à l'incomparable auteur de ce bel ouvrage, persuadée qu'il serait aussi enchanté que je l'étais moi-même de ma manière de déclamer la colère du fils de Pélée.

J'importunai long-temps lord Tyrawley pour obtenir cette grâce; enfin il me l'accorda, et nous partîmes pour Twickenham. Chemin faisant, la vanité dissipa la crainte; j'étais toute glorieuse de la considération qui m'attendait : enfin, la voiture s'arrête à la porte. On nous introduit chez le petit (1) grand homme : avant que j'eusse eu le temps de me reconnaître, ou de le considérer, M. Pope sonne sa femme de charge, lui donne ordre de prendre miss, de la conduire dans les jardins, et de lui donner autant de fruit qu'elle en voudra manger.

Comment vous peindre ma mortification ? Je ne peux rendre tout ce que souffrit alors ma vanité humiliée : il est probable que je ne montrai pas beaucoup d'égards pour la vieille femme de charge; elle ne resta pas long-temps avec moi ; à peine fûmes-nous dans le jardin, que prétextant une affaire, elle me laissa seule admirer les promenades, et manger des fruits.

Je ne fus point offensée de son départ, qui me donnait le temps de réfléchir; et je me mis à chercher quelque moyen de me venger d'un outrage si offensant pour une jeune Dacier; car je ne me croyais rien moins, et je m'attendais à jouer un jour dans la littérature un rôle égal à celui de cette célèbre savante. Enfin, je m'arrêtai à un plan de représailles; je résolus

---

(1) On sait que l'illustre Pope était extrêmement contrefait. (*Note du traducteur.*)

de ne jamais relire l'Iliade de Pope, et de m'attacher exclusivement au Virgile de Dryden. Mon cœur, à cette idée, palpita d'aise; je crus mon injure amplement réparée. Tandis que je savourais ma vengeance, on m'avertit que la voiture m'attendait.

En rejoignant lord Tyrawley, je trouvai avec lui le comte de Chesterfield (1); il était entré chez M. Pope immédiatement après mon affront, et mylord l'avait engagé à nous accompagner à Bushy. Les louanges délicates du comte me dédommagèrent avec usure du mépris du poëte; mon ame en fut enorgueillie, et elles m'inspirèrent pour celui qui me les donnait une partialité que j'ai toujours conservée. J'ai reçu de lui, dans la carrière du théâtre, les encouragemens les plus flatteurs.

Peu de temps après cet incident, lord Tyrawley fut nommé ambassadeur en Russie. Une des dames dont j'ai parlé pria mistriss Jones, chez qui je l'avais connue, de l'aller trouver, et de lui dire qu'elle serait flattée qu'il me permît de demeurer chez elle pendant

---

(1) Auteur, bien connu en France, des Lettres qui portent son nom. (*Note du traducteur.*)

qu'il serait absent. Cette offre n'était pas faite pour être refusée : mylord alla voir cette dame pour la remercier, et en même temps lui communiqua la défense qu'il me faisait de voir ma mère.

Cette malheureuse femme avait épousé depuis peu un officier, fils de sir Georges Walter, jeune étourdi qui aurait pu être son fils. Le dégoût suivit de près une union si mal assortie; ce mari, choisi sous de mauvais auspices, quitta sa femme pour aller à Gibraltar, où était son régiment; mais, avant de partir, il s'empara de tout ce qu'elle possédait, et même de ses vêtemens. Il prit, pour faire cette opération, le moment où ma mère était au théâtre, et revêtit des habits qu'il lui avait pris une femme qu'il emmena avec lui : résultat trop fréquent de ces mariages disparates, dans lesquels une femme, en encourant les mépris de son sexe, s'expose aux outrages de l'autre.

Soit que l'état où cette spoliation laissa ma mère la déterminât à se rapprocher de moi, dans l'espoir que je pourrais lui être de quelque utilité, soit que l'abandon où elle se trouvait réveillât sa tendresse, elle s'adressa à cette même domestique qui m'avait menée chez elle pour me faire prier d'aller la voir ; elle désirait même que j'allasse demeurer avec elle. Dans cette démarche, elle avait probablement pour objet de partager les cent livres que lord Tyrawley me donnait par an, tant pour mon entretien, que pour le salaire de ma femme de chambre.

Naturellement compatissante, je ne pus apprendre que ma mère était abandonnée, pauvre et malade, sans me sentir disposée à lui donner tous les secours qui dépendraient de moi. Oubliant la manière dont elle m'avait traitée, et n'écoutant que ce qui me semblait être mon devoir, je pris tout ce que j'avais d'argent, une montre de prix, quelques bijoux, et sans même prendre congé de la dame qui m'avait si obligeamment reçue chez elle, j'allai trouver ma mère. Je me suis reproché depuis ce défaut d'attention; mais je ne songeais alors qu'à l'obligation que m'imposait l'affection filiale.

Ma mère, par mille marques de tendresse, chercha à expier la légèreté avec laquelle elle m'avait précédemment reçue. Son affection ne me laissa aucun regret pour l'éclat et les richesses que je venais de quitter : je me trouvais parfaitement heureuse. Cependant le peu d'argent que j'avais apporté n'offrit pas une ressource de longue durée : lorsqu'il fut fini, ma mère emprunta sur mes bijoux, sur ma montre, espérant que ces petites sommes nous suffiraient jusqu'à l'échéance du quartier de ma pension; mais lorsque ce terme arriva, nous apprîmes, à notre grand étonnement, que mon changement de domicile avait mis fin à ma rente. Ma mère alors reconnut qu'au lieu d'alléger son sort, elle s'était chargée de deux personnes qu'elle allait être obligée de nourrir.

LETTRE VII.

5 novembre 17 —.

Aveugles mortels! combien nous jugeons mal de ce qui peut nous servir ou nous nuire! J'avais cru remplir un devoir en me rendant à l'invitation de ma mère, et cette démarche devint la cause de toutes mes fautes, de tous mes malheurs. Mais reprenons mon récit.

Ma mère était très-liée avec une dame Jackson, récemment arrivée des Indes orientales, où son mari était gouverneur. Elle était venue en Angleterre pour y faire élever ses filles, et demeurait, pour raison de santé, à Twickenham. Elle était extrêmement généreuse, pensant que son mari la mettait à même de satisfaire, en lui faisant passer beaucoup d'argent. Ses infirmités l'empêchant de sortir et de recevoir du monde, elle engagea ma mère à passer l'été chez elle; celle-ci accepta l'invitation, et, à la fin de la saison du théâtre (1), m'y conduisit. Je fus présentée aux deux filles de mistriss Jackson, qui semblèrent se disputer la première place dans mon amitié.

Un soir, étant à nous promener, nous rencontrâmes la célèbre mistriss Woffington : cette actrice s'était trouvée avec ma mère au théâtre de Dublin; elle la reconnut, la salua, et parut désirer de renouveler connaissance avec elle. Ma mère ne s'en montrant point éloignée, mistriss Woffington l'engagea à venir avec moi passer quelque temps chez elle, dans une maison qu'elle avait à Teddington.

Quelques personnes étant venues alors chez mistriss Jackson, nous prîmes cette occasion pour nous rendre à l'invitation de mistriss Woffington. Ce fut chez elle que je connus M. Shéridan, acteur célèbre, rival de l'incomparable Garrick : il nous invita à aller chez lui, où se trouvaient en général beaucoup de jeunes Irlandais de l'Université de Dublin. Roscius (2) alors désirait de se récon-

---

(1) Les grands théâtres de Londres n'ouvrent qu'en hiver. (*Note du traducteur.*)

(2) C'est ainsi que les contemporains de Garrick ont

cilier avec mistriss Woffington, avec laquelle il avait été très-lié : à cet effet, il s'était introduit chez M. Shéridan, dont il était fort jaloux, quoique leurs talens ne fussent pas du même genre. La parcimonie de l'un était aussi connue que l'hospitalière générosité de l'autre, et Garrick ne rougissait pas de profiter de cette disposition. On verra qu'en m'exprimant ainsi, je n'ai aucun motif de partialité, et que j'ai eu personnellement plutôt à me plaindre qu'à me louer de M. Shéridan.

La conversation, dans la société où je me trouvais alors, roulait presque uniquement sur les matières relatives au théâtre, objets absolument nouveaux pour moi, mais qui, par cela même, ne pouvaient manquer de me plaire. Pendant notre séjour, on convint, pour essayer les talens de miss Polly Woffington, que sa sœur destinait au théâtre, de jouer

---

nommé cet acteur inimitable, qui, comme Roscius, fut dans son art le premier homme de son siècle. Mistriss Bellamy, en rendant hommage à ses talens, attaque souvent son caractère : il ne paraît pas qu'elle ait été contredite. (*Note du traducteur.*)

the Distressed Mother (1) : ma mère et mistriss Woffington firent les confidentes; M. Garrick, Oreste; M. Sullivan, membre du Collége de la Trinité de Dublin, Pyrrhus; miss Woffington, Hermione; Andromaque me fut destinée.

M. Garrick remarqua que j'entrais beaucoup plus dans l'esprit de mon rôle (le premier (2) que j'eusse joué) que ne faisait la

---

(1) Ou la Mère malheureuse, traduction de l'Andromaque de Racine, faite par Phillips. Addisson en a fait l'éloge; mais les critiques modernes la trouvent froide et déclamatoire, défaut qu'ils reprochent aussi à l'original. On pardonne cette opinion à des juges anglais; mais nous avons entendu, il y a quelques jours, un professeur de littérature française assurer que Racine avait trop d'esprit; que Shakespeare seul avait de l'ame; que pour bien faire une tragédie, *il fallait être bête*, etc., etc. *Risum teneatis.*
(*Note du traducteur.*)

(2) Depuis la première édition de ces Mémoires, on m'a rappelé que, l'année d'auparavant, M. Bridge-Water, acteur du théâtre de Covent-Garden, ayant prié ma mère de permettre que je fisse, le jour de la représentation qu'on donnait à son profit, miss Prue dans *Love for Love*, je jouai en effet ce petit rôle.

M. Bridge-Water de marchand s'était fait comédien : on le trouvait, dans quelques rôles, assez bon acteur; mais il était d'une nonchalance rare et d'une curiosité sans égale. Un jour, mistriss Horton, jolie femme et actrice médiocre, voulut voir jusqu'à quel point l'un de ces défauts jeune Woffington, qui cependant était accoutumée aux représentations théâtrales. Quoiqu'elle eût sur moi l'avantage de la beauté et de la parure, j'obtins la palme. Toute la noblesse du voisinage vint voir notre spectacle champêtre. Parmi nos spectateurs était sir William Young, qui assura que si je montais sur le théâtre, je serais une actrice distinguée.

A notre retour à Twickenham, nous trouvâmes notre amie, mistriss Jackson, si malade, que l'on désespérait de sa vie. Cependant, grâce aux soins de ma mère et à une crise favorable qui se fit dans sa maladie, elle fut en

---

pourrait l'emporter sur l'autre. Dans un moment où il était prêt à entrer sur le théâtre pour jouer le rôle de *Leontine* dans *Theodosius*, elle lui annonça que lorsqu'il sortirait de dessus la scène, elle aurait quelque chose de très-important à lui dire. Bridge-Water, pressé de savoir ce que c'était, pria instamment mistriss Horton de le lui conter sur-le-champ : avant qu'elle eût pu lui répondre, le souffleur vint l'avertir qu'on l'attendait; mais sa curiosité était si vive, que malgré l'interruption de la pièce et l'impatience du public, il s'obstina à presser la dame de lui dire son secret. Mistriss Horton alors, partant d'un éclat de rire, lui dit : Bridge, si vous mettiez toujours autant d'action dans votre jeu, vous seriez un acteur parfait.

peu de temps hors de danger ; mais l'air de la campagne semblant trop vif pour elle, elle prit une maison dans le quartier de Covent-Garden. Ma mère, qui venait de quitter une profession à laquelle elle n'avait jamais été propre, se laissa facilement persuader d'aller demeurer avec elle.

Vers ce temps-là, Duval reçut de lord Tyrawley la réponse à une lettre qu'il lui avait écrite. Mylord y déclarait non-seulement, qu'il ne me donnerait aucun secours, mais même qu'il me renonçait à jamais, à cause de ma désobéissance à ses ordres. Je lui étais tendrement attachée, et cette lettre me déchira le cœur ; elle ne fit pas moins de peine à ma pauvre mère, qui comprit trop tard combien elle avait été indiscrète. Il fallut nous soumettre à notre destinée, et supporter un malheur sans remède. Je l'ai souvent reconnu depuis : la plupart de nos infortunes nous arrivent par notre propre impatience. Nous ne savons pas attendre les biens que nous prépare la Providence. Empressés de nous en saisir, nous brisons la chaîne invisible qui les tenait suspendus. Le bonheur nous échappe au moment où nous avons cru l'atteindre.

Ma mère avait de grands comptes à régler avec M. Rich, entrepreneur du théâtre de Covent-Garden; les traitemens alors n'étaient pas aussi réguliers qu'ils l'ont été depuis. Ces réclamations l'obligeaient à aller souvent chez lui. Je m'étais liée avec les filles de ce directeur, auxquelles j'avais été présentée avant d'aller à la campagne, et je me faisais un plaisir d'accompagner ma mère toutes les fois qu'elle allait dans cette maison.

Un soir, dans une visite que je fis à ces demoiselles, nous convînmes entre nous de jouer Othello. Elles me prêtèrent la pièce, afin que je pusse apprendre mon rôle, qui était celui d'Othello; et comme on devait donner peu de temps après cette pièce au théâtre, elles me promirent une place dans leur loge. Lorsque nous sûmes bien nos rôles, nous commençâmes à répéter. Nous ne jouions que pour nous amuser. Pendant la répétition, persuadée que personne ne nous écoutait, je donnais libre carrière tant à mon imagination qu'à ma voix, et je crois véritablement que notre jeu simple et naturel était plus parfait que s'il eût été dirigé par la main compassée d'un maître. Dans le moment où j'exprimais avec force les fureurs de la jalousie, M. Rich vint à passer près de la chambre dans laquelle nous répétions. Attiré, m'a-t-il dit depuis, par un son de voix plus doux qu'il n'en avait encore entendu, il écouta jusqu'à la fin la pièce sans l'interrompre; mais aussitôt que nous eûmes fini, il entra dans la chambre, et me fit mille complimens sur mes talens pour le théâtre. Il eut, entre autres choses, la bonté de me dire que je pouvais devenir une des premières actrices du monde, et que si je voulais suivre cette carrière, il se trouverait trop heureux de me donner un engagement.

Toute fière d'avoir reçu ces éloges d'un homme qui, par sa position, devait être bon juge en cette matière, je revins trouver ma mère, et lui racontai ce qui venait de m'arriver. D'abord, elle avait de la répugnance à ce que j'embrassasse une profession dont elle avait connu tous les désagrémens; mais mistriss Jackson unissant ses conseils à ceux de M. Rich, elle finit par se rendre. Cependant, elle ne céda qu'à condition que le directeur lui promettrait de me maintenir dans les premiers emplois. M. Rich y consentit d'autant plus volontiers, que, selon lui, les actrices de son théâtre n'étaient véritablement propres ni aux personnages de jeunes princesses dans la tragédie, ni aux rôles jeunes et gais de la comédie. Mistriss Horton n'avait pour elle qu'une belle figure; mistriss Pritchard avait des talens dans un autre genre; quant à mistriss Clive, son mérite était tellement au-dessus de toute concurrence, que tout ce que je pourrais en dire ne suffirait pas à son éloge.

LETTRE VIII.

21 novembre 17 —.

Lorsque je pris un engagement avec M. Rich, j'avais quatorze ans. Ma figure était assez agréable; ma voix avait de l'étendue; j'étais légère comme un oiseau, toujours gaie, et l'on m'accordait quelque esprit. Le directeur fondait sur ces moyens les plus belles espérances; il résolut de les mettre sur-le-champ à l'épreuve. Je m'étais perfectionnée dans les deux rôles de Monimia et d'Athénaïs; il me semblait que j'y avais fait d'assez grands progrès. On décida que je débuterais dans le premier.

M. Rich jugea alors qu'il était temps de me présenter à M. Quin, premier acteur du théâtre de Covent-Garden, et véritablement le premier dans les rôles qui convenaient à son physique. Cet acteur gouvernait le théâtre avec un sceptre de fer. M. Rich, qui lui avait laissé par indolence prendre cet empire, n'élait, quoique propriétaire, qu'un vrai zéro en chiffres; cependant quand il avait pris une résolution, il y tenait avec fermeté. Nous attendîmes quelque temps à la porte de la caverne du lion (c'est ainsi que les gens attachés au théâtre appelaient la loge de M. Quin). Enfin on nous fit entrer. Je dois observer ici que cet acteur ne venait jamais au foyer, et qu'il ne faisait point société avec les autres. Il n'en connaissait même aucun, à l'exception de M. Ryan, pour lequel il avait une amitié qui a duré jusqu'à la mort de ce dernier.

M. Rich ne lui eut pas plutôt parlé du projet de me faire débuter dans le rôle de Monimia, qu'avec l'air du plus profond mépris, il dit : Cela ne se peut pas, Monsieur. A quoi le directeur, à sa grande surprise, lui répliqua : Cela sera, Monsieur. J'étais si déconcertée du maintien sévère de M. Quin, que s'il m'eût invitée à lui donner un échantillon de mon savoir faire, je n'en aurais pas eu la force ; mais il me dédaignait trop pour me mettre à l'essai. Après quelques momens d'une discussion qui n'avait rien de flatteur pour moi, M. Quin me fit enfin l'honneur de me regarder, et me dit : Mon enfant, je vous conseille de jouer Serina, avant de penser à Monimia. Ce sarcasme ranima un peu mon courage, et je répondis avec vivacité : Si je suivais cet avis, Monsieur, je ne vivrais jamais assez long-temps pour jouer l'Orpheline (1).

Il soutint encore qu'il ne convenait pas qu'un enfant entreprît un rôle de cette importance. Mais il y a lieu de croire que le motif secret de son opposition venait de ce qu'il sentait que lui-même ne pouvait jouer, sans inconvénient, avec moi le rôle du jeune *Chamont*. Ni son âge ni sa figure ne convenaient à ce personnage, dans lequel d'ailleurs M. Garrick venait de se faire une si haute réputation. Il finit par dire que si M. Rich s'obstinait dans un projet si absurde, il dirait publiquement ce qu'il en pensait; qu'au reste il n'assisterait pas aux répétitions, et qu'il était persuadé que le directeur se repentirait amèrement d'avoir protégé un début aussi ridicule.

---

(1) C'est le nom d'une tragédie d'Otway. L'intrigue en est obscure et invraisemblable. On en estime le style : Monimia est le personnage principal de cette pièce. Serina est une enfant dont le rôle est insignifiant.

(*Note du traducteur.*)

Cette conversation, comme on peut le croire, ne m'encouragea pas. Quant à M. Rich, l'obstacle qu'il rencontrait sembla l'affermir dans sa résolution ; me prenant par la main, il me conduisit hors de la loge, en me disant très-haut que quelque personne qui s'y opposât, il me soutiendrait, et ferait voir à toute la troupe que, quand il voulait, il savait être le maître. Avant de sortir de la salle, il ordonna au souffleur d'indiquer pour le lendemain matin une répétition de l'Orpheline. A l'heure indiquée, les deux acteurs qui devaient représenter mes amans, Castalio et Polydore, voulant faire leur cour à M. Quin, ne jugèrent pas à propos de paraître. M. Rich, pour prouver qu'il voulait qu'on lui obéît, leur imposa une amende plus forte qu'à l'ordinaire. Il n'y eut pas jusqu'à Sérina, qui n'était qu'une confidente de tragédie, qui ne sourît de pitié en voyant la pauvre Orpheline.

M. Rich employa avec bonté tout ce qui dépendait de lui pour me soutenir contre cette humiliante opposition, et il usa pour cela d'un moyen très-efficace. Les vêtemens des princesses de théâtre étaient alors très-différens de ce que nous les voyons ; les reines et les impératrices étaient bornées au velours noir; dans les occasions extraordinaires elles mettaient une juppe brodée ou tissue d'or. Les jeunes princesses paraissaient en général vêtues de la robe réformée de quelque femme de qualité; et comme alors les personnes de la cour, avec moins de goût qu'on n'en a aujourd'hui, avaient beaucoup plus d'économie, le vêtement des jeunes héroïnes était, pour l'ordinaire, une robe passée ou même tachée. Le directeur, dans sa jeunesse, avait fait du beau sexe sa principale occupation. Il connaissait notre faible pour la parure, et présuma qu'en ma qualité de fille d'Ève, je n'étais pas exempte d'une vanité commune à toutes les femmes. Il pensa donc que le meilleur moyen de me rendre le courage, et de compenser les petites mortifications que mon amour-propre avait souffertes, était de me conduire chez son marchand, et de me permettre d'y choisir à mon gré le vêtement avec lequel je voudrais débuter; procédé qui prouvait bien quelle était pour moi sa bienveillance. Jamais il n'avait montré une pareille complaisance, même à ses premières actrices.

Le second jour, Castalio et Polydore se

trouvèrent à la répétition; mais mon frère Chamont fut inexorable. M. Hale marmotta le rôle de Castalio, et M. Ryan siffla celui de Polydore. Cet acteur ayant reçu de quelques voleurs un coup de feu dans la bouche, avait dans la prononciation un tremblement qui, jusqu'à ce qu'on y fût accoutumé, était fort désagréable; mais, comme il jouait tous les jours, l'oreille s'habituait à ce défaut, et en était moins importunée. J'ai souvent ouï dire à M. Garrick qu'il devait la plus grande partie de son mérite, dans le rôle de Richard, aux observations qu'il avait faites sur la manière dont le jouait M. Ryan.

Le costume des hommes était alors aussi ridicule que celui des actrices. Avec des reines en velours noir et des princesses en robes sales, se montraient des héros en vieux habits galonnés, en perruques à trois marteaux, et en bas de laine noire.

Le jour qui précéda mon début, j'eus occasion de voir représenter au théâtre de Drury-lane la pièce dans laquelle je devais jouer, et cela me mit mieux au fait du jeu de théâtre que n'eussent pu faire vingt répétitions. La discussion dont j'avais été cause avait fait quelque bruit. Le public, toujours porté à montrer de l'indulgence, et à prendre le parti des opprimés, vit de mauvais œil des procédés qui lui semblaient peu généreux. Je crois qu'à tout prendre, les obstacles que je rencontrai me furent plutôt avantageux que nuisibles. Je tremblais cependant en réfléchissant sur la présomption avec laquelle j'osais paraître dans un rôle qui avait fait tant d'honneur à l'inimitable mistriss Cibber.

LETTRE IX.

27 novembre 17 —.

Enfin ce jour tant redouté arriva. M. Quin avait déclaré dans toutes les sociétés que je ne réussirais pas. M. Rich, au contraire, avait répandu mes louanges de tous côtés. Ces contradictions avaient excité la curiosité du public. Lorsqu'on leva la toile, la salle se trouva remplie d'une foule nombreuse; ce qui n'arrivait guère à Covent-Garden qu'aux premières représentations, ou à la remise des pantomimes.

Il m'est impossible de vous peindre ce que j'éprouvai en entrant sur la scène. Éblouie par l'action des lumières, étourdie par le bruit des applaudissemens, je perdis tout-à-coup et la voix et la mémoire; je restai en place immobile comme une statue. Enfin, quelque pitié de ma jeunesse, quelque prévention favorable inspirée par ma figure, ou par un costume extraordinaire, parce qu'il était élégant et simple, engagèrent un des spectateurs qui était dans ce temps-là le tyran du parterre (1), à crier de baisser le rideau jusqu'à ce que j'eusse vaincu ma timidité.

M. Quin triomphait. M. Rich me conjura de la manière la plus pressante de faire usage de mes moyens; mais ses instances n'eurent aucun effet. Lorsque j'essayai de reparaître, j'étais si tremblante qu'à peine m'entendait-on des loges qui étaient sur le théâtre. Au reste, pendant tout le premier acte, on applaudissait avec tant de force, quoiqu'on n'entendît pas un mot, que ma voix, dans toute sa portée, n'aurait pu se distinguer au milieu du bruit.

Le directeur, croyant son honneur intéressé à mon succès, avait, pour me soutenir, dispersé ses amis dans toute la salle. Lorsqu'il vit que je ne pouvais me rassurer, il fut aussi déconcerté que si son sort ou celui de son théâtre eussent dépendu de mon début.

Il renouvelait ses caresses, ses encouragemens : soins perdus ! Rien, jusqu'au quatrième acte, ne put me tirer de ma stupidité. C'était

---

(1) M. Chitty; on l'appelait par dérision M. Town (M. le Public).

là le moment critique qui devait décider de mon sort; c'était là qu'il fallait tomber ou réussir. Tout-à-coup, à l'étonnement du public, à celui des acteurs et à la grande joie du directeur, je me sentis inspirée; je brillai d'un feu soudain, et, jusqu'à la fin du rôle, je remplis avec le plus grand éclat cette tâche difficile, dans laquelle souvent ont échoué des actrices consommées.

M. Quin fut si émerveillé, comme il eut ensuite la bonté de me le dire, de ce développement imprévu, qu'il m'attendit dans la coulisse jusqu'à la fin de l'acte. Alors, transporté, il me prit dans ses bras, et m'enleva de terre en me disant : Tu es une divine créature, en toi repose le vrai talent. Les spectateurs me prodiguèrent les témoignages de satisfaction. Pour M. Rich, il était aussi triomphant que lorsqu'il voyait réussir une de ses pantomimes favorites.

Les acteurs qui, une demi-heure auparavant, me regardaient d'un œil de pitié, m'entourèrent pour me charger de complimens et de félicitations. M. Quin, comme pour expier le mépris avec lequel il m'avait traitée, fut, s'il est possible, plus flatteur dans ses éloges, qu'il n'avait été piquant dans ses sarcasmes. Cette expression paraîtra forte à ceux qui l'ont connu. On sait que l'âcreté de ses expressions satiriques l'entraînait quelquefois bien au-delà des mouvemens de son cœur, l'un des meilleurs, j'ose le dire, dont jamais homme ait eu à se glorifier.

La nouveauté d'un pareil succès obtenu par un enfant (car je paraissais encore plus jeune que je n'étais), malgré la concurrence d'un Garrick et d'une Cibber (1) intéressa tellement le public, qu'on donna la même pièce trois jours de suite; chose d'autant plus remarquable, que l'Orpheline était une ancienne pièce extrêmement connue, et qui n'était soutenue que par un rôle. M. Quin, comme je l'ai dit, quoique acteur très-distingué dans tous les rôles qui ne contrastaient pas avec son âge et sa tournure, ne pouvait guère, à près de soixante ans, et avec assez d'embonpoint, paraître le frère d'une fille de mon âge. Un accueil si flatteur, des louanges si supérieures à tout ce que j'eusse osé me pro-

---

(1) Qui jouaient la même pièce au théâtre de Drury-lane. (*Note du traducteur.*)

mettre, enivrèrent, comme on peut le croire, un cœur trop susceptible de vanité.

M. Quin, devenu mon ami, prit quelques informations sur moi, sur ma mère, qu'il ne connaissait point du tout, quoiqu'il eût joué avec elle pendant plusieurs années. Satisfait du résultat de ses recherches, il ne voulut point être obligeant à demi. Sachant que je passais pour la fille de son ancien ami, lord Tyrawley, afin de ne nous point humilier et de ne point embarrasser notre délicatesse, il mit sous enveloppe un billet de banque, et l'adressa à ma mère par la petite poste. Non content d'avoir pourvu à nos besoins, il chercha toutes les occasions de nous témoigner des égards. Il me fit en particulier l'honneur de m'admettre, par une invitation générale, aux soupers qu'il donnait régulièrement quatre fois la semaine, m'engageant en même temps à n'y point venir seule, parce que, ajouta-t-il en plaisantant, il n'était point encore assez vieux pour être sans conséquence (1).

---

(1) Cette précaution rappelle un mot peu connu de madame de Sévigné. Sortant d'une maison où elle avait ren-

Tous les gens de lettres du temps se trouvaient à ces réunions, où l'esprit, la gaieté, la bonne plaisanterie, circulaient sans contrainte. La conversation, dans ces repas, roulait en général sur les nouveautés littéraires ; et, comme la plupart des convives étaient auteurs, une critique fine et juste, une discussion sans aigreur relevait les défauts de chaque ouvrage, ou en faisait ressortir les beautés.

M. Quin, avec tant d'excellentes qualités, n'était pas exempt de quelques défauts. Il avait ses caprices, ses préventions, ses préjugés ; sa satire était amère, et son expression n'était pas toujours délicate. Mais quel homme est parfait ?

L'anecdote suivante vous donnera quelque idée de sa manière.

---

contré Ménage, elle l'invita à l'accompagner dans une autre visite : prêt à monter en voiture, et ne voyant pas avec elle sa demoiselle de compagnie qui, suivant l'usage du temps, ne la quittait guère, Ménage se plaignit de ce que madame de Sévigné le regardait comme tellement sans conséquence, qu'elle ne craignait pas d'aller seule en voiture avec lui. « Montez, montez, mon cher Ménage ; si vous me fâchez, j'irai vous voir chez vous. »

(*Note du traducteur.*)

Garrick s'avisa un jour de vouloir jouer Othello en habit moresque, nouveauté d'une part très-déplacée, puisque Othello, général vénitien, devait être vêtu à la vénitienne, et de l'autre peu avantageuse à Garrick, qui n'était pas grand, et que ce vêtement devait faire paraître encore plus petit.

Après la pièce, quelqu'un vint conter cette particularité à M. Quin. Sur quoi celui-ci dit en riant : Le petit bonhomme, au lieu de représenter le More, devait avoir l'air du petit nègre chargé de porter la queue de Desdémone.

Garrick sentit l'inconvenance de cette innovation, et ne l'a pas répétée depuis.

Vous avez pu juger, par quelques passages de mes lettres, que les conversations savantes ne me déplaisaient pas. Je perfectionnais plus mon jugement par celles des petits soupers de M. Quin, que je n'eusse fait par la lecture de tous les ouvrages dont on y parlait. Mistriss Jackson me faisait ordinairement l'honneur de m'y accompagner. Un jour elle y rencontra un parent qu'elle n'avait pas vu depuis plusieurs années; homme non moins distingué par l'excellence de son caractère, que célèbre par ses poésies. C'était Thomson, l'auteur des Saisons.

Puisque j'ai commencé à vous entretenir de M. Quin, trouvez bon que je vous cite un trait de lui qui fait honneur à sa mémoire, et qui ne sortira jamais de la mienne. Pendant qu'il avait la principale direction du théâtre de Covent-Garden, il remit sur la scène *the Maid's tragedy,* de Beaumont et Fletcher : il jouait dans cette pièce le rôle de Melantius, mistriss Pritchard faisait celui d'Evadné, et moi celui d'Aspasie. Un jour, après la répétition, il demanda à me parler dans sa loge. Comme il évitait toujours avec soin de me voir en particulier, je fus étonnée de cette invitation ; je craignais d'avoir, par quelque inadvertance, offensé un homme que je respectais comme un père. Ma crainte ne fut pas longue ; aussitôt que je fus entrée, il me prit la main, et me dit avec une touchante bonté : Ma chère enfant, j'entends dire que vous êtes extrêmement courtisée : que l'amour de la parure, ou quelques autres motifs, ne vous conduisent pas à quelque imprudence. Les hommes en général sont des fripons. Vous êtes jeune, aimable ; vous êtes obligée à plus de précautions qu'une autre. Si vous avez besoin de quelque chose que l'argent puisse procurer, et qu'il soit en mon pouvoir de vous donner, venez me trouver. Dites-moi : « James Quin, donne-moi telle chose. » Ma bourse sera toujours ouverte pour vous. Quelques larmes de reconnaissance coulèrent de mes yeux; je vis rouler dans les siens celles de l'humanité : sur ses traits était empreinte la douce satisfaction d'une ame noble qui fait une action généreuse.

LETTRE X.

7 décembre 17 —.

Quelque temps après, j'eus occasion de mettre dans un plus grand jour le peu de talent que j'avais, en me chargeant du rôle d'Eudosia dans le Siége de Damas. Une indisposition subite de mistriss Pritchard m'obligea de l'apprendre en vingt-quatre heures. Dans ces cas le public est disposé à l'indulgence, et je le trouvai tel. Les spectateurs crurent voir, dans ma manière de jouer un rôle si peu préparé, des indices d'un talent supérieur à celui qu'on pouvait attendre d'une fille de mon âge, dans un art où l'on ne peut faire des progrès qu'à force de temps et d'étude.

J'eus aussi dans ce temps le bonheur de me concilier les bontés et la protection de deux dames du premier rang, la duchesse de Montague, alors lady Cardigan, et la duchesse de

Queen'sberry; l'une et l'autre prirent à moi assez d'intérêt pour venir au spectacle toutes les fois que je jouais; attention d'autant plus flatteuse que la dernière n'y avait pas paru depuis la mort de son protégé Gay.

M. Rich, d'après les recettes du théâtre, ne pouvant me donner un traitement proportionné aux succès que j'obtenais et aux rôles importans que je jouais, m'accorda un bénéfice exempt de tous frais; et, pour ne point exciter de jalousie parmi les acteurs, il me le donna sur un des jours qui lui étaient destinés. Malgré la bienveillance que me témoignait le public, je n'avais guère d'autres partisans que les personnes qui, par amitié pour M. Quin, m'honoraient de quelque intérêt, et je n'avais aucune raison de penser que mon bénéfice dût être fort lucratif.

Quelques jours avant celui auquel il était fixé, je reçus, étant au théâtre, une invitation de me trouver le lendemain, à midi, à l'hôtel de Queen'sberry. Croyant convenable d'aller voir aussi la comtesse de Cardigan, qui m'avait accordé son approbation, je m'habillai de bonne heure; et, prenant des porteurs, j'allai d'abord à Privy-Garden, où demeurait cette dame : j'eus tout lieu d'être flattée de la réception qu'elle me fit. Sa politesse égalait toutes ses autres qualités.

Je ne fus pas reçue de même à l'hôtel de Queen'sberry. La duchesse avait le projet d'humilier ma vanité, avant de servir mes intérêts. Satisfaite de la manière dont m'avait traitée la comtesse de Cardigan, je me fis conduire à l'hôtel de Queen'sberry. Aussitôt qu'un de mes porteurs eut frappé et dit mon nom, le valet de chambre parut. Je le priai d'informer sa Grâce (1) que je me présentais pour avoir l'honneur de la voir. Je fus fort étonnée, quand il revint, de lui entendre dire que sa Grâce ne connaissait personne de ce nom. J'assurai le domestique que c'était par ordre exprès de la duchesse que j'avais pris la liberté de venir. Il me répondit que sûrement il s'était fait quelque méprise dans l'envoi de cette invitation. Je ne vis d'autre parti à prendre que de m'en retourner.

Quelque humiliante que fût pour moi cette scène, j'ai cru devoir vous en faire le récit.

---

(1) Titre particulier affecté, en Angleterre, aux ducs et duchesses. (*Note du traducteur.*)

Nous ne sommes tous que trop portés à la vanité, je l'étais plus qu'une autre, et cette leçon, quelque sévère qu'elle pût me paraître, était véritablement une preuve d'intérêt que la duchesse avait voulu me donner.

Je revins à la maison, d'autant plus mécontente, que je m'attendais à être persifflée, à cette occasion, par une parente nouvellement arrivée d'Irlande, dont ma mère s'était depuis peu infatuée. Comme j'aurai souvent à vous parler de cette chère cousine, et qu'elle a été pour moi la source de plusieurs chagrins, c'est peut-être ici le lieu de vous dire que son corps difforme offrait à son ame perverse une habitation très-convenable.

Si l'on en croit les règles de Hogart, elle devait être pourvue de mille graces, car il n'y avait pas dans toute sa personne une seule ligne droite. Son esprit n'avait guère moins de travers. Dès son arrivée, j'avais paru lui déplaire ; son aversion, dont je n'avais jamais pu savoir la cause, m'était devenue si importune que je m'en étais plainte à mistriss Jackson, qui avait inutilement prié ma mère de lui chercher une autre demeure.

Ainsi que je l'avais prévu, je n'eus pas plutôt raconté à ma mère la manière dont j'avais été reçue à l'hôtel de Queen'sberry, que la chère parente soutint que ma prétendue invitation était une supposition de ma vanité. Impatiente, je sortis pour aller au théâtre.

En entrant au foyer, je fus abordée par le prince Lobkowitz, qui venait me demander, pour le jour de mon bénéfice, une loge pour le corps diplomatique. Après avoir remercié son altesse, je lui dis qu'elle pouvait avoir une loge sur le théâtre, et, envoyant chercher le concierge, je le priai d'en faire note sur son livre. Jugez quelle fut ma surprise, lorsque celui-ci me dit qu'il ne me restait pas une loge dont je pusse disposer! Toutes, à l'exception de celles de la comtesse de Cardigan, de la duchesse douairière de Leeds et de lady Shaftesbury, avaient été retenues par la duchesse de Queen'sberry. Je fus tentée de croire que cet homme plaisantait, d'autant plus que c'était lui qui m'avait fait, de la part de la duchesse, l'invitation que j'avais trouvée être fausse. Cependant il persista, et me dit de plus que la duchesse avait en outre fait demander deux cent cinquante billets. Je n'en fus que plus embarrassée pour expliquer la manière peu obligeante dont j'avais été reçue le matin.

LETTRE XI.

23 décembre 17 —.

Le prince de Lobkowitz eut la bonté de se contenter d'un balcon; je m'empressai de retourner chez ma mère, pour lui faire part de ces nouvelles, et triompher de ma malveillante cousine. Pour comble de satisfaction, je trouvai, en rentrant, un billet de la duchesse, qui m'engageait à l'aller voir le lendemain matin. Je n'ai pas besoin de vous dire avec quel plaisir je me vis ainsi disculper de mensonge.

Cependant, je craignais tellement de recevoir encore quelque rebuffade à l'hôtel de Queen'sberry, que je pris le parti d'y aller à pied, afin que, du moins, si j'étais mal reçue, personne n'en fût témoin. En frappant à la porte, je ne pus me défendre de quelque effroi; mais je fus sur-le-champ introduite dans l'appartement de sa Grâce, et j'y fus accueillie aussi singulièrement que l'on m'avait traitée la veille. Hé bien, jeune personne, me dit la duchesse en m'abordant, quelle affaire aviez-vous donc hier pour aller en chaise? Il faisait beau temps, et vous auriez pu aller à pied. — Vous voilà vêtue comme il convient (j'avais une robe de toile). — Il n'y a rien de si bourgeois que de porter de la soie le matin. La simplicité est la plus belle parure de la jeunesse, et vous n'avez pas besoin d'ornement; habillez-vous donc toujours simplement, excepté lorsque vous devez paraître sur le théâtre.

La duchesse, tout en me parlant, nettoyait un tableau; je lui demandai la permission de prendre ce soin pour elle. Croyez-vous, me répondit-elle, que je n'aie pas de domestiques à qui le faire faire, si je n'avais pas envie de le faire moi-même? Pour excuser la liberté que j'avais prise, j'observai à sa Grâce que j'avais demeuré quelque temps chez Jones, et que l'on m'y flattait d'avoir acquis dans cet art quelque habileté. Quoi! me dit la duchesse, êtes-vous la jeune fille dont j'ai entendu parler à Chesterfield? Je lui dis que j'avais eu l'honneur de connaître ce seigneur. Se faisant alors apporter de son cabinet un sac de toile, elle me dit:

Personne ne peut donner à une Queen'sberry autre chose que de l'or; voilà 250 guinées, et de plus 20 pour les billets du duc et les miens : mais il faut encore que je vous donne quelque chose pour l'amour de Tyrawley. Tirant alors de son porte-feuille un billet de banque, elle me le mit dans la main, en me disant que sa voiture allait me conduire chez moi, de peur qu'étant si chargée, il ne m'arrivât quelque accident.

Quoique le caprice de la duchesse eût fini d'une manière plus gracieuse qu'il n'avait commencé, et que son présent fût beaucoup plus beau que celui que m'avait fait la comtesse de Cardigan, je dois avouer que je fus bien plus flattée du procédé de cette dernière, qui m'a continué ses bontés pendant tout le temps que j'ai resté au théâtre. Il y a une manière d'obliger qui donne du prix aux moindres faveurs; il y en a une autre qui mêle de l'amertume aux plus importans bienfaits.

Mon bénéfice me produisit beaucoup plus que je n'eusse osé l'espérer : plusieurs hommes, alors, me faisaient l'honneur de se dire mes admirateurs, et ils prirent cette occasion pour montrer leur générosité, sans offenser ma délicatesse.

Parmi ceux qui m'honoraient de leur attention, étaient lord Byron, seigneur qui n'avait guère à s'enorgueillir que d'un titre et d'une assez jolie figure, et M. Montgomery, qui s'est appelé depuis sir Georges Metham. Comme je ne voulais écouter aucune proposition que le mariage, et aucun parti qui ne me donnât une voiture, M. Montgomery me dit franchement que quant au premier article, il ne pouvait me le promettre, parce qu'il était dans la dépendance de son père, dont il ne pourrait obtenir le consentement; que pour le second, il n'avait point assez de fortune pour me le procurer. Après cet éclaircissement, il se retira dans le Yorkshire. La franchise de ce jeune homme, de l'affection duquel je ne pouvais douter, et qui ne chercha point à me tromper, m'intéressa beaucoup pour lui.

LETTRE XII.

1er janvier 17—.

Lord Byron me poursuivait sans cesse ; mes refus blessèrent son amour-propre ; il résolut de se venger de ma froideur. Il était fort lié avec un homme dont la conduite déshonorait le rang, et dont je tairai le nom par égard pour sa famille. Mylord avait fait de cet homme son confident, son ami, titre non moins fréquemment profané que celui d'amant par des gens dont l'ame n'est digne de connaître ni l'amour ni l'amitié : ce fut lui qu'il chargea du soin de sa vengeance. Le comte *** se croyait amoureux d'une jeune femme avec laquelle j'avais une étroite liaison ; il était persuadé qu'en me détournant des sentiers de la vertu, il aurait un moyen de plus pour attirer dans ceux du vice celle qu'il aimait.

Dans ces vues il fréquentait la maison de mistriss Jackson, ce qui déplaisait fort à ma mère ; mais comme il avait été un pilier de coulisses pendant qu'elle était au théâtre, et que souvent il lui avait rendu de petits services, elle ne pouvait refuser ses visites. Elle le recevait avec une froideur qui eût rebuté tout autre qu'un homme de qualité; mais il était aussi confiant qu'assidu. Ma mère m'avait enjoint de rompre toute intimité avec la personne qui était l'objet des poursuites du comte: celle-ci était légère, et quoique née dans une position distinguée, elle s'était dégradée par sa liaison avec une femme de qualité qui avait plusieurs fois quitté son mari.

Ma mère, alors, était devenue tout-à-fait dévote; la religion occupait une si grande partie de son temps, que le soir elle était rarement visible. Mistriss Jackson, que je ne quittais guères, et qui venait souvent avec moi aux soupers de M. Quin, m'avait transporté une grande partie de l'amitié qu'elle avait eue pour ma mère : mais je ne devais pas profiter long-temps de cet avantage.

Un dimanche soir, le vil comte ***, sachant que ma mère était occupée, vint me dire que miss B ***, la jeune personne dont j'ai parlé, était en voiture au bout de la rue de Southampton, et qu'elle désirait de me parler.

Sans même me donner le temps de prendre ni mes gants, ni mon chapeau, je cours à la voiture; elle s'ouvre, le comte me pousse dedans, y monte avec moi; et les deux chevaux partent au galop.

Dans ma surprise, je pouvais à peine parler; bientôt je m'écriai, je m'exhalai en reproches. Mylord les reçut avec une tranquillité vraiment philosophique, me disant froidement qu'on ne voulait point me faire de mal, et que je ferais mieux de rendre heureux lord Byron que de refuser ainsi mon propre bonheur. Son ami, ajouta-t-il, était sur le point d'épouser miss Shaw, parti extrêmement riche, qui le mettrait à même de me faire de grands avantages. Étourdie de tant d'audace et d'insolence, je restais muette.

Enfin la voiture s'arrêta dans un lieu écarté, à l'extrémité de *North-Audley-Street*, en face de la campagne. *Oxford-Street*, alors, ne s'étendait pas aussi loin qu'aujourd'hui. Le comte étant descendu, me fit entrer dans la maison. Il sortit ensuite pour me préparer, disait-il, un logement. Il en avait déjà vu un chez une couturière, au marché Carnaby, dans Broad-Street, et il se proposait de revenir immédiatement me prendre pour m'y conduire. La maîtresse de la maison était, selon lui, une très-honnête femme, et il protestait, avec les plus horribles imprécations, qu'on ne me voulait faire aucune violence.

Une grande crainte en fait taire de moindres, et l'inconvénient de rester seule dans cette maison inconnue, ne me paraissait rien en comparaison de ce que j'avais à redouter de deux hommes aussi audacieux et aussi puissans. La terreur m'avait saisie : j'étais immobile et comme frappée de la foudre.

Peu de temps s'était écoulé, lorsque le comte revint. Avec lui, qui vis-je entrer!.... Mon propre frère. Une joie soudaine s'empara de moi à la vue de ce protecteur que m'envoyait la Providence. Je courus pour me jeter dans ses bras ; mais je fus si violemment repoussée, que je tombai par terre ; je perdis connaissance. En reprenant mes sens, je ne vis auprès de moi qu'une vieille femme qui me dit qu'elle avait ordre de me conduire au logement qui m'était destiné.

Je demandai, d'abord, comment mon frère s'était trouvé là : j'appris de la domestique qu'il avait infligé au lâche comte une punition corporelle; mais, comme il avait supposé que j'étais venue de mon consentement, il avait déclaré qu'il ne voulait plus me voir, et qu'il m'abandonnait à mon mauvais sort. La vieille femme ajouta qu'il avait menacé le comte et son complice d'une poursuite judiciaire; ce qui avait tellement intimidé le premier, qu'il avait donné ordre qu'on me fît sortir de chez lui le plus tôt possible, craignant qu'on ne me trouvât dans sa maison, et qu'il n'en résultât une preuve contre lui.

En arrivant dans Broad-Street, je découvris, à ma grande joie, que la maîtresse de la maison, qu'on appelait Mirwan, avait travaillé pour moi, sans que je connusse sa demeure. Je lui racontai mon aventure simplement, comme elle m'était arrivée : et mon extérieur, ainsi que mes yeux, fatigués de pleurs, témoignaient assez la vérité de mon récit.

J'appris ensuite les particularités suivantes, relativement à mon frère, pour qui j'étais plus inquiète que pour moi, car je lui étais tendrement attachée. Occupé sur mer pendant plusieurs années, et depuis long-temps attendu, il venait d'arriver, et, par une de ces combinaisons du hasard qu'on a peine à croire, il se trouvait au haut de la rue de Southampton, précisément au moment où l'on me faisait monter malgré moi dans une voiture. Disposé à secourir une personne à qui l'on semblait faire violence, il s'était avancé; mais la rapidité avec laquelle le cocher avait fait partir ses chevaux, ne lui avait pas permis de nous atteindre. Arrivé chez mistriss Jackson, il avait à peine eu le temps d'entrer et de demander de mes nouvelles, que cette dame s'était écriée: Ah! monsieur, courez à son secours! lord *** vient, à l'instant même, de l'emmener. Mon frère, à ces mots, avait conclu que je devais être la personne qu'il venait de voir enlever. Mais sachant qu'il lui serait impossible de rejoindre la voiture, il s'était rendu droit à la maison du comte. Ne le trouvant point chez lui, il s'était promené devant sa porte, jusqu'à ce qu'il le vît venir, et c'était alors qu'il l'avait accueilli comme je l'ai raconté. De chez le comte, mon frère était allé chez lord Byron, où il l'avait accusé d'avoir coopéré à l'enlèvement de sa sœur. Mylord avait nié qu'il eût aucune part à cette action, assurant même sur son honneur, ce qui, au reste, était très-vrai, qu'il ne m'avait pas vue de la journée.

Mon frère, ajoutant foi à l'assertion de lord Byron, devint furieux contre moi. Sans faire de recherches ultérieures, il me jugea capable d'avoir formé une liaison illicite avec un homme marié, vieux et sans principes. Me regardant alors comme une femme perdue, il partit sur-le-champ pour Portsmouth, et je fus ainsi privée d'une protection qui m'eût été plus nécessaire que jamais.

LETTRE XIII.

18 janvier 17 —.

Bientôt, j'appris que mon aventure avait été présentée dans les journaux sous les points de vue les plus défavorables. On me prodigua toutes les injures que peut dicter la méchanceté; et pourtant je n'avais pas commis, même de pensée, la moindre faute du genre de celle qu'on me reprochait. J'écrivis à ma mère; elle me renvoya mes lettres sans les ouvrir. Je n'avais de vêtement que ceux que je portais, et mon obligeante parente empêcha qu'on m'en envoyât. Le trouble que ma disparition avait causé à mistriss Jackson, avait tellement affecté cette dame, qu'elle en était malade. Mistriss Mirwan, chez qui j'étais logée, me procura avec bonté tout ce qui m'était nécessaire. Elle employait tous ses soins pour me consoler; mais elle y travaillait inutilement. Je ne pouvais sans horreur envisager ma situation, ni penser que j'étais devenue injustement, dans l'espace de deux jours, la fable de la ville.

Que faire? je n'avais ni ami ni protecteur. Quoique tout pût prouver mon innocence, quoique mistriss Mirwan pût certifier que je n'avais pas reçu une visite depuis que j'étais chez elle, toutes ces preuves me devenaient inutiles. A qui les offrir? Ma mère était inexorable; mon frère absent; mistriss Jackson était malade, et mon impitoyable parente ne lui laissait rien parvenir.

Accablée sous le poids de ces tristes réflexions, je succombai à mes peines; une fièvre lente me saisit; je fus bientôt aux portes du tombeau. Jamais malheureuse créature n'a été plus punie d'une véritable faute, que je ne l'ai été d'un crime imaginaire.

La fièvre cédant enfin à l'âge et au tempérament, le médecin me conseilla de prendre l'air de la campagne. Je n'avais point d'argent; mistriss Mirwan eut la bonté de m'en prêter. Après avoir long-temps hésité sur le lieu vers lequel je dirigerais mes pas, je me décidai à aller voir une mistriss Clarke, parente de ma mère, qui demeurait à Baintree, dans le comté d'Essex. Cette personne, ainsi que ses parens, étaient quakers; il était peu probable qu'ils eussent entendu parler de mon aventure. Quelques mois auparavant, une sœur de mistriss Clarke m'avait fait un legs de 300 livres, à condition que je n'embrasserais pas la profession de comédienne. Mon engagement à Covent-Garden ayant annulé ce legs, il n'avait pas été réclamé.

Aussitôt que, grâce à ma bonne hôtesse, je fus en état de partir, je me mis en route pour la voiture publique, ayant soin d'observer la leçon que m'avait donnée, sur mon habillement, la duchesse de Queen'sberry; j'avais adopté la maxime d'Horace: *Simplex munditiis*. Cette simplicité dans mes habillemens eut un avantage auquel je n'avais pas songé; elle trompa mistriss Clarke; et lui faisant croire que j'étais de la même secte qu'elle, me procura un très-bon accueil. Toute la famille prit, d'après cet extérieur, une si bonne opinion de moi, que l'on m'offrit de bonne grâce tout ce qui se trouvait à Clarke-Hall. Mon vêtement n'avait pas cependant la sévérité compassée des véritables quakers; il était seulement assez simple et assez propre pour me mériter le titre de wet quaker (quaker mitigé), distinction fondée principalement sur ce que ceux de cette dénomination portent des rubans, de la gaze et de la dentelle. J'admire plusieurs des principes de ces hommes si simples, si propres, et en apparence si honnêtes. Mais n'avez-vous pas eu, ainsi que moi, mille occasions de voir qu'un chapeau rabattu et un habit brun, un tablier vert et du linge uni, couvraient plus d'orgueil et de sotte vanité, que toutes les broderies d'un habit de cour?

La pâleur de mon teint prouvant assez que j'avais été malade, et que j'avais besoin de prendre l'air de la campagne, cela me dispensa de chercher un prétexte pour motiver ma visite. Mes parens supposèrent tout naturellement que j'étais venue pour réclamer mon legs, et me reçurent amicalement. Le lendemain de mon arrivée, ils me payèrent les intérêts échus, ce qui me mit en état de rendre à mistriss Mirwan une partie de ce qu'elle avait eu la générosité de me prêter. Quelques jours après, sans s'informer si je n'avais pas perdu mon droit au legs, ils m'en payèrent le capital. J'avoue que je fis d'autant moins de scrupule de le recevoir, qu'étant riches et sans enfans, mes parens n'avaient pas besoin de cet argent.

Après toutes les peines que je venais d'essuyer, cette tranquille demeure me parut un séjour céleste ; j'y trouvais la paix, la gaieté, l'abondance ; j'y étais heureuse et satisfaite.

LETTRE XIV.

27 janvier 17 —.

Au bout de quelques semaines, je fus entièrement rétablie. L'apothicaire, qui prenait soin de moi, était de la même secte que mes parens; trompé comme eux par le *quakerisme* (si je peux m'exprimer ainsi) de mon habillement, il sembla prendre pour moi un goût dont ceux-ci ne cherchèrent pas à le détourner. Une foire annuelle est, dans ce canton, une époque de plaisirs et de fêtes. Mon empesé courtisan m'invita avec mes hôtes à dîner chez lui; il avait décoré sa maison de fleurs, et l'avait remplie de tout ce qu'il avait pu imaginer de plus propre à montrer sa passion pour moi. Mais l'aveugle déesse qui gouverne le monde n'avait pas décidé que je dusse jouir long-temps de cette vie paisible. Dans un de ces caprices qui lui sont familiers, elle amena un incident qui me fit perdre à la fois et les soins de mon admirateur et la bonne volonté de mes parens.

A ce dîner avait été amené par un ami du maître de la maison, le célèbre Zacharie Moore, personnage aussi connu par sa prodigalité que par son infortune. Moore avait joui jadis d'un revenu de vingt-cinq mille livres (1); sa prudence n'était pas proportionnée à ses richesses. Grâce à son extravagance et aux chicanes de son intendant, il finit par se trouver réduit à une pauvreté vraiment honteuse, puisqu'il y était tombé par sa faute. Ce qu'il y eut d'étrange, c'est que le misérable qui lui avait escroqué cette immense fortune, eut l'impudence de lui proposer sa propre fille en mariage, offrant à cette condition de lui rendre tout son bien. M. Moore, avec beaucoup de noblesse, selon moi, rejeta cette

---

(1) Lorsque, dans les romans anglais, on nous parle de ces étonnantes fortunes, nous sommes tentés de reprocher à l'auteur des suppositions qui choquent la vraisemblance. Ici nous voyons un simple particulier jouir d'un revenu équivalent à six cent mille livres de France. Nul pays peut-être n'offre, plus que l'Angleterre, des exemples de cette prodigieuse accumulation de richesses dans quelques mains. (*Note du traducteur.*)

honteuse proposition. Tous les gens de sa connaissance, en admirant cette grandeur d'ame, ne purent s'empêcher de blâmer un défaut d'ordre, par suite duquel il se vit réduit à accepter, à l'âge de quarante ans, une enseigne dans un régiment qu'on envoyait à Gibraltar. Je veux, à cette occasion, vous citer une épitaphe, si l'on peut lui donner ce nom, qui fut faite pour lui pendant sa vie.

Zacharia Moore.

Monument vivant
de l'amitié et de la générosité des grands.
Après une intimité de trente ans
avec la plupart des
grands seigneurs des trois royaumes,
qui lui avaient fait l'honneur de l'aider
à dissiper une immense fortune,
ces illustres amis,
par reconnaissance
des beaux jours, des amusantes soirées
qu'il leur avait fait passer,
l'ont promu, par leur crédit,
à la quarante-septième année de son âge,
à une enseigne,
dont il jouit aujourd'hui
à Gibraltar.

1756.

Je reviens à mon histoire. Rien ne se passa,

jusqu'à l'après-midi, qui pût troubler l'harmonie de la société, ou me faire la moindre peine. Mais, après le dîner, l'ami de M. Moore lui ayant dit tout bas que j'étais une quaker mitigée, dont son voisin l'apothicaire était épris, M. Moore, sans vouloir me nuire, donna carrière à sa légèreté, et dit assez haut pour être entendu de toute la compagnie : Bon ! une quaker mitigée ! hé, c'est miss Bellamy ! la célèbre actrice qui a reçu tant d'applaudissemens, l'hiver dernier, au théâtre de Covent-Garden. L'altération visible de mes traits, aussitôt qu'il eut prononcé ces mots, lui fit voir qu'il avait dit quelque chose de déplacé, mais, comme *Marplot*, il ne put deviner ce que c'était.

Mistriss Clarke n'ayant point relevé ce qui venait de se dire, je me flattai qu'elle n'y aurait point fait attention. Cependant, peu de temps après, elle demanda sa voiture, et laissa son mari, qui aimait assez à boire, s'amuser avec l'aimable habitant de Londres. Après notre départ, M. Clarke fit sur mon compte quelques questions, et apprit tous les détails de mon aventure. M. Moore, au récit qu'il en fit, ayant ajouté que tout le monde me croyait fort innocente, mon parent qui, tout quaker qu'il était, avait de l'honneur, et dont le courage était éveillé par les fumées du vin, pensa que, comme appartenant à sa famille, j'avais droit à sa protection. Il reprit le chemin de chez lui, déterminé à poursuivre l'affaire, et à obtenir raison de l'injure qui m'avait été faite.

Cependant, nous regagnions la maison. Dans la voiture de mistriss Clarke était une autre dame, ce qui empêcha ma cousine de s'expliquer avant notre arrivée. Je n'étais pas, je l'avoue, sans inquiétude sur les questions qu'elle pourrait me faire. Mais comme elle m'avait toujours montré une extrême douceur, je ne pouvais penser qu'elle eût dans le caractère autant des traits de Xantippe que je lui en trouvai depuis. J'avais ouï dire qu'elle était jalouse; mais elle était arrivée, ainsi que son mari, à un âge où cette passion est supposée s'amortir, et je l'en croyais désormais parfaitement guérie.

En descendant de voiture, elle se fit mal au pied. Je m'avançai, lui offrant ma main pour l'aider à gagner le parloir; mais elle le refusa avec un air de dignité théâtrale, prononçant en même temps d'un ton dédaigneux : Arrière ! Je crus d'abord que cela s'adressait à un chien, qui venait pour la caresser; mais je ne tardai pas à être détrompée. Nous ne fûmes pas plutôt entrées dans la maison, que, me regardant en face, elle me dit d'un ton auquel je n'étais nullement accoutumée : Arrière, te dis-je ! tu es un enfant d'iniquité, tu t'es vendue à l'impur; tu m'en as imposé. Ici je l'arrêtai, ne pouvant supporter l'imputation du mensonge. Je lui demandai en quoi je l'avais trompée, et je la défiai de me citer une seule conversation où je lui eusse dit autre chose que la vérité. Comme elle avait réellement conçu pour moi de l'amitié, elle parut fâchée de ce qu'elle avait dit, et je crois qu'elle cherchait à s'excuser quand son mari entra.

Aussitôt qu'il lui eut raconté ce qui m'était arrivé, et dit ce qu'il se proposait de faire en conséquence, elle sentit sa colère se rallumer; la colombe redevint une Méduse. Arrière ! s'écria-t-elle encore, arrière ! La perdition te suivra; tu es venue pour séduire mon bien-aimé avec tes artifices; Satan s'est emparé de toi, aussi-bien que de ta mère : sors, je te prie, de ma maison. Ici son bien-aimé l'interrompit, disant que rien ne l'empêcherait d'aller à la grande cité pour y forcer le méchant homme à me faire réparation, en me prenant pour son épouse. Et ne m'as-tu pas dit, John, reprit mistriss Clarke, ne viens-tu pas de me dire que le méchant homme était marié ? Mon cousin John, dans son ivresse, avait oublié cette petite circonstance qui, tout-à-coup, arrêta son zèle chevaleresque.

Suivit un moment de silence, dont je profitai pour dire à ma cousine, qu'après ce qui venait de se passer, je ne pouvais rester un jour de plus dans sa maison; non pas, ajoutai-je, que je fusse choquée de la risible imputation qu'elle me faisait d'avoir voulu séduire son mari, mais j'étais offensée de la manière dont elle avait parlé de ma mère. Au reste, forte de mon innocence, je lui pardonnais toutes ses injures, excepté l'accusation de fausseté. Sachez, madame, lui dis-je avec le plus de dignité qu'il me fut possible, que j'ai une ame au-dessus de tout artifice.

A ces mots, mistriss Clarke, avec un changement de ton et de manière qui aurait fait honneur à la comédienne la plus consommée, me dit très-doucement : Anne, tu crois peut-être au dogme des Turcs, qui pensent que les femmes n'ont point d'ame. Le regard malin dont elle accompagna ces paroles, me fit quitter l'air important que j'avais pris ; ma colère finit, et je partis d'un éclat de rire. Cela mit fin à notre conversation. Nous nous séparâmes pour aller nous coucher. Avant de me quitter, mistriss Clarke me serra trois fois la main, et me dit bonsoir, en me souhaitant *toutes sortes de bonnes choses ;* salutation qu'emploient ordinairement les quakers avec leurs plus intimes amis. Malgré ce témoignage d'une amitié renaissante dans le cœur de ma pétulante cousine, je résolus bien de ne pas m'exposer à voir renouveler une pareille scène.

LETTRE XV.

8 février 17 —.

Je me levai le matin de bonne heure, avec le projet d'aller à Ingatestone, où demeurait une jeune dame qui, dans une visite qu'elle avait faite à ma cousine, m'avait beaucoup engagée à aller passer quelque temps chez elle. Mes parens firent l'un et l'autre tous leurs efforts pour m'engager à rester quelques jours de plus avec eux; mais me voyant décidée, ils me laissèrent aller. Mistriss Clarke voulut absolument que j'acceptasse d'elle quelques présens; entre autres choses, elle me donna l'Apologie de Barclay, ouvrage qui, quelques années après, me fut d'une très-grande utilité. Je partis de Clarke-Hall sur les neuf heures du matin, dans la voiture de ma cousine. En arrivant à Ingatestone, j'appris avec grand chagrin que miss White, chez qui j'allais, était partie pour Londres, avec toute sa famille, à l'effet d'y assister à l'assemblée annuelle de sa secte. Je me fis conduire à une auberge, d'où je renvoyai la voiture.

Tandis qu'on me préparait à dîner, j'allai me promener au bout de la ville. Séduite par l'aspect d'une jolie campagne, je m'avançai vers une éminence, d'où l'on découvrait au loin la contrée : j'observais dans la vallée une belle ferme, autour de laquelle tout annonçait l'industrie ; tout-à-coup, je vis quelque chose glisser à mes pieds ; c'était un serpent. Je veux fuir : un enfant s'offre pour me protéger, et d'un coup de bâton tue mon ennemi.

De retour à l'auberge, je fais quelques questions sur le pays. Cette ferme, me dit-on, appartenait à lord Petre, digne et respectable seigneur, quoique *catholique romain*. Je souris, et mon hôtesse fut un peu embarrassée de voir que j'étais de cette même religion. Le fermier de lord Petre était aussi un honnête homme quoique *papiste*. Je fus curieuse de savoir quelle différence impliquaient ces deux expressions ; c'était, me dit-on, celle d'un lord à un paysan.

Tentée de passer quelque temps dans cette solitude, j'envoyai demander au fermier s'il voudrait recevoir en pension une personne de sa secte. Mistriss Williams, son épouse, vint me trouver à l'auberge ; bientôt nous fûmes d'accord.

J'allai le même jour prendre possession de mon nouvel asile : la première personne que j'y trouvai fut le jeune enfant qui, le matin, m'avait servi de champion. Je fus présentée à la famille, composée du fermier, de sa femme, de deux fils, l'un veuf depuis peu, l'autre garçon, et de plusieurs domestiques; honnêtes et industrieuses gens, vraiment heureux dans leur obscurité. On me conduisit, le soir, dans une chambre mieux meublée que le reste de la maison; c'était celle de la jeune femme qui récemment était morte, et j'y trouvai des livres que je ne m'attendais pas à rencontrer dans une demeure aussi champêtre. Le matin et le soir M. Williams faisait la prière en présence de tout son monde; il n'eût pas permis au moindre gardeur de vaches d'y manquer. A nos repas, tout le monde était gai, à l'exception du jeune veuf, dont les traits exprimaient encore les regrets et la tristesse. Mistriss Williams semblait plus occupée de ce fils que de l'autre; non pas, dit-elle, qu'elle l'aimât davantage, mais parce qu'il avait à ses soins plus de droit que l'autre, qui était exempt de soucis. Mon hôte me fit admettre les dimanches et fêtes dans la chapelle de lord Petre. Je passai dans cette ferme les jours les plus heureux dont j'eusse joui depuis ma sortie de ce cher couvent, où j'ai vécu quelques années pour le regretter toujours.

LETTRE XVI.

13 février 17 —.

Depuis que j'étais dans cette retraite, j'avais souvent écrit à ma mère, sans en recevoir aucune réponse. J'étais d'autant plus étonnée de son silence, que, suivant ce que M. Moore avait dit à mon cousin Clarke, je passais généralement pour n'avoir eu aucune part à mon enlèvement. Au bout de quelques semaines, j'allai un soir me promener au lieu où, à mon arrivée dans le pays, j'avais trouvé un serpent. Sur cette éminence était un grand arbre, à l'ombre duquel on avait placé quelques bancs pour la commodité de ceux qui venaient là jouir d'une des plus jolies vues du monde. Fatiguée de regarder au loin, je m'assis, et j'ouvris un livre que j'avais apporté; c'étaient les Lettres des morts aux vivans, de M. Rowe. Cette lecture m'inspirait une sorte de tristesse; je me levai pour m'en retourner : tout-à-coup il me sembla que je voyais ma mère paraître devant moi. Sa figure était si remarquable, ses traits étaient tellement gravés dans mon cœur, que je ne pouvais m'y tromper. Je conclus, sur-le-champ, que son silence avait été occasioné par sa mort : mon imagination était exaltée par la lecture que je venais de faire; je fus persuadée qu'elle venait me reprocher d'avoir abrégé ses jours. L'idée que j'avais été, quoiqu'innocemment, la cause de sa mort, me fit une telle impression, que je tombai sans connaissance sur le gazon. Quelles furent, à mon réveil, ma joie et ma surprise de me sentir véritablement serrer dans ses bras ! c'était elle. Heureux, heureux moment, m'écriai-je ! Je reçois donc encore les caresses d'une mère ! Un tendre pardon n'aurait pu me faire plus de plaisir quand j'aurais été véritablement coupable.

Lorsque je fus revenue de mon trouble, je lui demandai ce qui avait produit en elle cet heureux changement de disposition. Elle m'apprit alors que cette parente qui m'avait montré tant d'inimitié, venait de mourir; qu'à sa mort on avait trouvé dans sa chambre les lettres que j'avais écrites; elle les avait toutes retenues. Ma mère avouait qu'elle avait été, ainsi que mistriss Jackson, fort irritée de mon silence : mais elle ne pouvait, de temps à autre, ne pas se reprocher d'avoir abandonné une jeune personne de mon âge, sans être bien sûre que j'étais coupable. Pour peu qu'elle eût réfléchi, me dit-elle, sur les circonstances de mon enlèvement, elle aurait dû reconnaître que je n'y avais point eu de part; car si je l'avais prémédité, j'aurais emporté ma petite garde-robe, ainsi que le produit de mon bénéfice, qu'au contraire je l'avais priée de garder. Elle convenait que toutes ces particularités pesées de sang-froid parlaient en ma faveur, autant que, mal présentées, elles avaient paru m'être contraires. Convaincue, ajouta-t-elle, et de votre innocence et de la perfidie de ma parente, et ayant trouvé dans vos lettres votre adresse, j'ai volé sur les ailes de la tendresse maternelle pour expier la manière inhumaine et irréfléchie dont je vous ai traitée. A mon arrivée à la ferme, apprenant que vous étiez sortie, et mistriss Williams m'ayant indiqué le chemin que vous aviez pris, mon impatience ne m'a pas permis d'attendre votre retour.

A mes remercîmens, à mes tendres caresses, je ne pus m'empêcher de mêler quelques reproches sur l'injure que ma mère m'avait faite de se défier de ma sincérité. La véracité, lui dis-je, est la vertu dont je me glorifie ; je l'ai honorée depuis mon enfance, et quoi qu'il ait pu m'en coûter pour ne m'en point écarter, j'espère qu'elle m'accompagnera jusqu'au tombeau.

Ayant ainsi respectivement soulagé nos cœurs, nous nous rendîmes à la ferme. J'appris avec grande peine de ma mère que la bonne mistriss Jackson, depuis peu devenue veuve, venait très-imprudemment de se remarier à un Irlandais, nommé Kelly, et qu'elle se préparait à accompagner son mari en Irlande. Je devais à cette dame tant de reconnaissance, et j'avais pour elle tant d'amitié, que cette nouvelle mêla quelque amertume au bonheur inattendu dont je jouissais.

Ma mère m'ayant apporté des vêtemens de la saison, la vanité qui, malgré toutes mes humiliations, n'était point éteinte dans mon ame, m'engagea à paraître le dimanche suivant un peu plus parée que je n'avais fait jusqu'alors, non que j'eusse perdu de vue la propreté simple que j'avais adoptée en venant à la campagne; mais quelques belles dentelles que m'avait données mistriss Jackson, un habillement un peu plus à la mode que celui que je portais ordinairement, excitèrent une curiosité qui ne s'était pas encore éveillée. Tant qu'on avait vu en moi une fille simple, discrète et modeste, la critique m'avait respectée, et les bonnes gens qui m'environnaient m'avaient montré toutes sortes d'égards et d'amitié : sitôt qu'encouragée par cette dame arrivée de Londres, je voulus paraître une belle et élégante demoiselle, ils me regardèrent avec une pitié mêlée de mépris. La conduite de ces bons paysans montre mieux qu'un gros livre quels sont l'extérieur et le maintien qui conviennent à des mœurs pures et à un cœur innocent.

Si j'avais profité de cette leçon, je me serais contentée d'un humble genre de vie; mais une folle vanité me persuadait que j'étais obligée à faire vivre ma mère dans une plus grande aisance que ne le comportait sa pension; et nul autre moyen ne se présentant à moi pour y réussir, que la carrière du théâtre, je résolus d'y rentrer.

Aussitôt que j'eus formé ce projet, la vie

champêtre perdit tous les charmes que j'y avais trouvés. Rians aspects, promenades solitaires, tranquilles lectures au bord des eaux ombragées de saules, tout ce qui avait enchanté mon imagination, lui parut froid et monotone : elle anticipait sur les plaisirs qui m'attendaient dans le monde, et ne prévoyait ni le trouble qui les accompagne, ni les chagrins qui les suivent.

LETTRE XVII.

22 février 17—.

Peu de jours après, à la grande satisfaction du fermier et de sa famille, qui commençaient à nous regarder d'un œil de soupçon, ma mère partit pour Londres, où je ne devais pas tarder à la rejoindre. En arrivant à la ville, elle devait m'y procurer un logement, puis aller voir M. Rich, pour savoir s'il voudrait m'engager. En se rendant à cet effet à Covent-Garden, elle rencontra M. Shéridan qui, ayant entrepris la direction d'un théâtre à Dublin, était venu à Londres, pour y faire des recrues. Il s'informa de moi, et montra le désir de m'engager. Ma mère répondit qu'elle ne croyait pas à propos d'écouter aucune proposition de ce genre, jusqu'à ce qu'elle eût vu M. Rich, auquel sa fille avait tant d'obligations. M. Shéridan l'ayant approuvée, elle promit de lui faire part du résultat de son entrevue avec M. Rich.

Celui-ci, dès que ma mère lui eut parlé de sa rencontre avec M. Shéridan, et du désir qu'il avait de m'engager, lui donna, sans hésiter, une preuve de sa bienveillance pour moi, ainsi que de son désintéressement, en l'invitant à accepter la proposition. Elle m'offrait, dit-il, un double avantage, en ce qu'elle me mettait à même de profiter des leçons d'un excellent maître, et me donnait occasion de paraître dans les premiers emplois, faculté que je n'aurais pas eue à Londres, les rôles alors, excepté pour les débuts, appartenant aux acteurs aussi exclusivement que leurs appointemens.

Quand j'arrivai à la ville, je trouvai à l'auberge une lettre de ma mère, qui m'annonçait qu'elle avait pris pour moi un logement à Chelsea. Je m'y rendis sur-le-champ. J'y trouvai M. Shéridan, avec qui je fus bientôt d'accord. Aussi honteuse de me montrer aux gens de ma connaissance, que si j'avais mérité tout ce qu'on avait dit de moi, je quittai Londres sans prendre congé de personne : négligence répréhensible, particulièrement à l'égard de M. Rich et de M. Quin, auxquels m'attachaient tant de motifs de reconnaissance.

Dans mon engagement avec M. Shéridan, je ne stipulai que pour un rôle que je craignais qu'on ne me refusât à cause de ma jeunesse; c'était celui de Constance dans le *Roi Jean*. J'avais pris ce rôle en gré, quoiqu'il me convînt médiocrement, tant par le peu d'expérience que j'avais du théâtre, que par ma figure, qui eût beaucoup mieux convenu à celui du Prince Arthur (fils de Constance).

Je vous parle de cette particularité, parce que ce rôle est devenu, depuis, le sujet d'une grande contestation.

Avec moi et ma mère, qui avait promis de m'accompagner, le directeur avait engagé quelques autres personnes, qu'il avait promis de défrayer, ainsi que nous, jusqu'à Dublin. Nous arrivâmes sans accident à Park-Gate; là, les vents se trouvant contraires, M. Shéridan nous quitta, laissant à ma mère la direction de la troupe, et partit pour Holy-Head.

Nous ne ressemblions pas mal à la troupe du Roman Comique : la nôtre était composée de mistriss Elmy; d'un jeune aventurier, son amant, nommé Lacy; de M. Morgan, malade parvenu au dernier période de la consomption; de ma mère, et de moi.

Ma mère et mistriss Elmy étaient sans cesse en altercation. Cette dernière était fort gaie, et ne manquait point de sens; mais son défaut de moyens l'empêchait de faire au théâtre beaucoup d'effet. Elles différaient l'une de l'autre autant que l'ombre et la lumière : le maintien froid et réservé de ma mère contrastait d'une manière très-piquante avec la légèreté de mistriss Elmy, qui forçait quelquefois sa gaieté par esprit de contradiction. De cette opposition de caractères résultaient d'assez plaisantes scènes. Je veux vous en citer un exemple.

Nous avions passé, dans notre route, par un lieu nommé Evisée-Bank : mistriss Elmy parut si enchantée de ce nom, que, pour la satisfaire, je la gratifiai sur-le-champ du titre de comtesse d'Evisée. Ce titre de nouvelle création devint pour ma mère un fréquent sujet de contradiction : dans toutes les auberges la prétendue comtesse avait le meilleur appartement, et l'on montrait pour elle plus de soins et d'égards que pour toute autre. Ma mère, impatientée, finit par me dire que si je ne retirais pas à notre compagne ce titre importun, elle quitterait la troupe, et continuerait le voyage seule avec moi. Je fus donc obligée, en arrivant à Park-Gate, de dégrader ma comtesse, et de lui rendre le nom modeste de mistriss Elmy.

Après quelques jours passés à Park-Gate, toujours contrariés par les vents, nous prîmes par terre la route de Holy-Head. Nous traversâmes à cheval une partie du pays de Galles. Ce fut dans cette route que, parmi quelques Irlandais qui se joignirent à nous, je vis pour la première fois M. Crump, dont j'aurai souvent à vous reparler. C'était un homme d'environ cinquante ans, laid, mais actif, complaisant et intelligent. Il montrait pour ma mère tant d'attentions, que nous le regardâmes comme très-amoureux d'elle. Je dois observer que ma mère possédant encore plusieurs restes de cette beauté qui avait séduit un des hommes les plus aimables du royaume, notre supposition n'était nullement invraisemblable. Vous verrez ci-après combien elle était mal fondée.

Nous arrivâmes à Holy-Head, précisément au bon moment pour nous y embarquer; une demi-heure après, le paquebot mit à la voile, et nous conduisit sans accident en Irlande.

———

LETTRE XVIII.

1 mars 17 —.

Nous fûmes reçues, ma mère et moi, en arrivant à Dublin, par une de ses anciennes amies, la femme du célèbre docteur Walker. Ce médecin avait acquis dans sa profession une réputation telle que, tout en vivant très-honorablement, il amassait une fortune considérable. Le docteur écrivait alors un traité contre l'usage où l'on est, en Irlande, d'enterrer les morts quelques heures après le décès. Il cherchait à détourner les Irlandais de cette dangereuse méthode, qui peut empêcher beaucoup de gens non-encore morts, de revenir à la vie. Ma mère l'ayant entendu parler de cet ouvrage, lui raconta l'anecdote de mistriss Godfrey, que j'ai insérée dans ma première lettre; et pour faire voir au docteur combien son opinion, sur ce point, était conforme à celle qu'il voulait établir, elle lui promit que, s'il mourait pendant qu'elle serait en Irlande, elle examinerait avec soin l'état de son corps, et ne le laisserait enterrer que lorsqu'il n'y aurait plus aucune probabilité de son retour à la vie.

Ce n'est pas sans motif que je vous rapporte ces détails. Ils vous montreront combien il est imprudent de faire des promesses qu'on n'est point sûr de pouvoir tenir. Vous verrez tout ce qu'il en coûta de chagrin à ma mère, pour avoir enfreint celle-ci.

Nous restâmes dans la maison du docteur, jusqu'à ce que nous en eussions trouvé une que nous allâmes habiter, près du théâtre.

Aussitôt que je fus remise de la fatigue du voyage, j'allai rendre mes devoirs à mistriss O'Hara, sœur de lord Tyrawley, que je n'avais pas vue depuis mon enfance. J'eus le chagrin de la trouver aveugle. Elle fut très-aise de me voir, quoique assez mécontente de ma profession. Cependant, comme je portais le nom du mari de ma mère, le seul auquel j'eusse droit, puisque j'étais née pendant leur mariage, mon état de comédienne ne faisait pas à sa famille un déshonneur public. Malgré son improbation de mon état, elle se proposa de me présenter aux gens de sa connaissance, comme sa nièce, fille reconnue du lord Tyrawley.

J'appris avec grande affliction de mistriss O'Hara la mort de ma bonne amie, mistriss Pye, protectrice de mes premiers ans, et qui, depuis peu, avait terminé sa carrière. J'ai toujours regretté de n'avoir pas été près d'elle dans ces derniers momens. Il me semble que mes soins, mon affection, auraient pu prolonger une vie si précieuse à son mari, si chère à tous ceux qui avaient connu cette estimable femme.

Mistriss O'Hara s'informa avec bonté de l'état de ma fortune, ce qui me fournit l'occasion de lui parler de la générosité de la duchesse de Queen'sberry, et de la singulière leçon qu'elle m'avait donnée; ce qui parut beaucoup divertir ma vieille tante. Je lui racontai aussi l'événement malheureux qui m'avait causé tant de peine. J'ai pour règle de ne jamais me concilier à moitié la bonne opinion de quelqu'un. Quand on veut acquérir un ami, il faut se faire connaître à lui tel que l'on est, sans quoi l'on imite un malade qui, consultant un médecin, lui déguiserait sa maladie. Lorsqu'on a quelques aveux à faire, il faut les rendre complets, ou l'on a contre soi autant de chances qu'en eût donné une dissimulation entière.

L'après-midi, on annonça mistriss Butler et sa fille. Mistriss O'Hara me présenta à elles, comme sa nièce, parla de moi avec éloge, et comme mistriss Butler était une des femmes du premier rang dans le pays, qu'elle avait beaucoup de liaisons, que toute la noblesse fréquentait sa maison, elle lui demanda pour moi sa protection. Mistriss Butler était d'une taille élégante; elle avait été fort jolie, et conservait encore quelque agrément. L'altération de sa beauté semblait être due moins aux ans qu'aux maladies. Sa fille était belle, vive et spirituelle; nous étions à peu près du même âge: elle parut, dans cette entrevue, prendre pour moi un goût que je me sentis disposée à cultiver. Ces dames, avant de sortir, engagèrent ma tante à aller avec moi dîner le lendemain chez elles, et y passer la soirée. Je montrai le plus grand empressement à profiter de cet honneur, et ma tante promit de m'accompagner. Infirme, et condamnée à une vie très-réglée, elle me congédia de bonne heure, pour être moins incommodée de la soirée du lendemain.

En rentrant à la maison, je trouvai notre compagnon de voyage, M. Crump, tête à tête avec ma mère. Celle-ci m'apprit que miss Saint-Léger, l'une des trois dames que j'avais connues chez Jones, quelques années auparavant, était venue pour me voir. Elle me priait de l'aller trouver le lendemain matin, chez lady Doneraile, dans Dawson-Street. Ainsi, étant arrivée sans connaître à Dublin une seule femme, je me trouvai tout d'un coup en mesure d'être introduite dans les meilleures compagnies de Dublin. Flattée de la manière dont j'avais été reçue chez mistriss O'Hara, je dis en riant, à ma mère, qu'il fallait qu'elle bannît un peu de sa réserve, pour engager M. Crump, qui paraissait se plaire avec elle, à lui donner tous ses momens de loisir; car probablement elle jouirait peu de ma société; les devoirs de mon état, et les invitations que j'allais sûrement recevoir, promettant d'occuper tout mon temps. M. Crump promit, pour sa part, de suivre mon conseil; mais ma mère fut très-choquée de la liberté que j'avais prise avec elle. J'ai déjà dit qu'elle avait conservé toute la pruderie des quakers, quoiqu'elle eût renoncé aux dogmes de cette secte.

Le lendemain matin, j'allai déjeûner chez miss Saint-Léger, qui me reçut avec une politesse animée par le plaisir d'embrasser une personne chère, qu'on revoit après une longue absence. Elle me demanda avec empressement des nouvelles de miss Conway, et fut bien touchée d'apprendre que cette jeune personne était dans un dépérissement alarmant, son service auprès de la princesse de Galles, dont elle était fille d'honneur, l'empêchant de prendre les mesures qui eussent pu rétablir sa santé. Miss Saint-Léger me pressa de rester à dîner avec elle; mais lorsque je lui eus dit que j'avais un engagement, et nommé les personnes chez qui je dînais, elle me dit obligeamment qu'elle se félicitait alors de ne me pas avoir, la connaissance de mistriss Butler étant la plus précieuse que je pusse faire à Dublin. Elle témoigna même beaucoup de regret de ne pouvoir fréquenter cette maison; lady Doneraile, sa tante, s'en était éloignée pour quelque tracasserie.

Ma réception chez mistriss Butler fut on ne

peut plus flatteuse. Cette dame se déclara ma protectrice avant même de savoir si je mériterais ses bontés; et lorsque je pris congé d'elle, elle m'invita à passer dans sa maison toutes les heures que je ne serais pas obligée de donner au théâtre; ce que je lui promis bien volontiers.

LETTRE XIX.

12 mars 17 —.

Le talent, le génie, ne suffisent pas pour acquérir la gloire. Le théâtre, comme tous les arts, demande de grands travaux, de profondes et sérieuses études. Tout homme qui veut se faire un nom, peut s'appliquer ces beaux vers de Spencer :

« Aux plaines de Bellone, comme dans la
» retraite du cabinet, celui-là, le premier,
» rencontrera la gloire qui la cherche avec le
» plus de peine; elle habite les lieux incultes,
» parmi les armes, au milieu des vagues irri-
» tées, et ne se trouve qu'au travers de la peine
» et des dangers. Celui qui repose, oisif dans
» ses foyers, ne la verra point entrer dans
» sa paisible demeure. Devant sa porte, les
» dieux ont voulu qu'habitassent la sueur,
» les soins vigilans. Facile, au contraire, est
» le sentier qui conduit au plaisir; on y

» marche sans peine, et l'entrée de son palais
» est ouverte à toute heure. »

Qu'il me soit permis de le dire : le peu de mérite que j'ai acquis dans mon art, je l'ai acquis par beaucoup d'efforts. Le temps que me prenait la société que je cultivais, n'a jamais été dérobé à celui qu'exigeait mon instruction.

Notre théâtre s'ouvrit avec éclat. Une circonstance heureuse pour moi, fut que le comte de Chesterfield était alors vice-roi. M. Barry avait eu quelque succès, l'hiver précédent, sur ce théâtre, dans le rôle d'*Othello*. Le directeur, après m'avoir engagée, lui manda d'étudier celui de *Castalio*, parce qu'il se proposait de me faire bientôt paraître dans l'Orpheline. Pour ajouter à nos succès, M. Garrick se joignit cette année à notre troupe. Il avait eu quelque contestation avec le propriétaire du théâtre de Drury-lane; et d'un autre côté, M. Rich ayant refusé de lui accorder les conditions qu'il demandait, il vint à Dublin. Il s'était rarement trouvé dans une même troupe, trois acteurs aussi supérieurs que Garrick, Shéridan et Barry.

Les deux premiers, M. Garrick et M. Shéridan, convinrent de jouer alternativement les personnages de Shakespeare, et de réunir leurs talens dans toutes les pièces. Dans l'Orpheline, Garrick faisait *Chamont;* Barry, *Castalio*, et Shéridan, *Polydore.* Dans la *Belle Pénitente* (1), Shéridan jouait le rôle d'*Horatio;* Garrick, celui de *Lothario,* et Barry, celui d'*Altamont.* Barry avait, dans ce dernier rôle, une telle supériorité, que ce personnage semblait aussi important que les deux autres. J'étais obligée de jouer presque tous les soirs, et quelquefois dans des rôles qui me convenaient fort peu; mais animée par les nombreux applaudissemens que je recevais, je faisais tous mes efforts pour les mériter. Voulant donner à ma profession tout le temps qu'elle exigeait, et cependant me livrer aux amusemens de la bonne compagnie, je me privais souvent du repos que demande

---

(1) Tragédie en cinq actes, de Rowe, représentée pour la première fois en 1705. On y remarque, comme dans tous les ouvrages de cet auteur, un style nombreux et soigné; mais elle manque d'action et d'intérêt. Le sujet en est italien; et cependant Rowe connaissait si peu cette langue, qu'il a fait Sciotto (nom de l'un de ses personnages) de trois syllabes. (*Note du traducteur.*)

la nature. Un bon tempérament, un courage inépuisable, soutinrent cette activité pendant toute la saison.

Au bout de quelque temps, on proposa la tragédie du *Roi Jean*, dans laquelle Roscius et le directeur devaient paraître ensemble, et jouer alternativement le *Roi* et le *Bâtard*. M. Shéridan insista pour qu'en cette occasion, je jouasse *Constance*. M. Garrick s'y opposa, parce que, dit-il, il ne resterait personne pour faire le *Prince Arthur*, que mistriss Kennedey, alors miss Orpheur, qui, à peu près du même âge que moi, et fort marquée de petite vérole, paraissait beaucoup plus âgée.

Sur le refus positif que fit M. Garrick de me laisser jouer ce rôle qui me plaisait, et pour lequel j'avais stipulé dans mon traité, je courus à ma protectrice, mistriss Butler, à qui je me plaignis de ce qu'on ne tenait pas ma convention. Quoiqu'elle fît grand cas de M. Garrick, elle avait pour moi tant de bonté, qu'elle envoya sur-le-champ chez tous ses amis, pour les prier de ne point aller au spectacle le jour qu'on donnerait la pièce. Outre l'importance que donnent le rang et la fortune, mistriss Butler avait une grande considération dans la société. De plus, elle donnait souvent des bals, et toutes les jeunes femmes qui y étaient habituellement invitées, étaient fort empressées de lui complaire, pour continuer à y être admises. Chacun, en conséquence, fut disposé à lui obéir, et fit circuler son invitation. La chambrée, le jour qu'on donna la première représentation du *Roi Jean*, fut très-peu nombreuse; la recette ne monta pas à quarante livres.

Ce fut la première humiliation que l'immortel Roscius eût éprouvée sur le théâtre. Il eut lieu de se repentir de m'avoir préféré, pour le rôle de *Constance*, mistriss Furnival. Mais ce qui rendit mon triomphe complet, fut que, lorsqu'on redonna la même pièce, M. Shéridan jouant *le Roi*, M. Garrick *le Bâtard*, et moi *Constance*, on renvoya à la porte plus de monde qu'on ne put en placer; la discussion relative aux rôles ayant été connue du public, les spectateurs, pour me venger, me prodiguèrent les applaudissemens.

Malgré ce succès, je résolus de rendre à M. Garrick, à la première occasion qui se présenterait, la mortification qu'il m'avait fait essuyer : il ne tarda pas à s'en offrir une. *Le petit grand homme* devait avoir, dans la saison, deux bénéfices; et afin qu'ils ne fussent pas trop rapprochés l'un de l'autre, il était convenu que l'un aurait lieu de bonne heure, dans l'année. Il avait indiqué *Jeanne Shore*(1), pour son premier bénéfice. Lorsqu'on vint m'inviter à jouer ce rôle, je le refusai absolument, motivant mon refus sur la même raison qui avait servi de prétexte pour m'enlever celui de Constance, savoir, ma jeunesse. Voyant que les instances étaient inutiles, M. Garrick pria miss Butler d'user de son crédit pour obtenir de moi ce qu'il savait bien que je ne pourrais refuser à une personne à qui m'attachaient également la reconnaissance et la politique. En même temps, pour

---

(1) Jane Shore, tragédie en cinq actes, de Nic. Rowe, donnée pour la première fois en 1713. Cette pièce est estimable sous le rapport du style et celui de la moralité; mais on lui reproche de manquer d'une certaine profondeur de sensibilité qu'exige la tragédie. L'auteur passe pour avoir plus étudié les livres que scruté le cœur humain.

Rowe était né en 1673; il est mort en 1718.

(*Note du traducteur.*)

ne négliger aucun moyen de me toucher en sa faveur, il m'écrivit un billet qui produisit l'incident que vous allez lire, et devint, pendant quelque temps, le sujet de toutes les conversations de Dublin.

Dans ce billet, il me marquait que si je voulais l'obliger, il composerait, pour moi, un merveilleux épilogue, qui, avec le secours de mes yeux, ferait plus de ravage que n'en avaient jamais fait la chair et le sang, depuis le commencement du monde.

Il adressa cette ridicule lettre à *l'idole de mon ame*, *la belle Ophélie*, et la remit à son domestique, avec ordre de me l'apporter; mais celui-ci avait fait aux ordres de son maître peu d'attention; il donna la lettre à un portier dans ma rue, sans se donner la peine d'en regarder l'adresse. Le portier ayant lu la suscription, et ne connaissant personne dans toute la ville de Dublin qui s'appelât *l'idole de mon ame*, ou *la belle Ophélie*, porta le billet à son maître, qui se trouvait être un journaliste. A ce moyen, le contenu fut bientôt inséré dans les papiers publics. L'auteur de cette belle Épître fut, comme on peut le croire, extrêmement affligé de sa publication, et ainsi fut ma mère qui tremblait toujours pour ma réputation. Mon caractère, heureusement, était trop bien connu, pour qu'un incident si ridicule pût y porter quelque atteinte.

Nul n'est sage à toute heure, dit un proverbe, et jamais il ne fut mieux appliqué. Qu'une pareille pauvreté eût échappé à la plume de l'immortel Roscius, c'était une étrange chose. La fortune, en la publiant, sembla vouloir punir son auteur d'un moment d'oubli, pour le corriger à jamais du mauvais goût et de la froide plaisanterie.

Avec une troupe ainsi composée, on peut croire que la recette de l'hiver fut extrêmement avantageuse pour M. Garrick et M. Shéridan. Je ne me rappelle pas combien gagna Roscius; mais on dit dans le temps que c'était une somme presque incroyable.

M. Garrick, réconcilié avec moi, vint plus souvent dans la maison du colonel Butler. Celui-ci avait, à quelques milles de Dublin, une maison près de la côte; ma mère, supposant que les bains de mer me feraient beaucoup de bien, loua, pour me les faire prendre, une maison meublée, aux appentis de Clontarf. Elle avait choisi ce lieu pour que je ne fusse pas éloignée de ma chère miss Butler, dont j'étais devenue inséparable. Notre intimité était si étroite, que, quoique nous nous vissions généralement à dîner, et que nous passassions ensemble le reste de la journée, nous nous écrivions toujours le matin un ou deux billets. Rien n'est si doux que la liaison de deux jeunes personnes de cet âge, douées d'intelligence et de quelque sensibilité. Exempte du trouble, des inquiétudes de l'amour, elle se nourrit de plaisirs innocens, d'illusions flatteuses; c'est un sentier parsemé de fleurs, sur lequel on court d'un pied léger, qui ne rencontre pas une épine.

A la fin de la saison, M. Garrick se disposa à retourner en Angleterre avec la riche moisson qui avait couronné ses travaux. Mistriss Butler, qui goûtait fort les gens d'esprit, aimait autant sa société que sa fille aimait la mienne, et certes c'était avec raison; car j'ai connu peu de gens d'aussi bonne compagnie que M. Garrick, quand il voulait être aimable. Un tour que lui joua mistriss Butler, vous prouvera qu'elle n'avait ni moins de gaieté, ni moins de malice que lui.

Quelques jours avant que M. Garrick quittât l'Angleterre, mistriss Butler, sa fille, et moi, étant à nous promener sur la terrasse, nous vîmes arriver au galop le célèbre acteur; il nous eut bientôt jointes, et à notre grand regret, principalement à celui de mistriss Butler, il nous apprit qu'il avait le projet de partir de Dublin le lendemain. Au milieu de la conversation, la maîtresse de la maison nous quitta brusquement; mais elle revint bientôt, tenant un paquet cacheté, qu'elle remit à Roscius, lui disant en même temps : Je vous donne ici, M. Garrick, quelque chose de plus précieux que la vie; vous y lirez mes sentimens; mais j'exige de vous que vous n'ouvriez ce paquet que lorsque vous serez hors la vue de Dublin. Nous fûmes tous fort surpris de ce don mystérieux, surtout le chapelain du colonel, qui était présent. Comme la dame était naturellement sévère, et qu'elle ne s'était jamais écartée des règles de la vertu, personne ne pouvait soupçonner ce que signifiait ce discours; mais Garrick, aussi confiant qu'homme au monde dans ses moyens de plaire, prit le paquet avec un air de reconnaissance très-significatif, persuadé qu'il contenait, non un riche présent, car celle qui l'offrait était publiquement et habituellement généreuse, mais une déclaration de tendres sentimens, que sa vertu ne lui permettait pas de faire connaître à son vainqueur, tant qu'il était en Irlande.

M. Garrick, après le dîner, prit congé, et sitôt qu'il fut parti, mistriss Butler nous apprit que ce précieux paquet, dont elle lui avait fait présent, ne contenait autre chose que les Hymnes de Wesley et le Discours du docteur Swift, sur la Trinité, ajoutant que dans son voyage il aurait le loisir d'étudier l'un de ces ouvrages, et de digérer l'autre. Nous rîmes tous beaucoup de la plaisanterie. Je dois ajouter que lorsque je le revis, M. Garrick m'apprit qu'à l'ouverture de son paquet, et voyant quel en était le contenu, au lieu d'en profiter en bon chrétien, il en avait très-païennement fait un sacrifice à Neptune; pour vous le dire plus clairement, il avait jeté pêle mêle M. Wesley et le docteur Swift dans la mer.

Pendant que j'étais aux appentis de Clontarf, il m'arriva une aventure qui pouvait m'être très-funeste, et qui cependant me fait encore rire, toutes les fois que je me la rappelle.

Un jour la belle veuve Madden, depuis lady Ely, vint me faire une visite; il était fête; elle devait passer la journée avec moi, je la conduisis, à quelques milles de là, dans une grange où on faisait le service divin, pour la commodité des paysans du canton, pour la plupart pauvres pêcheurs de la côte.

Le temps était fort chaud, l'église pleine; le prêtre qui officiait transpirait si fortement qu'il était obligé à chaque instant de s'essuyer le visage; malheureusement il se servait à cet effet d'un mouchoir bleu tout neuf, qui, se déchargeant, lui colorait la figure d'une manière vraiment risible.

Ma compagne, fort gaie, et très-peu dévote, me donnait de temps en temps des coups de coude, pour me faire regarder ce pauvre prêtre, et, malgré le respect que j'ai toujours cru devoir à un culte public, j'avais peine à tenir mon sérieux. Le ministre, après l'office, fit un sermon; il avait pris pour sujet la chute de nos premiers parens; et comme la plupart de ses auditeurs femelles étaient des femmes de pêcheurs, il leur dit en vrai style hibernois : « Votre mère Ève vendit son
» ame immortelle pour une pomme; mais

» telle est votre corruption, malheureuses,
» que vous vendriez la vôtre pour une huître,
» ou peut-être pour une moule. »

Ici ma belle amie ne fut plus maîtresse d'elle-même; elle partit d'un éclat de rire, et s'enfuyant de la chapelle, me laissa seule, exposée à toute la fureur de l'auditoire.

J'avais, grâce à Dieu, une réputation de piété qui m'empêcha de courir un vrai péril.

Le prêtre, s'adressant à moi, me dit que s'il ne me connaissait pas comme incapable de participer à une pareille indécence, il me ferait chasser de l'église : pour l'apaiser, je promis de lui envoyer le nom de la coupable, et le service finit tranquillement.

Mistriss Madden avait très-prudemment remonté à cheval, et était retournée chez moi, précaution sans laquelle elle aurait fort bien pu subir le destin d'Orphée, les fidèles de ce canton n'étant ni moins barbares, ni moins attachés à leur culte que les bacchantes de la Thrace.

Heureusement M. Crump était le pénitent du prêtre offensé; il arrangea l'affaire; c'est la seule chose dont je lui aie jamais su gré.

Mistriss Madden n'avait pas de grandes dispositions à subir le martyre pour un article de foi : vous pourrez en juger par le trait suivant.

M. Loftus, depuis comte d'Ély, lui fit la cour pendant son veuvage, l'épousa, et bientôt, rassasié de son bonheur, voulut profiter de la loi, qui, en Irlande, déclare non-obligatoire le mariage d'un protestant avec une catholique. Mais la dame, qui n'avait pas beaucoup compté sur la fidélité de son nouvel époux, avait fait, la veille de son mariage, une abjuration légale du catholicisme. Cette précaution, que le mari n'avait pas connue, le rendit malheureux pour toute sa vie.

LETTRE XX.

18 mars 17 —.

Au commencement de l'hiver suivant, on remit au théâtre *all for Love, or the World weld lost* (tout pour l'amour, ou le monde bien perdu), pièce dans laquelle Barry et Shéridan, dans les rôles d'Antoine et de Ventidius, étaient au-dessus de toute concurrence. La remise de cette pièce amena quelques incidens assez bizarres pour que je vous en rende compte. Le directeur, dans un voyage qu'il avait fait dans l'été à Londres, avait acheté un superbe vêtement qui avait appartenu à la princesse de Galles et qu'elle n'avait porté qu'une seule fois, le jour de la naissance du roi. On me l'avait arrangé pour le rôle de Cléopâtre ; et comme le fond était un tissu d'argent, ma mère avait jugé à propos d'y faire quelques changemens, pour faire paraître avec avantage ma taille, qui était fort mince. Ma femme de chambre, en conséquence, était allée au théâtre pour aider le tailleur et la couturière à faire ce travail, ainsi qu'à coudre une certaine quantité de diamans. Ma protectrice m'avait prêté non-seulement les siens, mais ceux de plusieurs de ses amies, qu'elle avait empruntés à cet effet. Lorsque les ouvrières eurent fini leur ouvrage, elles sortirent de la chambre, et très-imprudemment en laissèrent la porte ouverte.

Mistriss Furnival, qui avait une dent contre moi, tant parce que je l'avais éclipsée dans quelques rôles, que parce que je lui avais enlevé celui de *Constance*, allant à sa loge, passa par hasard devant la porte ouverte de la mienne : voyant mon bel habillement étalé, et n'apercevant personne pour le garder, elle emporta la toilette de la reine d'Égypte pour en parer la matrone *Octavie*, qu'elle devait représenter. Mistriss Furnival, en observant de temps à autre mon costume, très-différent de celui des héroïnes du temps, avait acquis assez de goût pour dédaigner le velours noir, que celles-ci portaient habituellement; et sans considérer l'inconvenance qu'il y avait à revêtir une matrone romaine de la parure d'une reine voluptueuse, ou peut-être ne se doutant pas qu'il y eût à cela la moindre inconvenance, résolut d'être une fois dans sa vie aussi magnifique que moi, et cela à mes dépens. Se mettant donc vite à l'ouvrage, elle mit par dehors les plis que, par l'ordre de ma mère, on avait mis en dedans.

Ma femme de chambre, de retour à ma loge, ne trouvant plus le précieux vêtement qui avait été confié à ses soins, tomba dans un extrême effroi. Parcourant comme une folle tous les coins du théâtre, elle apprit enfin que c'était mistriss Furnival qui l'avait pris : aussitôt elle court à la loge de celle-ci, et reste confondue en la voyant occupée à défaire l'ouvrage qui lui avait coûté tant de peines. Ma domestique était du sang des Obrien, et quoiqu'elle n'eût pas reçu une éducation analogue à ce haut lignage, elle avait hérité de tout le courage des rois d'Ulster : on fut obligé d'arracher de ses mains mon envieuse rivale, qui n'en garda pas moins le sujet de la contestation.

Lorsque j'arrivai, au lieu de partager le désespoir d'Obrien, je ne pus m'empêcher de rire de l'aventure ; j'avoue même que je sentis un secret plaisir de l'effet que je présumais devoir en résulter. J'envoyai cependant demander les pierreries ; mais la dame, encouragée par Nantz et par Morgan, qui n'était pas encore mort, me fit dire poliment que je les aurais après la pièce.

Je n'avais d'autre parti à prendre que de rendre le contre-sens complet, et de paraître aussi simple dans le rôle de la somptueuse reine d'Égypte, qu'eût dû l'être, quoique sœur d'Auguste, la vertueuse femme d'Antoine. Aux diamans qui devaient orner ma tête, je substituai des perles ; et de toute ma magnificence, je ne gardai que le diadème, symbole indispensable de la royauté.

Tout ce qui a rapport au spectacle est aussi public à Dublin, qu'il le serait dans une petite ville de province. Il n'avait été bruit, depuis quelques jours, dans toutes les conversations, que de la richesse de l'habillement avec lequel je devais jouer. Quelle fut la surprise générale lorsque je parus en satin blanc ! Mon obligeante protectrice, qui était dans une loge sur le théâtre, ne comprenait rien à cette singularité : ne me voyant point parée des diamans qu'elle m'avait prêtés, elle supposa que j'avais réservé mes bijoux pour la scène dans laquelle je devais paraître avec Antoine.

Quand j'entrai dans le foyer, le directeur, qui s'était attendu à me voir vêtue dans tout l'éclat qui convenait à la belle Cléopâtre, m'exprima avec quelque humeur sa surprise de cette bizarrerie, qu'il regardait comme un caprice. Je n'avais pas eu le temps de lui en expliquer la cause, lorsqu'obligé d'entrer sur la scène pour présenter Octavie à l'empereur, il a aperçu le geai paré des plumes du paon : dans son étonnement, à peine put-il débiter son rôle. Au même instant mistriss Butler s'écria : Hé bon Dieu ! cette femme a pris mes diamans. Le parterre crut tout bonnement que mistriss Furnival avait volé mistriss Butler. Vous ne pouvez vous imaginer la confusion générale qu'excita cette méprise : cependant, les spectateurs voyant sourire M. Shéridan, prirent quelque patience jusqu'à la fin de l'acte. Lorsqu'il fut fini, ils applaudirent, avec raison, Antoine et son fidèle vétéran ; mais tous, comme animés d'un même esprit, s'écrièrent à la fois : Plus de Furnival ! plus de Furnival ! La magnifique dame, pour se tirer d'embarras, n'eut rien de mieux à faire que de se trouver mal, et les spectateurs eurent la complaisance d'attendre que mistriss Elmy, qui par hasard se trouvait au théâtre, se fût habillée pour finir le rôle d'Octavie; rôle qui, dans toute justice, aurait dû lui appartenir plutôt qu'à mistriss Furnival, la douceur de sa voix et la décence de son maintien la rendant particulièrement propre à le jouer.

La pièce, au moyen de cette interruption, ne put faire le premier jour autant d'effet qu'on en avait espéré. Mais le lendemain, animée peut-être par l'éclat de ma parure, ou plutôt par la présence de S. Ex. lord Chesterfield, qui avec sa femme était au spectacle, je jouai, de l'aveu de tout le monde, mieux que jamais je n'avais fait : je fus universellement applaudie.

Un spectateur qui était sur le théâtre, prit un moyen très-peu convenable pour me montrer sa satisfaction. Un peu pris de vin probablement, car sans cela j'imagine qu'il n'eût pu se permettre une pareille hardiesse, au moment où je passais devant lui, il baisa le derrière de mon cou. Irritée de cette insulte, oubliant la présence du lord lieutenant, et celle d'un si grand nombre de spectateurs, je me retournai sur-le-champ vers l'insolent, et je lui donnai un soufflet. Quelque déplacée que fût cette manière de ressentir un outrage, elle reçut l'approbation de lord Chesterfield, qui, se levant dans sa loge, m'applaudit de ses deux mains. Toute la salle, comme vous pouvez le croire, suivit son exemple. A la fin de l'acte le major Macartney vint, de la part du vice-roi, inviter M. Saint-Léger (c'était le nom de l'indiscret) à faire des excuses au public, ce qu'il fit sur-le-champ. Cette aventure contribua, ce me semble, à une réforme que désirait depuis long-temps M. Shéridan. Il fut fait un réglement en conséquence duquel personne désormais ne devait être admis dans les coulisses.

LETTRE XXI.

25 mars 17 —.

Je répondais par les plus grands efforts aux bontés du public. M. Garrick, à cette époque, ayant acheté la moitié de la patente du théâtre de Drury-lane, et ayant entendu parler de mes succès, désira de m'engager pour l'hiver suivant. M. Delany, acteur du premier mérite, qui venait en Irlande pour voir des biens qu'il y possédait, fut chargé de m'offrir dix livres par semaine (1). Je refusai cette proposition, et j'eus tort. Je dois ajouter ici que je n'avais pas reçu moins d'encouragemens dans la comédie que dans la tragédie, et même dans le rôle de *Biddy* de *Miss in her*

---

(1) En Angleterre, presque tous les salaires se règlent à la semaine; on règle même ainsi les loyers des voitures, des maisons, les traitemens des commis, etc., etc.

(*Note du traducteur.*)

Teens (la Fille de treize ans), je prouvai que je pouvais jouer la bouffonnerie aussi bien que la haute comédie.

J'appris alors que M. Quin avait été très-mécontent de mon ingratitude apparente, et que s'étant réconcilié avec mistriss Cibber, il lui donnait les soins qu'il avait eu la bonté de m'accorder; elle avait témoigné peu de reconnaissance pour beaucoup de services qu'il lui avait rendus, notamment en la faisant rentrer au théâtre, d'où les intrigues de son mari l'avaient fait sortir; il oublia ses torts, et lui rendit son amitié.

M. Garrick fut si offensé de mon refus, qu'il jura, dit-on, de ne jamais m'engager, à quelques conditions que ce fût; mais les directeurs ne regardent guères comme obligatoires ces sortes de sermens: l'humeur les leur dicte, l'intérêt les en absout.

Vers ce temps, je jouais un soir le rôle de *lady Townley* dans *The Provoked Husband* (le Mari provoqué). Pendant le spectacle, je reçus de chez mistriss Butler une carte écrite de la main d'un domestique, par laquelle on me priait d'aller chez cette dame aussitôt que je serais libre. Je fis répondre verbalement que je serais le soir trop fatiguée pour avoir cet honneur.

Si j'avais réfléchi que la carte était écrite par un domestique, j'aurais conçu qu'il y avait quelque chose d'extraordinaire; car mistriss Butler saisissait obligeamment toutes les occasions de m'écrire elle-même; mais je n'y fis point d'attention. Quelques momens après, je reçus un second billet, par lequel on me marquait qu'il fallait venir absolument aussitôt que la pièce serait finie, et sans même changer d'habillement. Une invitation si pressante excita ma curiosité, et me fit attendre avec impatience la fin du spectacle. Je devais jouer *miss Biddy* dans le divertissement; mais M. Dyer, qui devait jouer *Fribble,* s'étant subitement trouvé mal, on fut obligé de changer la petite pièce, ce qui me permit de sortir plus tôt que je ne l'avais espéré.

Aussitôt que j'eus fini mon rôle, j'entrai en chaise sans quitter le vêtement avec lequel j'avais joué *lady Townley*, et me rendis à Stephen'sgreen. L'habillement que je portais étant moderne, il ne paraissait pas ridicule hors du théâtre. Comme j'entrais par une porte du salon dans lequel étaient mistriss Butler et les dames, le colonel et plusieurs hommes qui sortaient de table avec lui, entraient par l'autre côté. Le cercle était nombreux, l'élégance de ma parure attira les regards de tous les hommes; mais aucune des dames ne me fit l'honneur de me parler; la maîtresse de la maison elle-même daigna à peine me saluer d'une légère inclination de tête.

Un accueil si différent de celui auquel mes amies m'avaient accoutumée, me surprit et me piqua. M'avançant vers mistriss O'Hara, qui était présente, je lui en demandai la raison : Dans quelques minutes, me répondit-elle, elle allait savoir si je méritais son amitié. Sûre de mon innocence, et persuadée que ma tante, moins que personne, devait en douter, je me sentis offensée de sa froideur; mais je commandai à mon émotion, et je repris en apparence ma tranquillité.

Alors entra un homme dont la figure, la taille, les manières, la parure, surpassaient en agrémens tout ce que j'avais jamais vu. Les dames gardèrent leur gravité; on eût cru voir une assemblée de vieilles filles, occupées à déchiqueter la réputation de quelque jeune étourdie. Le bel étranger, avec toutes ses grâces, parut attirer aussi peu d'attention que moi. Le cercle dans lequel il me voyait, la richesse de ma toilette, qu'ornaient précisément les diamans de mistriss Butler, lui firent croire que j'étais une femme de qualité : et comme tout récemment une jeune personne de ce rang s'était déshonorée par une aventure galante, il me prit, d'après la réserve avec laquelle on me traitait, pour cette demoiselle, qui apparemment avait eu l'impudence de se montrer, malgré ses torts, dans la première société du royaume. Tout ce qu'il voyait ne pouvait guère lui donner une autre idée.

Dans cette persuasion, ou par je ne sais quel autre motif, il parut s'occuper de moi plus que de toutes les autres femmes. Il s'approcha d'un air si facile, si confiant, que je reconnus sur-le-champ qu'il avait voyagé; il m'apprit qu'il venait de faire le grand tour (1), et qu'il arrivait pour prendre possession de sa fortune, et se fixer en Irlande. Nous entrâmes en conversation sur diverses matiè-

---

(1) De l'Europe;.... expression consacrée en Angleterre. (*Note du traducteur.*)

res; je m'en tirai avec plus d'aisance que je n'eusse cru pouvoir faire dans de pareilles circonstances; ma gaieté était si bien contrefaite qu'elle semblait naturelle. Mon interlocuteur voyant mon assurance, commença à prendre de moi une idée plus favorable qu'il ne l'avait eue d'abord.

L'épreuve projetée étant alors finie, on envoya miss Butler pour mettre fin à notre tête-à-tête. Le beau jeune homme, extrêmement curieux de savoir qui j'étais, alla à l'autre bout de la chambre, le demander tout bas à la maîtresse de la maison. Mistriss Butler lui répondit tout haut : « Mais sûrement vous
» savez qui elle est; je suis sûre que vous la
» connaissez; je sais même de bonne part que
» vous la connaissez beaucoup. » Surpris, et un peu déconcerté de ce qu'il crut être un défaut d'usage dans une femme bien élevée, qui répondait haut à une question faite à demi-voix, il l'assura, d'un ton encore plus bas, qu'il ne m'avait jamais vue, et qu'il mettait de l'intérêt à savoir qui j'étais. Fi! fi! M. Medlicote, dit alors ma respectable amie; que direz-vous pour votre excuse, quand vous apprendrez que c'est là cette aimable fille dont

vous avez si cruellement attaqué la réputation pendant le dîner?

J'appris alors que ce jeune fat, enorgueilli de ses agrémens, s'était vanté, comme font beaucoup d'autres, de faveurs qu'il n'avait pas eues, ne sachant pas que c'était précisément devant mes amis qu'il parlait, et qu'ils étaient à même de découvrir sa fausseté. Il faudrait le pinceau d'Hogarth pour peindre ou la confusion du coupable, ou mon étonnement. Pendant quelques momens, je ne trouvai pas un seul mot à dire; ce fut mistriss Butler qui me tira de ma rêverie : venant à moi, elle me prit la main, et avec un sourire plein de bonté: « Ma chère enfant, me dit-elle,
» vous venez de subir une terrible épreuve;
» mais elle était nécessaire. Monsieur a lâ-
» chement noirci votre réputation. Nous
» étions tous convaincus que vous ne méri-
» tiez pas ce qu'il avait dit de vous; mais s'il
» vous avait vue au théâtre avant de vous
» rencontrer ici, il aurait sûrement soutenu
» par des sermens ses calomnies, et, quoique
» persuadés de votre innocence, il nous eût
» été impossible de le confondre. La mesure
» que nous avons prise, un peu désagréable

» peut-être pour vous, lui donne un démenti
» si formel qu'il ne peut rester aucun doute. »
Après cette explication, elle m'embrassa tendrement. Sortant de ses bras, j'allai me jeter dans ceux de ma tante, qui sembla enchantée de mon triomphe.

Quant à mon calomniateur, il est aisé de croire qu'il ne nous fatigua pas long-temps de sa présence. Tout agréable qu'il était, personne ne désira de le retenir. Que de charmes n'eussent pas ajoutés à ses grâces naturelles, la bonté, la simple et modeste vérité !

LETTRE XXII.

31 mars 17—.

Après le départ de M. Medlicote, un des hommes présens nous apprit que ce jeune homme, pendant ses voyages, était devenu amoureux d'une belle Italienne qui, partageant sa passion, avait quitté sa famille pour s'enfuir avec lui. Le frère de la dame, instruit de l'aventure, avait poursuivi le couple fugitif, et ayant rejoint les coupables, avait offert au séducteur le choix d'épouser son Hélène, ou d'arranger l'affaire au champ d'honneur. M. Medlicote, dans cette alternative, avait pris le premier parti, et s'était lié de l'indissoluble nœud.

Tout le monde fut persuadé que si ma famille et mes espérances eussent répondu à sa fortune, M. Medlicote, regardant comme nul le mariage auquel il avait été contraint, m'aurait offert sa main, en dépit de l'honneur et de l'humanité offensée. Mistriss Butler déclara que rien ne pouvait lui donner plus de satisfaction que cette démonstration publique de mon innocence. Sans cette preuve, quoique ma conduite en Irlande lui fût un sûr garant de mon honnêteté, elle n'aurait pu laisser continuer une liaison intime entre sa fille et une personne dont la réputation n'eût pas été parfaitement intacte.

Ce dernier mot me frappa; et comme aucun défaut ne me répugne autant que la fausseté, je résolus, quoi qu'il pût en arriver, de dire à mistriss Butler que ma réputation n'était pas absolument intacte, puisque, sans que je l'eusse mérité, elle avait été compromise par la scélératesse de deux hommes méprisables.

Pour le moment, je me contentai de plaindre les personnes de ma profession, toujours exposées aux propos d'une jeunesse inconsidérée qui croit pouvoir se faire un jeu de leur réputation : et cependant, ajoutai-je, plusieurs personnes avaient long-temps honoré le théâtre par leurs talens, sans avoir jamais mérité aucun reproche dans leur conduite. Telles étaient les Pritchard, les Clive, et d'autres, sans doute, plus dignes peut-être de considération pour avoir conservé, dans une position si périlleuse, une renommée sans tache, que nombre de femmes défendues, ou de la médisance par leur rang, ou du danger par leur obscurité.

Je revins chez moi, agitée et mécontente : après une nuit sans sommeil, je me trouvai le matin avec la fièvre : cette indisposition, qui me permettait une solitude dont j'avais besoin, ne m'affligea point, mais l'amitié ne me négligea pas. Mistriss Butler et sa fille vinrent me voir. Mon absence du théâtre fut regardée comme une espèce de calamité publique. Pendant ma retraite, livrée aux réflexions, je considérai la profession que j'avais embrassée sous un point de vue plus humiliant qu'elle ne s'était encore offerte à mon imagination. Que le premier sot en qui la fortune autoriserait la suffisance, eût le droit de parler de moi sans conséquence; que mon laquais, si je l'avais mécontenté, pût aller pour un schelling m'insulter sur la scène, c'était pour moi une idée révoltante. J'en fus tellement frappée, que je n'ai jamais recouvré depuis l'assurance que j'avais conservée jusqu'alors : ma maladie s'en augmenta; je fus plusieurs jours sans pouvoir jouer; et quand je reparus au théâtre, il s'y passa un événement désagréable, qui, joint à d'autres circonstances, me fit quitter l'Irlande.

M. Shéridan, à cause de l'indiscrétion de M. Saint-Léger, et pour quelques autres raisons, avait annoncé dans les journaux que personne désormais ne serait admis dans les coulisses. Il avait donné des ordres en conséquence à toutes les portes. Assez rétablie pour aller à la salle, mais non pour y jouer, je m'y étais rendue un soir, lorsqu'un officier pris de vin voulut forcer la sentinelle placée à la porte du théâtre : le soldat persistant dans son refus, l'officier tira son épée et le perça à la cuisse; le fer se rompit; il en resta un morceau dans la blessure. Entendant du tumulte sur le théâtre, je m'enfuis de la loge dans laquelle j'étais assise, et je courus à la sentinelle voisine pour me mettre en sûreté; c'était précisément l'homme qui venait d'être blessé : je me trouvai à l'instant entourée par la foule, et obligée d'assister à l'extraction du fer cassé dans la plaie. La frayeur que me causa cette scène, dans un moment où je n'étais pas bien remise, me causa une rechute. Au reste, le blessé guérit assez promptement ; mais il perdit l'usage de sa jambe, et l'aggresseur, qui était un homme de qualité, fut obligé de lui faire une pension pour sa vie.

LETTRE XXIII.

5 avril 17 —.

Lorsque je fus assez bien portante pour recommencer à jouer, M. Barry, voulant tenter la fortune en Angleterre, partit sans avertir le directeur, ni s'embarrasser de son engagement. M. Shéridan, comme je l'ai dit, était fort aimé à Dublin. Les jeunes gens de l'Université en avaient fait leur idole. Les dames le flattaient, et l'amour-propre l'égarait. Il se croyait capable de jouer tout ce que le théâtre peut offrir de plus difficile. Après le départ de M. Barry, il quitta les rôles dans lesquels il était sans concurrent, pour jouer les jeunes premiers et la haute comédie. Sa figure, sans contredit, n'avait rien de disgracieux, et pouvait convenir à cet emploi. Mais son maintien et le timbre de sa voix ne lui permettaient pas d'y prétendre à quelque supériorité.

Il ne tarda pas à s'en convaincre, et parut, en remettant *Ésope*, vouloir trouver des pièces plus analogues à son jeu étudié. En cherchant un rôle pour moi dans cette pièce, on pensa que celui de la jeune personne était trop insignifiant; celui de la dame raisonneuse exigeait trop de volubilité; je fus obligée de prendre celui de *Doris*, la vieille nourrice, rôle extrêmement long, qui, avec celui d'Ésope, compose les deux tiers de la pièce.

Il n'y a nul doute que M. Shéridan, le meilleur déclamateur qui jamais ait paru sur le théâtre anglais, n'eût eu un succès distingué dans un rôle si particulièrement propre à son talent. Mais la pièce fut interrompue le jour même de sa première représentation : la salle était si pleine, qu'un des spectateurs, nommé M. Kelly, se trouvant très-pressé dans le parterre, franchit la balustrade qui séparait cet emplacement du théâtre. Ce mouvement fut fort applaudi par les spectateurs, dont la plupart n'approuvaient pas le règlement qui les empêchait de se placer dans les coulisses. M. Kelly, flatté d'avoir quitté une position incommode et tout glorieux d'avoir fait montre d'un courage qu'il n'avait pas, s'en alla au foyer.

J'avais beaucoup entendu parler, dans le

temps qu'on admettait des spectateurs derrière le théâtre, des libertés que prenaient ces messieurs avec les actrices. En conséquence, suivant l'exemple de M. Quin, je me tenais exactement dans ma loge ; mais ce jour-là, craignant de ne pas bien savoir une scène presque toute en vers que je devais jouer dans l'acte suivant, j'allai au foyer pour prier mistriss Dyer de la parcourir avec moi.

En y entrant, j'aperçus cette actrice qui semblait fort embarrassée, et qu'un homme empêchait de se lever de dessus un fauteuil où elle était assise. M'étant approchée d'elle, elle me dit tout bas que M. Kelly l'avait grossièrement insultée. Sur quoi, sans réfléchir à la brutalité d'un ivrogne, et surtout à celle d'un grossier Irlandais pris de vin, je lui demandai pourquoi elle restait là à l'écouter. Je n'eus pas plutôt lâché ce mot, que je vis que j'avais offensé la brute, et je m'enfuis dans ma loge, dont je fermai précipitamment la porte ; précaution très-convenable, car Kelly me poursuivit, et essaya de la forcer, jurant qu'il voulait se venger de moi.

Le bruit qu'il faisait interrompit le spectacle, et attira le directeur qui vint pour savoir ce qui l'occasionait. Trouvant Kelly disposé à faire du tapage, il le pria de quitter le théâtre. Celui-ci le refusa, et M. Shéridan ordonna qu'on le fît sortir de force. Il trouva alors de la place dans le parterre, plusieurs des amis du directeur en étant sortis au bruit pour savoir ce qui se passait. La pièce continua jusqu'à la première scène du dernier acte, que l'on jeta à M. Shéridan, qui faisait Ésope, une orange si bien visée, qu'elle fit entrer dans son front le crochet de fer du faux nez qu'il portait pour ce rôle.

M. Shéridan n'était pas seulement un homme bien élevé; il avait autant de courage et de résolution que qui que ce fût : on peut croire qu'il ne souffrit pas tranquillement un pareil affront : s'avançant sur le théâtre, il s'adressa ou à l'auditoire, ou à la personne qu'il supposait avoir jeté l'orange; mais je ne pus entendre ce qu'il disait : on baissa la toile, et la pièce ne fut point finie. L'étourdi qui avait occasioné cet événement, vint alors trouver le directeur pour lui demander satisfaction. Celui-ci la lui donna sur l'heure avec un bâton qu'à raison de son rôle il avait porté pendant toute la pièce. Kelly, au grand amusement de ceux des amis de M. Shéridan qui étaient présens, se laissa tomber par terre en pleurant, et en jurant que son ennemi se repentirait d'avoir traité ainsi un homme comme il faut. A la honte de sa profession (car il avait une cocarde), M. Kelly, pendant cette scène, portait une épée à son côté.

Le directeur, après l'avoir ainsi corrigé de son insolence et de sa grossièreté, le laissa se traîner au café Lucas. En y entrant, il réclama la compassion de toutes les personnes présentes, leur raconta comment il avait été traité, et, pour les intéresser en sa faveur contre M. Shéridan, il prétendit faussement que celui-ci avait dit qu'il était meilleur gentilhomme (1) qu'aucun de ceux qui avaient ce jour-là assisté au spectacle. Il est à propos de vous dire que le café Lucas est le lieu où se rendent ordinairement les Irlandais pour y vider leurs affaires d'honneur. Les parties combattent dans la cour, tandis que les spectateurs, aux fe-

---

(1) Il y a ici une sorte de jeu de mots sur l'expression *Gentlemann*, qui y est prise dans un sens positif, quoiqu'elle n'ait en général qu'une signification indéterminée.

(*Note du traducteur.*)

nêtres, veillent à ce que tout se passe honorablement, et font des paris sur l'issue du combat. Vous saurez que ces duels sont fort communs : les Irlandais sont très-susceptibles, et très-souvent se tiennent offensés de choses qui n'ont nullement été dites avec intention : il faut, avec eux, mesurer ses paroles, ou l'on est certain d'avoir une querelle. Ils ont, d'ailleurs, d'excellentes qualités; mais ce défaut est général dans le pays.

Il n'est pas étrange que des personnes de cette humeur aient été faciles à disposer à un tumulte, d'autant qu'à cette époque les habitués du café Lucas méprisaient, en général, toute autre science que celle qui apprend à distinguer le bon vin d'avec le mauvais. Ils convinrent donc tous de faire une sortie pour aller assiéger la salle de spectacle, et sacrifier le présomptueux directeur, qui avait profané la qualité de gentilhomme, en montant sur le théâtre. Il avait un tort plus grave aux yeux de gens aussi ignorans : c'est qu'il avait reçu une éducation soignée, qu'il avait perfectionnée par beaucoup d'étude et d'application.

M. Shéridan, ne supposant pas que personne pût prendre le parti d'un homme aussi lâche que celui qui l'avait insulté, avait regardé l'affaire comme finie, et s'était retiré pour s'amuser avec quelques-uns de ses amis. La salle était fermée. Les braves cependant livrèrent l'assaut, et tâchèrent de forcer les portes; mais les trouvant trop bien barricadées, ils se retirèrent.

Le lendemain, on devait jouer, pour une charité publique, *la Belle Pénitente*. Malgré l'objet de cette représentation, lorsque M. Shéridan parut dans le rôle d'*Horatio*, les *boucs* (c'était le nom qu'ils se donnaient) se levèrent tous et crièrent aux dames de sortir de la salle. Il est impossible de vous peindre toute l'horreur d'un pareil moment ; la consternation et l'effroi saisirent un moment les dames, qui étaient en grand nombre au spectacle : chacune se précipitait ; frères, maris, amans, tous songeaient à mettre à l'abri celles qui les intéressaient ; tout était dans la confusion.

M. Shéridan fut de bonne heure invité par ses amis à quitter la salle ; mais il ne voulut point y consentir. Cependant les *boucs* ayant sauté sur le théâtre, et paraissant menacer sa vie, il fut obligé, pour la conserver, de se retirer. Il est probable que sans cette précaution, ils eussent exécuté leurs menaces; car ils enfoncèrent toutes les portes, dans l'espoir de trouver celui qu'ils appelaient l'offenseur. Les misérables ayant ouvert le magasin, trouvèrent, au lieu de l'homme qu'ils cherchaient, le mannequin de *Falstaff,* qu'ils poignardèrent en plusieurs endroits.

Ils me firent aussi l'honneur de me rendre une visite. Deux hommes de qualité, M. Edward Hussey, aujourd'hui lord Beaulieu, et M. Mirwan, s'étaient joints à eux par curiosité; ils me dirent poliment qu'ils étaient venus pour me protéger; mais les prenant dans mon effroi pour les chefs de la troupe, et pensant qu'ils voulaient pousser leurs recherches dans tous les coins du bâtiment, je leur dis avec quelque aigreur, qu'il n'était pas probable qu'ils trouvassent dans ma loge ce qu'ils cherchaient, et que sûrement, s'il y avait un homme, je n'y serais pas occupée à me déshabiller.

Sur ces entrefaites arriva M. Kelly, qui me prenant, je pense, pour mistriss Dyer, dit que j'étais celle qui avait occasioné tout le bruit.

J'aurais reçu peut-être quelque autre insulte, si d'un ton très-décidé je ne leur eusse donné ordre de quitter ma loge. Ils obéirent, après que je leur eus permis de soulever le voile de ma toilette pour voir si le directeur n'était pas caché dessous. Aussitôt qu'ils furent partis, je courus à ma chaise. M. Hussey eut la complaisance de m'accompagner à pied, jusqu'à ce que je fusse rendue chez moi. Jamais je n'ai été plus contente d'y arriver.

Les magistrats craignant, avec raison, qu'il ne survînt de nouveaux troubles si le théâtre restait ouvert, ordonnèrent qu'il fût fermé jusqu'au temps des représentations au profit des acteurs. L'affaire, cependant, ne finit pas là : les jeunes gens de l'université, tant pour venger leur camarade, que pour montrer le chagrin qu'ils avaient d'être privés de leur amusement favori, s'avisèrent un matin d'aller faire une visite à M. Fitzgerald, à M. Kelly, et à quelques autres chefs de l'insurrection, et de les inviter amicalement à venir déjeuner avec eux au collége. Dans ce repas ils leur fournirent, de la pompe de leur cour, assez d'eau pour leur rafraîchir la tête; ils en avaient besoin, leur dit-on, pour préparer de sang-froid leur défense contre M. Shéridan, qui avait commencé contre eux un procès.

LETTRE XXIV.

10 avril 17 —.

L'on m'attendait toujours chez le colonel Butler, quand je n'étais pas au théâtre. Lorsque, dans cette famille, on entendit parler du tumulte, on fut très-alarmé pour moi, et le lendemain, en envoyant savoir de mes nouvelles, on me fit prier d'aller passer la journée à la campagne, où l'on était alors. Mais, encore fatiguée de l'effroi que j'avais éprouvé, je n'acceptai la partie que pour le jour suivant.

Ma mère, qui me voyait rarement rester à la maison, parut flattée de mon refus, et se promit beaucoup de plaisir de ce que je passerais un jour avec elle. Dans la journée, j'envoyai Obrien, ma femme de chambre, demander des nouvelles du docteur Walker, qui était fort malade. Elle revint à sept heures, toute effrayée, nous apprendre que le docteur était mort, et que déjà l'on se préparait à l'enterrer. Elle ajouta que lorsqu'on avait voulu l'ensevelir, les saignées qu'on lui avait faites au bras avant sa mort s'étaient rouvertes et avaient saigné.

Il était tard : nous demeurions à près de deux milles de chez le docteur : ma mère, depuis quelques mois, était retenue chez elle par un rhumatisme; j'étais moi-même fort indisposée. Il était impossible qu'aucune de nous deux pût arriver chez lui assez à temps pour prévenir une inhumation précipitée, ce que, dans toute autre circonstance, nous eussions certainement fait. Nous sûmes aussi que mistriss Walker, cédant aux instances de sa sœur, avait quitté sa maison pour se retirer avec elle à Dunleary. Ma mère, en conséquence, ordonna à la domestique de prendre une voiture, et si le corps était déjà enterré, de le faire retirer à quelque prix que ce fût.

Le plus grand amusement qu'on puisse procurer en Irlande à des gens du peuple, est de veiller auprès d'un mort. Obrien n'ayant pas fait un secret de sa commission, eut bientôt plusieurs compagnes. Lorsqu'elle arriva, on lui dit que le corps avait été enterré immédiatement après qu'elle était partie, parce que l'on avait craint que la maladie dont le docteur était mort ne fût contagieuse. On ajouta que comme mistriss Walker était anabaptiste, on avait, par son ordre, enterré le docteur dans le cimetière de cette secte, qui était à l'extrémité de la ville.

Les gens qui accompagnaient Obrien étant venus dans l'espoir d'employer la nuit à leur occupation favorite, résolurent d'aller chez le marguillier, et d'exécuter les ordres de ma mère; mais il était tard, et ils ne purent trouver sa maison. Cependant, comme rien ne peut détourner des Irlandais qui courent après un plaisir, ils grimpèrent, hommes, femmes et enfans, par-dessus la porte, et entrèrent ainsi dans l'asile des morts. Pendant qu'ils étaient assis autour de la tombe, Obrien entendit ou crut entendre un gémissement, ce qui leur donna à tous une grande impatience de revoir le jour.

Aussitôt qu'il parut, quelques ouvriers qui allaient à leur journée leur indiquèrent la demeure du marguillier, et celui-ci consentit, non sans beaucoup de peine, à faire ce qu'ils désiraient. A l'ouverture du cercueil, on trouva le corps entièrement privé de vie; mais on remarqua que le mort avait essayé de rompre son linceuil, et de sortir de sa prison. Il s'était tourné sur le côté, et, comme ma femme de chambre l'avait rapporté, ses saignées s'étaient rouvertes. Le cercueil fut porté chez le marguillier, où une foule de curieux se rendit de toutes parts pour voir ce mémorable exemple de précaution inutile. La famille ayant appris ces circonstances, fit remettre le corps en terre, et l'affaire fut étouffée.

M'expliqueriez-vous bien comment il arrive que nous sommes, en général, frustrés dans nos plus chères espérances? Le cas du docteur est, à cet égard, extrêmement remarquable. La crainte d'être enterré vivant semblait être l'objet habituel de ses pensées. Ce sujet lui fournissait un fonds inépuisable de conversation, et avait souvent exercé sa plume. Il était impossible de détourner de son esprit le pressentiment dont cette crainte l'avait frappé, et cependant combien de circonstances se sont combinées pour le réaliser! leçon frappante qui nous apprend à ne pas nous laisser épouvanter trop fortement par des maux possibles, que toute notre prudence ne saurait prévenir.

On cite un autre exemple du même genre. Une dame Chaloner, qui demeurait dans le Yorkshire, fut cru morte; comme notre pauvre docteur, elle fut trop promptement ensevelie, mise dans un cercueil, et déposée dans l'enfeu de ses ancêtres.

Quelque temps après on eut occasion de rouvrir le caveau. A la surprise et au grand regret des parens de la dame, on trouva qu'elle avait soulevé la planche supérieure de son cercueil (ce dont elle n'avait pu venir à bout sans de très-grands efforts), et qu'elle était dedans, assise sur son séant. Cet événement, dit-on, a déterminé cette famille, lorsqu'elle inhume quelqu'un de ses membres, à ne mettre sur le cercueil qu'une planche très-mince, et à l'attacher très-légèrement : précaution plus qu'insuffisante, et dont l'effet le plus heureux serait d'augmenter, s'il est possible, le malheur de l'être qui, enfermé dans un caveau, serait réduit à en profiter.

Je fus très-affectée de ce triste accident : ma mère en pensa perdre l'esprit; elle ne pouvait se pardonner d'avoir manqué à la promesse solennelle qu'elle avait faite à son vieil ami. Nous ne mettons point, ce me semble, assez d'importance à ces derniers devoirs que prescrit l'amitié ; nous nous hâtons de fuir un spectacle qui choque notre sensibilité ; nous nous éloignons à la hâte lorsque, peut-être, un ami défaillant nous désire sans pouvoir nous appeler, lorsqu'il compte sur une main chérie qui devrait fermer sa paupière. Je ne me rappelle point sans quelque satisfaction que les trois personnes que j'ai le plus aimées, ont expiré entre mes bras. Ce fut ainsi que je vis mourir ma chère miss Conway, ma mère, et une autre personne dont vous verrez l'histoire souvent entremêlée dans celle de ma vie.

Qu'il me soit permis de vous conter encore à ce sujet la mort de feu M. Holland.

Il était très-malade de la petite vérole. La maladie l'avait tellement affaissé, que sa garde le crut mort : comme tel, elle le dépouilla, et l'exposa à la manière ordinaire. Le médecin qui en prenait soin, vint quelques heures après ; et comme rien, à sa dernière visite, ne lui avait fait craindre cet événement, il demanda à voir le corps. On le conduisit dans la chambre où, en l'examinant, il crut lui trouver quelques symptômes de vie. Il fit à l'instant chauffer le lit, et mettre le malade entre deux couvertures. Au bout d'une heure, le malheureux jeune homme donna des signes de vie, et put enfin articuler ces mots : *Je suis dans le ciel.* Mais le long froid qu'il avait subi, et les ravages de la maladie, rendirent inutiles tous les soins ultérieurs. Il mourut victime de la rapacité de la mercenaire à qui on l'avait confié.

LETTRE XXV.

17 avril 17 —.

Plusieurs circonstances fâcheuses s'étant ainsi succédées, mon imagination retomba dans la mélancolie dont j'avais eu la première atteinte à Ingatestone. Ma mère vit ce changement avec inquiétude : une passion pouvait en être la cause, et cette supposition nuisait au désir qu'elle avait de me marier avec M. Crump. Cette union m'eût assuré l'aisance : selon elle, c'était plus que le bonheur.

Un inconnu, sous le nom de Strephon, avait rempli les journaux de vers à ma louange; elle supposa que j'avais pris, à son insu, quelque tendre engagement avec cet amant mystérieux. M. Crump, instruit de ses soupçons, en prit l'alarme, et n'eut point de repos qu'il n'eût trouvé l'heureux auteur de ces vers.

Près de notre demeure se tenait, chez d'estimables gens, une assemblée où l'on jouait; la société y était choisie et peu nombreuse. Invitée depuis long-temps à en faire partie, j'allai un jour y passer la soirée. Un jeune homme s'y trouvait, que je n'avais jamais remarqué, mais que je sus depuis avoir été, au spectacle, un de mes plus assidus admirateurs : il s'appelait M. Jephson, et était du collége de la Trinité. Pendant toute la partie, il se tint cloué derrière mon fauteuil : lorsqu'elle fut finie, il m'offrit de me reconduire. Arrivée à ma porte, je le priai d'entrer, et je fus un peu surprise de voir le froid accueil que lui fit ma mère. A peine fut-il sorti qu'elle me demanda depuis quand je connaissais M. Jephson. Depuis une heure à peu près, lui répondis-je. Ne m'en croyant pas, elle insiste, elle me demande ma parole d'honneur. Madame, répondis-je alors avec une impertinence dont je rougis encore, je ne donne jamais ma parole d'honneur à qui *ose* contester ce que je lui dis.

Frappée de l'inconvenance de mon expression, je me retirai honteuse. Le lendemain, mécontente de moi-même, je partis avant que ma mère fût levée, et j'allai joindre mes amis à la campagne.

Ma mère connaissait mon caractère, et

sachant quel était sur moi l'empire de sa bonté, elle m'écrivit le jour suivant. Je devais, me marquait-elle, lui pardonner son inquiétude : M. Jephson était l'auteur qui, depuis quelque temps, avait tant célébré mes louanges : sa fortune était bornée et dépendante ; elle avait craint qu'un penchant pour ce jeune homme ne devînt pour moi une source de chagrins.

Je me reprochais d'autant plus ma légèreté à l'égard de ma mère, que sa situation la mettant en quelque sorte dans ma dépendance, m'obligeait envers elle à de plus grands égards. Le soir, de retour à la ville, je lui fis oublier par mes caresses mon inconséquente vivacité ; elle lut dans mon cœur, et connut tous les motifs qui causaient cette tristesse dont sa tendresse s'était alarmée.

D'une part, je pensais qu'à l'ouverture du théâtre, M. Shéridan voudrait paraître dans les rôles d'*Antoine*, de *Roméo*, etc., et je craignais de perdre une partie de ma réputation en jouant avec un interlocuteur aussi peu propre à cet emploi. D'un autre côté, la santé chancelante de mistriss Butler me donnait de vives inquiétudes : déterminée, pour la rétablir, à aller à Spa, et de là dans les provinces méridionales de la France, elle allait être long-temps absente; peut-être jamais ne la reverrais-je. Miss Saint-Léger n'était point à Dublin; mistriss O'Hara désormais était confinée dans son appartement, et je ne pouvais la voir autant que me le prescrivaient le devoir et l'affection. J'étais surtout affectée de l'ingratitude dont je paraissais coupable envers M. Quin : une fausse modestie m'avait empêchée de le prendre pour guide, lui que je devais aimer et considérer comme un père. Ce souvenir pesait comme un remords sur ma conscience. Ma mère me crut et m'approuva, elle partagea mes craintes et mes sentimens.

Je ne dois pas vous laisser ignorer quelle fut la triste destinée de ce jeune Jephson, qui, comme vous allez le voir, ne m'était que trop tendrement attaché.

Quelques années après que j'eus quitté l'Irlande, M. Mossop m'apprit que cet aimable et malheureux jeune homme avait été si affligé de mon départ, qu'il allait passer des nuits entières sur les marches de la maison dans laquelle j'avais demeuré. Le froid et la rosée lui causèrent des rhumes fréquens; une maladie s'ensuivit, qui mit fin à ses jours.

Lorsqu'il vit arriver sa dernière heure, il fit approcher de son lit son ami M. Mossop, et le pria instamment de vouloir bien placer sur son cœur, et de manière qu'on l'enterrât avec lui, un bout de ruban qu'il portait constamment.

M. Mossop, peu accoutumé aux tendres recherches de l'amour, parut surpris de cette étrange prière, et lui demanda quelle pouvait être la vertu de ce vieux morceau de ruban. Sur quoi le malheureux mourant lui dit que, n'ayant pas été assez heureux pour pouvoir se procurer une tresse de mes cheveux, il avait obtenu de mon coiffeur cet inestimable trésor; et tel était, dit-il, son attachement pour celle à qui il avait appartenu, que s'il pensait qu'on ne dût pas l'enterrer avec lui, cette idée répandrait de l'amertume sur ses derniers momens.

M. Mossop exécuta l'ordre de son ami; mais après m'avoir raconté ces tristes particularités, il ajouta : Et ainsi, madame, vous voyez que vous avez tué votre homme. L'insensibilité qu'il montrait dans une occasion si touchante, loin de me prévenir en faveur de son esprit, excita en moi une espèce de mépris : nos ames n'étaient point à l'unisson. Je ne pus refuser un juste tribut de larmes à l'intéressant jeune homme dont la mort était en quelque sorte mon ouvrage.

LETTRE XXVI.

24 avril 17—.

C'est ici que doit trouver sa place un incident relatif à des personnes qui ont fait depuis, dans le monde, une figure éclatante.

Passant un soir dans Bristain-Street, j'entends des pleurs dans une maison; la porte était ouverte, j'entre; une mère et cinq jolis enfans déploraient un dérangement de fortune tel, que l'on se disposait à saisir leurs meubles. Mistriss Gunnings (c'était le nom de la dame) me connaissait; je lui offre mes services, qu'elle accepte avec reconnaissance. Nous arrachons quelques débris à la main avide du créancier. Deux des filles sont placées chez mistriss Burke, sœur de mistriss Gunnings; j'emmène chez ma mère les deux aînées. L'une fut depuis la comtesse de Coventry, l'autre la duchesse d'Argill : tels sont les jeux de la fortune!

Souffrez qu'à l'occasion de ces beautés célèbres, je vous raconte une anecdote qui me fut commune avec elles. L'aînée, curieuse de savoir si ses charmes, déjà très-remarquables, lui procureraient un jour les succès qu'elle osait s'en promettre, m'invita à aller, avec elle et sa sœur, voir une devineresse qui s'était acquis dans Dublin une haute considération; quelques prédictions heureuses lui avaient mérité le nom de *Madame Fortune;* la foule, comme de raison, courait à ses autels.

Pour éviter, autant qu'il était possible, de donner à la sybille aucun indice par lequel elle pût juger de notre état dans la société, nous prîmes des vêtemens communs, et, au lieu d'aller en voiture, nous nous rendîmes à pied chez elle; afin même de l'induire plus complètement en erreur, je mis un anneau de mariage que l'on m'avait prêté.

Lorsque miss Molly parut devant la devineresse, celle-ci lui dit sur-le-champ qu'elle serait *titrée*, ce fut son expression; mais qu'il s'en faudrait bien qu'elle fût heureuse. Quant à miss Betsy, elle lui prédit beaucoup de grandeur, beaucoup de bonheur même, dans les liaisons qui la conduiraient à cette élévation, mais une mauvaise santé, qui troublerait la jouissance de tous ces avantages. Je me présentai la dernière; elle me dit d'abord, que je pouvais ôter l'anneau de mariage que je portais; car je n'étais pas mariée, et je ne devais jamais l'être, à moins que, dans ma vieillesse, je n'en fisse la sottise; elle ajouta que l'opulence et la flatterie m'environneraient; mais que, par mon imprudence et ma folie, je tomberais dans l'indigence.

Je n'ai garde de vouloir expliquer ces prédictions singulières que ma vie entière, ainsi que celle de mes deux compagnes, a parfaitement réalisées. Je fus si peu frappée des avertissemens de la sybille, que je suis allée étourdiment me briser contre l'écueil qu'elle m'avait signalé.

Le théâtre était rouvert; mais le lord-maire avait invité M. Shéridan à ne pas paraître sur la scène, que le procès contre ses assaillans, qui s'instruisait avec vigueur, ne fût jugé. Cet hiver, M. Woodward, acteur du premier mérite dans la comédie, vint à Dublin se joindre à notre troupe. Vers le même temps, M. Foote vint nous donner le *thé*; c'était ainsi qu'il appelait ses représentations;

elles consistaient en caricatures, dans lesquelles il imitait la voix de la plupart des acteurs d'Angleterre et d'Irlande. Je n'ai jamais trop compris quelle analogie il pouvait y avoir entre le thé et le talent de la caricature. Mais comme l'Aristophanes de nos jours était, sans contredit, un homme d'esprit et de goût, il y avait sûrement dans ce nom quelque allusion qui m'a échappé. J'ai depuis appris sur ce point, de M. Wilkinson, directeur de la troupe d'Yorck, les particularités suivantes.

M. Foote, étant un jour réduit à une telle pénurie qu'il lui fallait ou mourir de faim, ou trouver quelques ressources dans son imagination, s'avisa d'annoncer au public qu'il donnerait un thé ; cet expédient lui réussit (1).

---

(1) Mistriss Bellamy paraît avoir ignoré, relativement à Foote, des circonstances que l'on trouve dans le *Universal Museum*, juin 1771. Il était de Truro, en Cornouaille; son père était membre du Parlement; et sa mère, héritière de deux grandes familles, avait réuni 5000 liv. sterl. de rente. Ce fut en 1747, qu'après avoir débuté sans succès comme acteur tragique, il ouvrit le petit théâtre de Haymarket par une petite pièce de sa composition, intitulée

M. Wilkinson, en me racontant ceci, ajouta que lui-même, se trouvant à Norwich dans un embarras semblable, il fit la même annonce pour le jour de son bénéfice. Séduits par cette nouveauté, et se persuadant qu'outre le spectacle, ils auraient la satisfaction de

---

the Diversions of morning (les Divertissemens du matin). Cet ouvrage ne consistait que dans l'imitation de personnes connues, dont Foote avait saisi les manières, et dont il copiait, en jouant, le ton, les gestes et même la figure. Un médecin célèbre, un oculiste à la mode, un directeur de théâtre, étaient entre autres les objets de cette satire. Foote rencontra des obstacles. On lui opposa un acte du Parlement qui limite le nombre des théâtres; mais, soutenu par des gens puissans, il éluda la loi, en renonçant au titre de *théâtre* et en annonçant simplement qu'il donnerait le thé à ses amis. Sa pièce, avec ce simple changement de nom, eut quarante représentations de suite. L'année d'après, il en donna une autre, intitulée *une Vente de Tableaux;* il y introduisit un juge de paix, un marchand de tableaux, un avocat, tous connus et dépeints avec une vérité très-piquante. Quoiqu'il ait fait quelques pièces d'un autre genre, c'est dans celui-ci qu'il a continué d'acquérir sa réputation. Il mérita le nom d'Aristophanes pour avoir ressuscité l'*ancienne* comédie, et fit excuser, par beaucoup d'esprit et de talent, la *satyre directe*, blâmée, avec raison, par les moralistes de tous les siècles.

Il est célèbre par des reparties ingénieuses, dont plusieurs sont connues en France. (*Note du traducteur.*)

prendre du thé, les gens accoururent de toutes parts à cette représentation d'un nouveau genre. Ce qui les embarrassait, et qui fournit matière à leur entretien jusqu'au moment où on leva la toile, était de savoir comment M. Wilkinson pourrait se procurer assez de tasses, de soucoupes et d'autres ustensiles pour servir du thé à tant de monde à la fois.

Lorsqu'enfin ils eurent reconnu que ce prétendu thé n'était autre chose que le spectacle de quelques bouffonneries, leur mécontentement fut extrême; les plaisanteries de l'acteur ne furent ni senties, ni comprises; les spectateurs se retirèrent, persuadés qu'on avait voulu leur voler leur argent. Ils ont conservé cette opinion; et toutes les fois aujourd'hui qu'on parle à Norwich de cette aventure, on ne manque pas de traiter d'escroc l'estimable Wilkinson.

Cet acteur, aussi recommandable par son caractère privé, que cher au public par ses rares talens, est né en 1739.

Il était directeur de la troupe d'Yorck, lorsque, voyageant un jour en Écosse, et se trouvant seul à une table d'auberge abondamment servie, il demanda s'il n'y avait pas quelqu'un dans la maison qui voulût dîner avec lui. Un grand acteur, lui dit-on, M. Wilkinson, qui voyageait à pied pour son plaisir, était dans l'auberge. Wilkinson, très-surpris, fait prier à dîner son Sosie, et reconnaît en lui M. Chalmers, un de ses anciens camarades de la troupe de Norwich. Il eut d'autant plus de droits de se fâcher de la plaisanterie, que M. Chalmers, sous ce nom emprunté, s'était conduit avec peu de discrétion ; mais M. Wilkinson lui pardonna, le défraya, et eut la complaisance de l'emmener à Glascow, où il lui procura quelques ressources.

M. Shéridan ayant enfin obtenu la permission de recommencer à jouer, prit, comme je l'avais craint, le rôle d'*Antoine ;* mais quelle différence entre la voix sonore, la figure enchanteresse de Barry, et la monotone déclamation du directeur ! Le public, qui s'en aperçut promptement, en fut d'autant plus choqué qu'il regrettait le talent de celui-ci dans le rôle de *Ventidius.* C'était là, comme dans tous les personnages raisonneurs, qu'il était véritablement supérieur. Pour ajouter à l'éclat de la représentation, on y avait joint, comme un amusement offert à la belle reine, une danse de gladiateurs. Le rôle de *Cléopâtre* m'occasiona encore un incident ridicule. Mistriss Kennedey avait une robe dont la queue était déchirée. En entrant sur la scène, elle renversa une timbale, qu'elle entraîna après elle sur le théâtre. Effrayée de ce bruit, je me retourne, et malgré l'inquiétude que me causait le sort de mon héros, je remarque ce bizarre attirail; il me fut impossible de retenir un éclat de rire; les spectateurs suivirent mon exemple, et je ne pus reprendre mon sérieux, que lorsque le fatal serpent eut terminé mon règne pour cette soirée.

Les recettes se ressentirent bientôt de la nouvelle distribution des rôles. Le directeur, qui les vit diminuer, me pria de donner des billets à toutes les jeunes femmes de ma connaissance qui voudraient en accepter. Il se passait en conséquence peu de jours que je n'en amenasse quelques-unes outre les deux demoiselles Gunnings, qui demeuraient avec moi.

M. Foote, dans une de ses facéties, ayant attaqué M. Woodward, celui-ci, pour sa défense, fit une pièce, qu'il appela *le Prêté rendu*, ou *Une Tasse de Chocolat*. Cet ouvrage eut beaucoup de succès. Son rival, battu par ses propres armes, lui céda le champ de bataille, et fit sa retraite au théâtre de Haymarket. Lorsque les bénéfices commencèrent, M. Woodward, outre ses conventions avec le directeur, reçut de chaque acteur au bénéfice duquel cette pièce fut jouée, dix guinées par représentation.

Lorsque je parus pour la première fois au théâtre de Covent-Garden, M. Woodward avait demandé ma main; je l'avais refusée; et depuis ce temps, nous n'avions jamais été fort bien ensemble. Cependant, l'humeur cédant à l'intérêt, il n'était pas fâché d'avoir pour jouer avec lui une actrice supportable.

L'année théâtrale étant prête à se terminer, ma mère, à ma sollicitation, se prépara à retourner en Angleterre. Je pris d'autant plus promptement ce parti, que le caissier du théâtre, en me présentant mon compte, y avait porté à ma charge 25 livres pour les billets que j'avais donnés. Ceci donna lieu à une contestation entre M. Shéridan et moi, dans laquelle je déclarai que je ne jouerais désormais pour lui à aucun prix. Le caissier me fit entendre le lendemain que l'on arrangerait l'affaire, si je voulais prendre un nouvel engagement; mais je persistai dans ma résolution.

Avant de partir, je pris congé de tous mes amis, tâche pénible pour une ame tendre et reconnaissante. Mistriss O'Hara me pressa sur son sein avec la plus touchante affection; je vis couler ses larmes; je ne la quittai pas sans en répandre. Ma généreuse protectrice, sa fille qui m'était si chère, montrèrent le plus grand regret de me perdre. Les miens étaient d'autant plus vifs, qu'en m'éloignant d'amis si précieux, je ne devais pas me flatter de les jamais revoir : l'âge et les infirmités de ma tante m'interdisaient pour elle cet espoir; et quant à mistriss Butler, la maladie de langueur dont elle était attaquée était regardée comme mortelle.

Lord Tyrawley était attendu en Irlande : ce fut pour nous un motif de hâter notre départ. Ma mère parut regretter beaucoup M. Crump. Parmi les personnes qu'il m'en coûtait de quitter étaient les deux miss Gunnings : l'aînée surtout m'avait inspiré beaucoup d'amitié, sujet d'une aimable jalousie que me témoignait souvent à cette occasion ma chère miss Butler.

LETTRE XXVII.

29 avril 17 —.

Je ne pus sans attendrissement quitter un pays où j'avais été si favorablement accueillie du public, si obligeamment traitée par les gens du plus haut rang, honorée d'une amitié flatteuse par les personnes les plus distinguées de mon sexe. Reconnaissante et touchée, je portais vers l'Irlande des regards affligés; mais tant de circonstances m'obligeaient d'en sortir, que je me retrouvai avec plaisir en Angleterre.

En arrivant à Londres, je revis M. Garrick. Il parut fâché que la composition de sa troupe ne lui permît pas de m'engager : mistriss Cibber, mistriss Clive et mistriss Pritchard y occupaient les premiers emplois. Je n'étais point alors instruite de l'espèce de serment qu'il avait fait de ne jamais m'engager, et nous nous séparâmes avec une bienveillance réciproque.

M. Quin était à Bath. Aussitôt que M. Rich eut entendu parler de notre arrivée, il nous fit prier, par son ami M. Bencraft, qui demeurait avec lui, de l'aller voir à Cowley, où il était alors. J'avais beaucoup entendu parler de ce bel endroit, et j'avais un grand désir d'accepter l'invitation ; mais un engagement pris par ma mère nous en empêcha à cette époque.

La maison qu'occupait, à Cowley, M. Rich, et à laquelle il faisait beaucoup d'embellissemens, avait autrefois appartenu à la célèbre mistriss Monford, devenue, depuis, mistriss Vanbruggen. C'est sur elle que M. Gay fit la fameuse romance *de Blackeyed Suzan* (Suzanne aux yeux noirs). Lord Berkeley, qui lui était tendrement attaché, lui avait laissé, en mourant, une rente de 300 livres, à la condition qu'elle ne se marierait jamais. Il avait acheté pour elle cette maison de Cowley, et lui avait donné, en différens temps, des sommes considérables. Après l'avoir perdu, elle devint éprise du célèbre acteur Booth. Mais la crainte de compromettre sa pension l'empêcha d'épouser cet amant préféré. M. Booth porta ailleurs des vœux dont l'amour avait fait le sacrifice à l'intérêt.

Mistriss Vanbruggen était fort liée avec miss Santlow, danseuse distinguée et actrice assez passable. Aimée du secrétaire Craggs, celle-ci avait reçu de lui assez d'argent pour n'avoir plus besoin de sa profession. Miss Santlow fit ce que n'avait pu se résoudre à faire mistriss Vanbruggen : elle épousa M. Booth, auquel elle donna toute sa fortune. Trahie par l'amitié, délaissée par l'amour, mistriss Vanbruggen s'abandonna à un désespoir qui la priva de la raison. On l'amena de Cowley à Londres, pour y chercher les secours de la médecine.

Dans ses accès les plus fâcheux, elle ne commettait aucune violence. Quelques lueurs d'intelligence venaient, par intervalles, percer le nuage qui offusquait sa raison; libre chez elle, elle était surveillée, plutôt que renfermée. Un jour, dans un de ses momens de calme, elle demanda à la personne qui la servait, quelle pièce on donnait le soir : c'était *Hamlet*, lui dit-on. Elle avait joué dans cette pièce le rôle d'*Ophélie*, avec de grands applaudissemens. Ce souvenir la frappe. Avec cet esprit de ruse qui semble particulier aux personnes dont la tête est dérangée, elle trouve le moyen d'échapper aux gens qui la gardaient, et se rend au théâtre. Cachée dans un coin, elle attend la scène dans laquelle paraît Ophélie devenue folle. Saisissant alors le moment où sa rivale, qui jouait ce même jour le rôle d'Ophélie, allait paraître, elle la pousse, se précipite avant elle sur le théâtre, et là, débite le rôle avec une vérité terrible, bien supérieure à toute imitation. Ce n'était point une actrice, c'était Ophélie elle-même, dont l'égarement saisit d'admiration et d'effroi, et les spectateurs, et les acteurs. La nature avait fait en elle un dernier effort; elle sentit ses sens défaillir; en se retirant, elle s'écria d'un ton prophétique : *C'en est fait!* Il était trop vrai; sitôt qu'on l'eut reportée chez elle, comme un lys coupé par la charrue, elle pencha sa tête et mourut (expression de Gay dans la belle romance où il raconte cette touchante aventure).

J'ai souvent entendu conter cette anecdote à Colley Cibber, chez le lord Tyrawley, pendant notre séjour à Bushy; mais je ne suis point contente de la manière dont je vous l'ai rapportée; mes expressions ne peuvent rendre ma pensée, et ce que je pense même est si loin de ce que j'éprouve ! Ah ! c'était au pinceau de Sterne qu'il appartenait de peindre un pareil tableau.

Un lieu qu'avait habité cette infortunée, était fait pour intéresser une imagination comme la mienne; mais je ne pus que l'automne suivant satisfaire ma curiosité.

Ma mère avait un neveu nommé M. Crawford, procureur de son métier, marié depuis peu à une riche veuve, qui nous avait invitées à aller passer quelque temps chez lui à Watford, dans le Hertfordshire. Dans ce canton habitait ma chère miss Saint-Léger, qui demeurait chez son oncle lord Doneraile, près de Cashioberry-Parck, terre du comte d'Essex. Ce fut pour moi un motif d'accepter l'invitation.

Il faut ici que je vous fasse connaître mon cousin Crawford, dont j'aurai souvent par la suite occasion de vous parler : c'était un homme gros et court, d'assez bonne figure, rusé, voulant passer pour homme d'esprit; et prodigue à l'excès. Il était fils de cette sœur de ma mère qui avait demeuré chez mistriss

Godfrey, et qui, devenue fort riche, avait épousé un procureur nommé Crawford. Son fils avait embrassé la même profession, et il en avait pris le plus mauvais esprit. Sa femme, laide et sans intelligence, était beaucoup plus âgée que lui. Sa table était bien servie ; il avait des chiens, des chevaux ; et sa maison, pour l'ordinaire, était le rendez-vous des chasseurs du pays. Six semaines à passer en pareille compagnie, ne m'offraient pas des plaisirs bien choisis ; mais j'allais souvent chez miss Saint-Léger : le temps que je ne pouvais passer avec elle, je l'employais à lire ou à me promener dans le magnifique parc du comte d'Essex.

J'y étais un jour, et, assise sur un banc, je lisais le Virgile de Dryden, lorsqu'un homme bien mis, et d'un certain âge, vint s'asseoir à côté de moi, engagea la conversation, et, après quelques momens d'un entretien poli, me dit qu'il était venu dans ce pays pour voir son parent M. Crawford. J'allais, lui dis-je, dans la même maison. Il m'y accompagna : ce ne fut qu'en y entrant qu'il m'apprit que son nom était Sykes ; c'était le beau-frère du capitaine Bellamy, mari de ma mère. Celle-ci, que j'en informai, pensa comme moi que sa présence en cette maison n'avait rien de très-flatteur pour nous; elle ne jugea pas à propos de paraître. Je tins compagnie à cet hôte importun, dans les yeux duquel il me semblait lire une sorte de pitié soupçonneuse. Le voleur, dit Shakespeare, dans chaque buisson voit un archer. Au reste, sa politesse ne se démentit point, et elle avait un caractère de franchise qui me la rendait plus agréable. Il partit de bonne heure le lendemain matin.

LETTRE XXVIII.

4 mai 17 —.

J'appris au retour de mon gros cousin que M. Sykes, qui l'avait rencontré, lui avait fait sur mon compte beaucoup de questions, et qu'il avait paru content de moi : il avait été obligé de partir sur-le-champ pour Anvers, sans quoi, ajouta mon honnête cousin, à l'aide de ma cave et de vos belles paroles, nous aurions pu le mettre dedans (1). Vivement offensée, je rougis pour mon cousin ; il s'en aperçut, et m'assura qu'il voulait dire seulement qu'on aurait essayé de faire faire à M. Sykes un testament en notre faveur. Telle était la

---

(1) J'ai hasardé cette ignoble expression, parce qu'elle répond littéralement à l'expression anglaise *take him in*. Il n'est pas très-étonnant que cette métaphore, prise peut-être de l'oiseleur qui tend un piége, se trouve dans plusieurs langues ; mais il est remarquable qu'elle fasse, en Angleterre comme en France, partie du vocabulaire des fripons. (*Note du traducteur.*)

délicate probité de mon cousin Crawford ; tel était son langage.

J'engageai ma mère à abréger sa visite chez nos respectables parens, et nous nous rendîmes à Cowley, où M. Rich et ses filles nous firent le plus aimable accueil; mais la maîtresse de la maison nous parut froide et réservée. M. Rich, depuis que je l'avais vu, s'était remarié; sa femme, jadis actrice du second ordre, puis sa femme-de-charge, était devenue méthodiste, et, suivant la louable coutume de sa secte, ne s'occupait que de prières et d'argent.

Chez notre hôte étaient plusieurs personnes, entre autres mistriss Ward, que M. Rich avait engagée pour l'hiver suivant. Je n'ai guère connu de plus belle figure, comme aussi je n'ai guère vu personne qui eût de plus larges épaules, ni un air plus commun : malgré cette disgracieuse tournure, et une grossesse qui n'en relevait pas l'élégance, on décida qu'elle jouerait le rôle de *Cordelie*, la plus jeune des filles du *Roi Lear*.

Lorsque nous retournâmes à la ville, M. Rich m'apprit que son intention était de faire paraître le plus tôt possible mistriss Ward, à cause de sa grossesse; il me regardait comme son corps de réserve. Je ne réglai point avec lui les conditions de mon engagement; mais ma mère lui parlant de celui que j'avais refusé de prendre avec M. Garrick, à raison de dix livres par semaine, il ne parut point trouver ce traitement excessif, et nous pensâmes que ce serait celui qu'il m'allouerait. Mistriss Woffington, très-offensée de ce que son ancien admirateur, M. Garrick, aimait mieux jouer avec mistriss Pritchard qu'avec elle, s'était offerte d'elle-même à M. Rich: elle devait ouvrir la campagne par son rôle capital, celui de sir Harri Wyldair.

Il en est des liaisons au théâtre comme dans la politique; le dépit, l'ambition, l'intérêt surtout, les forment et les dénouent.

LETTRE XXIX.

16 mai 17 —.

Aussitot que M. Quin fut de retour, je l'allai voir pour m'excuser de la négligence dont je m'étais rendue coupable, en partant pour l'Irlande sans prendre congé de lui. Je trouvai chez lui sir Georges (depuis lord) Littleton, Thompson, Mallet et Smollett. Comme j'avais déjà été présentée à ces messieurs, et que je les avais vus dans la société d'une manière assez intime, je ne fus point fâchée de les avoir pour témoins de cette scène. Après avoir salué M. Quin, je l'assurai que je saisissais avec plaisir l'occasion de réparer ma faute devant des gens de ses amis qui avaient pris quelque intérêt à moi à cause de lui. Je convins que les apparences étaient contre moi, et j'ajoutai que, malgré qu'elles fussent trompeuses, je craignais plus que chose au monde les reproches qu'il pouvait me faire. Je finis par le prier de m'acquitter du crime d'ingratitude, dont mon cœur, quoi qu'il en eût pu croire, était incapable.

La sincérité probablement était peinte dans mes regards; elle toucha M. Quin, qui, en m'embrassant, me dit : Ma chère fille, je fus offensé de votre oubli, parce que je prenais à vous un véritable intérêt. Le mot je *prenais* troubla un peu le plaisir que me causait notre réconciliation; cependant, elle parut sincère. Les personnes présentes me firent politesse : Thompson, en particulier, me demanda des nouvelles de mistriss Jackson; mais je ne pus lui en donner : elle s'était retirée à la campagne; j'avais inutilement cherché le lieu de sa demeure. M. Quin me conseilla de débuter par le personnage de Belvidera.

Miss O'Hara, fille aînée de lord Tyrawley, ayant en je ne sais quoi mécontenté son père, vint demeurer avec nous; ce qui me fit beaucoup de plaisir, ainsi qu'à ma mère. Celle-ci, entièrement livrée à ses méditations, ne pensait plus qu'à M. Crump et à la mort; elle comptait sur les soins de notre nouvelle compagne pour me déterminer à épouser M. Crump. Un jour qu'elle me pressait sur ce sujet plus fortement qu'à l'ordinaire, je lui répondis avec un peu de chaleur : J'aimerais bien mieux, madame, que vous l'épousassiez vous-même : je n'ai point de répugnance à le voir mon beau-père, mais j'en ai une insupportable à en faire un mari. Mon impatience sembla choquer ma mère plus qu'elle n'avait encore fait. Quelques mois après, je connus ses motifs : ses soins aboutirent à faire son malheur et le mien.

Mistriss Woffington joua le premier jour, avec son succès accoutumé, dans le rôle de sir *Henri Wildair;* elle s'y était fait tant de réputation, que quelques années auparavant, cette pièce avait soutenu le théâtre pendant tout un hiver. Mistriss Ward parut bientôt après; elle dut d'abord à la nouveauté et à sa belle figure quelques applaudissemens; mais sa tournure et sa situation convenaient si peu à son rôle, qu'elle n'acheva pas avec satisfaction le rôle de *Cordélie.* M. Garrick fut, comme à son ordinaire, supérieur dans le rôle du roi Léar; mais comme il était mal secondé par mistriss Ward, on ne redonna pas la pièce. Le grand vétéran du théâtre, M. Quin, n'avait pris aucun des rôles de Shakespeare, excepté celui de Falstaff et celui de Henri VIII, dans lesquels il était inimitable.

Il avait paru se réconcilier avec moi; mais il ne semblait point m'avoir conservé cette tendresse qui m'avait tant flattée. Je reconnus trop tard combien une fausse honte m'avait égarée, en m'empêchant de recourir, lors de mon aventure, aux conseils de cet ami qui avait bien voulu me tenir lieu de père.

Enfin, comme l'arrière-garde de notre troupe, je fus annoncée pour jouer dans le rôle de *Belvidera*. Je m'attendais à voir la salle pleine; à ma grande surprise, elle se trouva presque vide. Je fus reçue néanmoins avec les applaudissemens auxquels on m'avait accoutumée; mais ils ne consolèrent pas mon amour-propre. Cependant, à la fin de la pièce, M. Town dont j'ai déjà parlé, entendant annoncer pour le lendemain une autre pièce, cria : La même! la même! Tous les spectateurs, suivant l'usage, se joignirent à lui. En conséquence, Venise sauvée fut jouée quatre jours de suite, avec de pleines chambrées; et ce fut, jusqu'à la fin de l'hiver, une des pièces qui constamment nous attirèrent le plus de monde.

Il était alors d'usage de jouer, le 4 novembre, Tamerlan (1). Ce jour approchait, et l'on n'avait parlé de rien ni à mistriss Woffington, ni à moi : nous étions d'autant plus surprises de ce silence, que M. Quin passait pour le meilleur Bajazet qui eût jamais monté sur le théâtre. Un jour, pendant le spectacle, il m'envoya prier au foyer de passer à sa loge. Je m'y rendis sur-le-champ; et j'allais ouvrir la porte, lorsqu'en dedans j'entendis parler : Eh! mais, mylord, disait M. Quin, nous avons Woffington pour attirer les chalans; de plus, Ward, plus plate qu'une galette; et la petite Bellamy, froide comme la glace, et fine comme un démon.

Après avoir entendu ce bel éloge, j'attendis pour ouvrir que l'on eût fini de rire à mes dépens. En entrant, je trouvai lord Orford et Thompson qui, avec lui, avait amené Shenstone, auteur connu de jolies pastorales. M. Quin, aussitôt qu'il me vit, me dit : Ma chère enfant, j'ai une grâce à vous demander,

---

(1) Tragédie en cinq actes, de Rowe. Les caractères en sont nobles et bien soutenus; le style en est pompeux et souvent déclamatoire. (*Note du traducteur.*)

et je vous prie de ne pas me la refuser. Monsieur, répondis-je sur-le-champ, vous ne pouvez, relativement au théâtre, me demander qu'une chose que je puisse vous refuser, et vous me feriez un sensible chagrin si vous me mettiez dans le cas de ne pas obéir à un ordre de vous. Il me répliqua avec humeur : C'est précisément ce dont vous voulez parler, et vous ferez bien d'y consentir de bonne grâce, car il faut absolument que cela soit.

Je hais toute espèce de contrainte. Cette menace me piqua tellement, qu'avec une hauteur de reine, je lui dis : Je vous respecte, monsieur, comme un père, et je vous considère comme mon meilleur ami; mais si votre demande a rapport à *Tamerlan*, je vous déclare que la petite Bellamy est trop fine pour jouer Selima avec une plate galette comme mistriss Ward. Mon sérieux divertit tellement la compagnie, que la gaieté reparut à l'instant. Les amis de M. Quin l'assurèrent que, pour avoir une fille aussi aimable, il devait faire ce que je lui demandais, et prendre pour femme la belle Woffington. M. Quin, enchanté d'une repartie qui montrait que j'avais plus de vivacité qu'il ne m'en avait cru, me rendit, de ce moment, toute son amitié, et je recommençai, dès le soir, à présider à son souper.

Ayant ainsi recouvré sa confiance, je sus ce qu'il avait pensé de ma conduite. J'avais eu, selon lui, très-grand tort de m'éloigner du théâtre, dans un moment où les bontés du public me permettaient de compter sur sa bienveillance. Tout le monde fut du même avis, et je me promis d'expier cette imprudence, en faisant, pour regagner la faveur publique, les efforts les plus soutenus.

Un accident m'arriva dans ce rôle de Selima. M. Lee, qui jouait le rôle d'Axala, s'approchant trop brusquement pour m'embrasser, et ne faisant point attention à la position de son épée, m'en mit la pointe dans le coin de l'œil. Ordinairement ce sont des fleurets que l'on porte sur la scène; mais c'était une épée que tenait M. Lee. La blessure ne fut pas dangereuse : cependant M. Town, qui crut l'accident plus grave, ordonna de baisser la toile, et l'on n'acheva pas la pièce.

Le nom de M. Lee rappelle à mon souvenir une circonstance qui eut lieu quelques années après. Je devais jouer avec lui, à la salle de Carlisle, une *monodie* faite à l'occasion de la mort de la princesse de Galles. Je m'étais préparée à remplir de mon mieux ce triste office ; mais quand l'heure de la représentation arriva, ma sensibilité m'ôta l'usage de tous mes moyens. Le souvenir des bontés qu'avait eues pour moi la princesse, frappa tellement mon imagination, qu'il me fut impossible de retenir mes pleurs, et je ne pus paraître sur le théâtre.

LETTRE XXX.

22 mai 17—.

Le second rôle que je jouai, fut celui d'*A-thénaïs*, dans *Théodosius* (1). Je ne fus pas plutôt entrée sur la scène, que j'aperçus lord Byron qui s'était placé dans la loge du théâtre. Un tremblement me saisit à la vue de cet homme qui m'avait causé tant de peines : je fus quelques instans sans pouvoir parler. M. Rich, de la loge où il était avec sa famille, observant que je pâlissais, vint, sur-le-champ, derrière la scène, pour en savoir la cause. Mylord, dans l'intervalle, avait quitté sa place, et s'était allé mettre dans une cou-

---

(1) Théodosius, ou la Force de l'Amour, tragédie en cinq actes, de Nat. Lee. Le seul ressort de cette pièce est l'amour ; le style en est bizarre : on y reconnaît les écarts d'une imagination qui, souvent exaltée, finit par se déranger. La dédicace de cette tragédie, adressée à la duchesse de Richmond, est citée comme un modèle de la plus vile flatterie. (*Note du traducteur.*)

lisse, à la vue des spectateurs. M. Rich étant entré dans sa loge par une petite porte dont il avait la clef, le trouva dans cette position, et conçut facilement la cause de mon émotion.

Lord Byron savait que le directeur, dans sa jeunesse, avait été homme de plaisir. Il l'aborda d'un air facile, et lui dit : Hé bien ! Rich, je suis venu pour enlever votre *Athénaïs*. Ce propos ne pouvait qu'offenser un homme qui m'avait toujours traitée comme sa fille, et qui, d'ailleurs, joignait à beaucoup de bonté un courage distingué. Il fit au lord quelques remontrances sur un projet si répréhensible, si contraire aux lois de la société, et par conséquent si indigne de son rang. Il y avait, lui dit-il, de la cruauté à venir effrayer une jeune personne qui n'avait jamais paru approuver sa passion, et qui s'effrayait, avec raison, de cette persécution. Je vous invite, mylord, ajouta M. Rich d'un ton résolu, à quitter les coulisses ; car je ne pourrais souffrir tranquillement qu'on insultât devant moi mes acteurs.

Mylord, craignant une affaire sérieuse, rentra dans sa loge en jurant de se venger ;

mais il ne fut pas plutôt assis, que le public, qui, en général, aime à prendre parti contre l'injustice, parut mécontent, et l'obligea à s'en aller dans une loge en face, au fond de laquelle il se cacha, pour éviter quelque insulte plus grave.

M. Quin, ne jouant pas ce jour-là, n'était pas dans la salle; mais le lendemain soir, il apprit la peur que j'avais eue. M. Thompson, qui en fut de même instruit, vint au spectacle. Passant près du théâtre, il entendit causer deux personnes, dont l'une disait à l'autre: Il faut que je lui parle ce soir, ou je me brûle la cervelle. M. Thompson ne put entendre la suite de la conversation; mais il conclut, du commencement, que ce devait être lord Byron qui s'exprimait ainsi, et qui, mécontent de l'humiliation qu'il avait essuyée le jour précédent, était résolu à me faire encore enlever.

Il informa, sur-le-champ, de ce qu'il avait entendu, M. Quin, qui en eut la même idée. Celui-ci me fit dire, pendant la pièce, de venir lui parler aussitôt que j'aurais fini mon rôle. Le sien ayant fini au quatrième acte, je le trouvai déshabillé. Sitôt qu'il me vit : Madame, me dit-il, vous n'irez point ce soir en chaise; vous voudrez bien accepter mon bras pour retourner chez vous. La frayeur me saisit : mais comme il m'assura que je serais bien escortée, et qu'il ferait apporter son souper chez moi, où M. Thompson et lui passeraient la soirée, je me rassurai. Lorsque je fus déshabillée, M. Quin ordonna que l'on amenât ma chaise à la porte du théâtre, dans le passage, avec tous les rideaux tirés, de façon que l'on pût supposer que j'étais dedans. Pendant ce temps-là, nous sortîmes de la salle par une autre porte, et, traversant les places, nous gagnâmes Tavistock-Street, où nous demeurions, ma mère et moi. Nous y fûmes avant que les porteurs eussent pu s'y rendre. En arrivant, ils nous apprirent qu'ils avaient été arrêtés en chemin, par un homme enveloppé dans un grand surtout. D'abord, ils avaient fait mine de vouloir résister; mais cédant à ses ordres, ils avaient posé leur chaise. L'inconnu, alors, s'en étant approché, l'avait entr'ouverte; et jetant quelque chose dedans, avait déclaré que si, dans la soirée, on ne lui faisait pas réponse, il était décidé à se tuer. Il avait ensuite refermé la chaise, et ordonné aux porteurs de reconduire chez elle la personne qui était dedans.

Ce récit ayant excité notre curiosité, M. Quin demanda, pour la lire, la lettre qu'on avait jetée dans la chaise. Cependant, un des porteurs nous dit que, sûrement, ce pauvre Monsieur n'avait point eu intention de me faire du mal, car c'était un des meilleurs hommes du monde. Le porteur ajouta que, peu de temps auparavant, il m'avait remis une lettre de ce Monsieur; mais que je l'avais si mal reçu, qu'il n'avait pas osé se charger d'une autre. Et je vous prie, dit M. Quin, quel est ce galant homme? Monsieur, répliqua le porteur, c'est M. Bullock. La lettre venue, M. Quin demanda à la lire. Je m'y opposai, parce qu'ayant reçu beaucoup de lettres de ce même homme, je me proposais de les lui renvoyer désormais sans les ouvrir. Cependant on la lut, et l'on n'y trouva que les expressions d'un amour extravagant. L'auteur était un jeune homme bien né, destiné à une fortune considérable. Il achevait son éducation à Cambridge, et n'avait pas encore quitté l'Université. Il était d'une fort belle figure; mais la violence de son caractère m'épouvantait au lieu de me séduire. M. Quin, qui connaissait beaucoup son père, prit la lettre, et promit de ramener le jeune homme à la raison.

Nous venions de nous mettre à table lorsque le garçon d'un traiteur voisin vint m'apporter une lettre; c'était de la part de lord Byron, qui, quoique marié depuis peu à l'une des plus aimables et des meilleures femmes du royaume, m'y faisait l'offre d'assurer ma fortune; il finissait par déclarer, avec serment, que si je n'acceptais pas sa proposition, il me poursuivrait jusqu'à ce que j'eusse trouvé un asile dans les bras d'un autre. M. Quin, aussitôt qu'il eut lu le billet, demanda une plume et de l'encre, et fit la réponse suivante : « Le lieutenant O'Hara (1)
» fait ses complimens au lord Byron, et le
» prévient que s'il se permet encore d'insul-
» ter sa sœur, ni son rang, ni sa lâcheté ne
» l'empêcheront de le punir comme il le mé-
» rite. » Cet heureux impromptu fit à mylord une si belle peur, que le garçon revint un

---

(1) Le lecteur doit se rappeler qu'ainsi se nommait le frère de mistriss Bellamy. (*Note du traducteur.*)

quart d'heure après, nous dire qu'il était sorti. Nous apprîmes ensuite que ce brave seigneur était parti le lendemain pour le Nottinghamshire. Depuis ce jour, il ne m'a plus fatiguée de ses poursuites. Lady Byron, peu de temps après, vint à mon bénéfice, et m'honora des marques de sa générosité. Son procédé me fut d'autant plus agréable, qu'il me faisait connaître la noblesse de ses sentimens. Elle avait une charmante figure, une taille extrêmement élégante, un caractère fort doux, et réunissait à tous ces avantages une grande fortune. Mais séduite par l'éclat d'un titre et d'un assez bel extérieur, elle avait contracté une alliance qui fit à jamais, et sous tous les rapports, le malheur de sa vie.

LETTRE XXXI.

5 juin 17 —.

Ainsi délivrée des craintes que m'avait causées lord Byron, je commençais à me croire parfaitement heureuse; mais d'autres contrariétés m'attendaient de la part de M. Crump, ce négociant irlandais, ami de ma mère, en faveur de qui elle ne cessait de m'importuner. Elle avait toujours entretenu correspondance avec lui depuis notre retour en Angleterre; mais je n'en étais point surprise, parce que s'étant jetée, avec succès, dans un commerce de toiles, qu'il lui avait conseillé d'entreprendre, elle avait souvent occasion de lui écrire à ce sujet.

Je me suis toujours fait un devoir de ne point lire les lettres adressées à une autre personne, même quand je les trouve ouvertes. Plusieurs de celles de M. Crump traînaient autour de moi, sans que jamais j'y jetasse les yeux. Le hasard, comme on le verra, me fit lire la dernière qu'il eût écrite.

M. Quin, estimant que la principale force de notre troupe était dans la comédie, me faisait jouer dans toutes les pièces où il se trouvait quelques rôles assortis à mon âge et à ma figure. Comme il excellait dans le *Double Dealer*, et que mistriss Woffington était bien reçue dans *Lady Touchwood*, j'eus occasion de paraître dans *Lady Froth*, personnage dans lequel je pouvais donner libre carrière à ma gaieté et à mon imagination. J'y réussis plus que je n'eusse pu m'en flatter, ce rôle étant un de ceux que jouait depuis long-temps mistriss Clive.

Le jour de cette représentation, animée par les applaudissemens que j'avais reçus, égayée peut-être par l'éclat de ma parure, j'étais plus sémillante qu'à mon ordinaire, assise dans le foyer, lorsque j'y vis entrer M. Montgommery, devenu sir George Metham, et que j'ai cité plus haut comme un de mes admirateurs. Son aspect inattendu me surprit ; mue par une impulsion involontaire qui jusqu'alors m'avait été inconnue, et sans songer à ce qu'allaient penser les acteurs qui m'environnaient, je me levai pour le saluer, lorsqu'il s'approcha de moi. Ce témoignage d'intérêt ne put manquer de le frapper, il parut lui causer un transport de joie.

Il n'échappa point à mistriss Woffington. L'attention que me montrait sir George sembla beaucoup la choquer; quant aux autres actrices présentes, c'étaient, à l'exception de mistriss Ward, des femmes d'un ordre tout différent; elles aimaient leurs maris, s'occupaient de leur ménage, et trouvaient chez elles trop d'affaires pour songer à celles d'autrui.

M. Metham, dans la courte conversation qu'une entrevue aussi publique put nous permettre, eut le temps de m'apprendre que sa mère était morte, ce qui l'avait mis en possession d'une jolie fortune, et lui avait fait prendre le nom de Metham. Je terminai le plus tôt que je pus un entretien qui excitait la curiosité autant que la jalousie de mistriss Woffington; mais à la fin de la pièce, M. Metham m'aborda de nouveau, et me demanda la permission de venir me voir le lendemain matin. Je ne pouvais, lui dis-je, la lui accorder, et je ne lui en cachai point la raison. Ma mère n'était pas disposée à me laisser recevoir chez elle les visites d'un amant; il me pria alors de trouver bon qu'il m'écrivît; je le lui permis, et nous nous séparâmes.

Cette correspondance m'obligea à prier Obrien, femme de chambre dont je vous ai parlé, et qui nous avait suivies en Angleterre, de prendre soin que mes lettres ne tombassent point dans les mains de ma mère. Obrien comptait des rois parmi ses aïeux, mais elle ne savait pas lire; il en résulta qu'un jour, trouvant une lettre dans le parloir, elle crut que je l'avais laissé tomber, et me l'apporta.

Sans regarder si elle m'appartenait ou non, je la mis dans ma poche, et ce ne fut qu'en en cherchant une où l'on me proposait un bal, que je la retrouvai; l'ayant tirée avec deux ou trois autres que j'avais reçues dans la journée, je reconnus que c'était une lettre de mon amoureux Hibernois, à ma mère; un mot effacé joint à celui de *fille*, excita ma curiosité; je fus tentée d'enfreindre la règle que jusqu'alors j'avais si strictement suivie. La ligne contenait ces mots : « Ma chère dame, » je crois que votre aimable fille ne résis- » tera pas au pouvoir de...... » Ne comprenant rien au sens de cette phrase, et dans le fait me souciant peu de l'entendre, je jetai la lettre sans achever de la lire.

Le lendemain je faisais Alicia; sitôt que mon rôle fut fini, M. Quin, avec une expression de joie dans le regard, que jamais je ne lui avais vue hors de la scène, me commanda de m'arrêter, et de me mettre à genoux devant la première personne que je rencontrerais dans une pièce qu'il me fallait traverser pour aller me déshabiller. Je ne compris rien d'abord à ce qu'il voulait me dire; je sortais incertaine, entre la crainte et l'espoir; enfin mon cœur me dit qui c'était. Rassemblant alors tout mon courage, et jugeant, d'après l'air de gaieté de M. Quin, que je n'avais pas beaucoup à craindre, j'entrai dans la chambre. Je n'ai pas besoin, probablement, de vous dire que j'y trouvai lord Tyrawley. Sitôt que je l'aperçus, je me jetai à ses pieds, en lui disant, avec une émotion que je ne peux vous peindre : Mon cher monsieur, pardonnez-moi.

Mylord me releva; il m'embrassa tendrement. Sa voix altérée me prouva qu'il n'était guère moins ému que je ne l'étais moi-même.

Il m'offrit alors de m'accompagner chez moi, parce que M. Quin et lui se proposaient de venir y souper. Il m'apprit que M. Quin lui avait rendu de moi un témoignage qui lui avait fait le plus grand plaisir, d'autant, ajouta-t-il, qu'il confirmait ce que lui avait dit en Irlande une personne qui, dans son vivant, m'avait tendrement aimée. Ces mots m'apprirent que ma chère mistriss O'Hara avait payé le tribut à la nature. Cette nouvelle m'arracha des pleurs que je n'eusse pas dû répandre; car sans doute cette excellente femme avait passé, d'une misérable existence, à une vie de bonheur et de paix.

M. Quin, avant de venir nous joindre, nous laissa causer librement pendant une heure. Comme c'était fête le lendemain, rien ne nous obligeait de nous séparer de bonne heure. Ma mère n'eut point la permission de manger avec nous; mylord m'enjoignit expressément de ne jamais inviter ni elle ni les dames de ma famille, parce qu'il ne voulait ni les voir, ni les connaître. Il me donna deux bagues, dont l'une, formée d'un beau diamant, était très-précieuse; l'autre était de fantaisie. Toutes deux m'avaient été léguées par mistriss O'Hara. Ce n'était pas là, probablement, tout ce qu'elle m'avait laissé; mais mylord ne me parlant pas d'autre chose, il ne me convenait pas de lui rien demander.

Je me trouvais alors une des plus heureuses créatures qu'il y eût au monde. J'avais recouvré l'affection des deux personnes que je considérais le plus. J'étais adorée d'un homme que déjà je préférais à tout son sexe; nulle satisfaction ne manquait à mon cœur. On eût eu peine, ce me semble, à trouver trois personnes plus heureuses que ne l'étaient en ce moment mylord, M. Quin, et moi. Tous deux m'aimaient également, tous deux m'étaient également chers, quoiqu'à différens titres. Douces et paisibles jouissances, qui n'appartiennent qu'à des ames délicates, qu'à des esprits généreux, et à des cœurs reconnaissans!

LETTRE XXXII.

18 juin 17 —.

L'anecdote suivante est d'un tout autre genre que celles qui, jusqu'à présent, ont rempli mes lettres : lord Tyrawley nous la raconta le même soir; et j'ai cru qu'elle pouvait trouver place ici, à cause de sa singularité.

On sait qu'une révolution fut projetée en Russie, pendant le règne de la czarine Élisabeth, et qu'elle fut sur le point de réussir. Peu de gens savent ce qui la fit échouer.

Lord Tyrawley, par un long séjour en Espagne et en Portugal, avait pris du goût pour les gens de ces deux pays. Pendant sa résidence en Russie, il remarqua plusieurs jours de suite un Espagnol qui se promenait devant la cour de son hôtel. L'intérêt qu'il prenait aux personnes de cette nation le porta à faire inviter, par un de ses gens, cet étranger à dîner à son office. L'Espagnol accepta sans façon, revint le lendemain, continua pendant plusieurs mois : on finit par le regarder comme de la maison.

Un soir, il vint fort tard, et pria le domestique qui était dans l'antichambre, de dire à son excellence qu'il désirerait avoir l'honneur de lui parler. Le domestique ne supposant pas cet entretien fort pressant, voulut l'engager à le remettre au lendemain matin. L'Espagnol insista; l'ambassadeur, averti, le fit entrer. Aussitôt qu'il fut seul avec lui : Mylord, lui dit-il, je suis venu pour reconnaître toutes vos honnêtetés; mais avant que je m'explique, veuillez bien ordonner qu'on vous tienne une voiture prête.

L'air mystérieux qu'affectait l'étranger apprit bientôt à mylord que cet homme était un espion. Il demanda sa voiture; puis l'Espagnol reprit : J'ai formé depuis quelque temps une liaison avec un Russe de la suite du marquis de la Chétardie. En quittant l'hôtel de votre excellence, je vais, chaque jour, passer avec lui une ou deux heures. Y étant, il y a quelques jours, plus tard qu'à l'ordinaire, j'observai quelqu'un qui avait l'air de ne vouloir pas être reconnu. Ses précautions éveillèrent mes soupçons; et comme je n'avais pu que l'entrevoir et conjecturer qui il était, je résolus de m'en assurer. A cet effet, lorsque mon ami revint, je lui demandai, sans affectation, si le comte Bestuscheff, confident particulier de l'impératrice, allait ordinairement à pied dans cette saison rigoureuse. Je n'en dis pas davantage pour cette fois; mais le lendemain soir j'allai, comme à l'ordinaire, voir mon ami. Cependant, je ne voulus point sonner à la porte de l'hôtel, que je n'eusse vu y entrer le comte qui, à ce que je présumais, devait venir à peu près à la même heure que la veille.

Entré peu d'instans après lui, au lieu d'aller à l'appartement de mon ami, comme je connaissais tous les détours de la maison, je gagnai, sans être aperçu, par un escalier dérobé, le voisinage d'un cabinet dans lequel le comte et le marquis étaient en conférence. J'entendis le premier dire à l'autre en italien : « Je crois que, plus tôt vous partirez, » et mieux cela vaudra. Les passe-ports se- » ront prêts à onze heures. » Sitôt que j'eus entendu ces mots, je sortis de ma cachette, et j'allai trouver mon ami, qui me gronda d'être venu si tard. Il ne pouvait plus, pour ce jour-là, profiter de ma compagnie, parce qu'il avait trop de choses à faire.

Je lui demandai quelles affaires il avait de plus qu'à l'ordinaire. Il me répondit qu'il ne voulait pas trahir le secret de son maître, quoique celui-ci le méritât un peu pour ne le pas emmener, comme il le lui avait promis. Je ne fis pas d'autres questions, dans la crainte qu'on ne me confiât quelque chose sous le sceau du secret; car votre excellence sait qu'un Espagnol a trop d'honneur pour divulguer une chose confiée à sa discrétion.

— Et que supposez-vous que soient les motifs, ou que doivent être les conséquences de ce départ secret du marquis?

— Une révolution, mylord, répliqua l'Espagnol; et si votre excellence ne se presse pas d'aller avertir l'impératrice, et l'informer de ce que je viens de lui dire, il sera trop tard pour l'empêcher. Je sais tous les détails; mais il ne m'est pas permis de vous en dire davantage. Au reste, si je vous trompe, vous pouvez disposer de ma vie.

Mylord, d'après ses propres observations, et quelques autres avis qu'il avait reçus, soupçonnait bien que quelque grande intrigue était en mouvement. Après avoir encore sondé l'Espagnol, il crut reconnaitre que cet homme avait reçu, sous le sceau du secret, des confidences qu'il ne jugeait pas à propos de révéler.

La voiture était prête : lord Tyrawley, malgré l'inconvenance de l'heure et la rigueur de la saison, se rendit avec l'Espagnol au palais de l'impératrice. Son caractère d'ambassadeur d'Angleterre le fit admettre sur-le-champ ; mais l'impératrice sembla douter du fait jusqu'à ce que l'Espagnol fût introduit. Celui-ci donna des preuves si convaincantes de tout ce qu'il avait dit, qu'il n'y eut pas moyen de douter de ses assertions. Sa Majesté parla alors d'envoyer, pour prévenir la conjuration, un corps de troupes qu'elle nomma. « Non, lui dit l'Espagnol, il » faut au contraire vous assurer de ces gens ; » ils sont, en ce moment, en armes contre » vous. » Ce fut pour elle un trait de lumière. C'était une partie de sa garde ; et son favori Wall en était colonel. On envoya sur-le-champ quelques soldats pour arrêter le marquis de la Chétardie ; mais il était déjà parti; et quoique poursuivi de près, il échappa. Cependant, il n'avait pas eu le temps de soustraire ses papiers : on s'en saisit, et on les porta au palais. Le régiment suspect fut trouvé sous les armes; ce qui confirma sa trahison. La perfidie du comte fut démontrée; mais par un reste de l'attachement qu'Élisabeth avait eu pour lui, elle épargna sa vie, et se contenta de l'exiler en Sibérie. Tous ceux qu'il avait gagnés furent mis à mort. L'impératrice prit à son service l'Espagnol, qui s'appelait Rosa de Sylva, et le récompensa magnifiquement. Les présens qu'elle fit à cette occasion au lord Tyrawley, quoique d'une très-grande valeur, eurent moins de prix à ses yeux que l'amitié dont elle l'a honoré tant qu'elle a vécu (1).

---

(1) La mémoire de mistriss Bellamy paraît ici l'avoir mal servie : lord Tyrawley n'a pu faire un récit où les noms, les époques et les faits sont intervertis et défigurés.

Bestuscheff, en 1740, sous la régente Anne, fut compris dans la disgrâce du fameux Biren et exilé en Sibérie.

La Chétardie était arrivé en Russie cette même année, comme ambassadeur de France; il y resta jusqu'en 1742, et en partit à cette époque, comblé des faveurs d'Élisabeth qu'il avait aidée à monter sur le trône.

Il revint en 1745 avec le même titre. Bestuscheff, rappelé par Élisabeth, était devenu son ministre favori. Vendu à l'Autriche, et craignant l'influence de l'ambassadeur de France, il résolut de le perdre. Dans ce dessein, il fit assassiner un courrier que la Chétardie envoyait en France par la Suède, présenta à l'impératrice une fausse interprétation des dépêches saisies, et obtint ainsi qu'elle renvoyât l'ambassadeur.

Bestuscheff fut lui-même disgracié en 1758, et exilé aux environs de Moscow. (*Note du traducteur.*)

LETTRE XXXIII.

29 juin 17—.

Je passai dans une société si chère une délicieuse soirée. Mylord, en me quittant, promit de venir souper avec moi, trois ou quatre fois par semaine, et il engagea M. Quin à être de la partie aussi souvent qu'il le pourrait. Mais celui-ci aimait à trouver chez lui sa poularde, sa bière à l'orange, à y rester à son aise, et, suivant son expression favorite, sans jarretières. Il appelait cela les trois grandes douceurs de la vie. Il ne trouvait pas, d'ailleurs, dans lord Tyrawley un camarade de bouteille, et rarement il l'accompagnait chez moi : mais j'avais chez lui mes entrées, et j'y passais la soirée toutes les fois que je n'avais pas d'autres engagemens.

Quoique mylord et M. Quin m'eussent quittée fort tard, je voulus, avant de me coucher, écrire à M. Metham, pour lui faire part de ma satisfaction ; mais le motif qui la causait ne la lui fit pas partager. Cependant, il m'en félicita ; car tout ce qui me faisait plaisir semblait lui être agréable. Nous nous faisions de l'amour des idées si exaltées, que notre correspondance ne ressemblait pas mal au langage de Cassandre ou d'Orondate. M. Metham, dans ses lettres et dans sa conduite, me montrait tant de respect, que je m'aveuglais sur l'imprudence de ce commerce épistolaire avec un homme qui m'avait annoncé qu'il ne pouvait pas m'épouser. Cette déclaration portait même un caractère de candeur qui m'inspirait une fausse sécurité. Je me reposais sur l'honneur d'un homme que je ne croyais pas moins délicat que sincère, et il ne me vint jamais à l'esprit de concevoir sur ses intentions la moindre crainte; confiance hasardeuse qui a plus égaré de jeunes cœurs, et produit d'infortunes, que l'amour, que le caprice, et peut-être que la vanité.

Invitée à un bal masqué, je voulus profiter de cette occasion pour y voir mon amant, et jouir avec quelque liberté de sa conversation. Je ne m'étais jamais trouvée dans ces assemblées, et je ne concevais pas, écrivis-je à

M. Metham, comment on pouvait y reconnaître des visages masqués. Il m'assura que mes yeux l'éclaireraient, et qu'un de mes regards suffirait pour me faire reconnaître.

Je préférais, sans contredit, M. Metham à tout homme au monde; mais l'amour dut céder quelque chose à la malice. Le soir, enveloppée d'un domino noir, par-dessus lequel je mis une grande capote, j'allai au bal accompagnée des deux jeunes miss Meredith, habillées en savoyardes. En un moment je fis mon apprentissage, et bientôt j'en sus aussi long qu'Heidegger lui-même (1). Mes deux compagnes étaient trop remarquées pour faire attention à moi, je leur échappai, et j'allai chercher mon chevalier. Je le trouvai occupé à considérer toutes les femmes bien vêtues qui passaient auprès de lui, ne doutant pas que je n'eusse saisi cette occasion pour montrer mon goût, et que je ne me fusse masquée d'une manière élégante. M'approchant de lui, je lui demandai quelle belle le tenait dans

---

(1) Celui qui, le premier, a introduit en Angleterre les bals masqués.

l'attente. Impatient de voir celle qu'il aimait, il m'envoya promener, m'assurant que ce n'était pas moi qu'il cherchait. Il ferait aussi bien, lui dis-je, de rester avec moi. Ma société, probablement, lui serait aussi agréable que celle de la personne qu'il attendait. L'humeur le gagnait, il me quitta.

La vanité, la folie régnaient autour de moi. J'avais de l'une et de l'autre assez bonne dose; je suivis l'impulsion du caprice; je laissai mon adorateur croquer le marmot (1); et je dois avouer que je me divertis beaucoup de l'inquiétude dans laquelle je le voyais.

Je joignis alors le général Wall, ambassadeur d'Espagne, qui venait souvent dans les coulisses, et avec qui je causais de temps en temps. Le comte de Haslang, ambassadeur de l'empereur, quoique non éclairé par l'amour, m'avait reconnue sous mon déguisement, et m'avait fait reconnaître au général. Le comte voyait souvent le lord Tyrawley, qui avait pour lui beaucoup d'égards, moins

---

(1) Cette expression est en français dans l'original.
(*Note du traducteur.*)

à raison de ses talens qui étaient médiocres, que de sa haute naissance, de son extrême politesse, et de l'attention qu'il apportait à paraître toujours content de l'esprit des autres, sans jamais prétendre lui-même à en montrer.

Le général Wall, quoique homme de beaucoup d'esprit, et ayant des connaissances très-étendues, était espiègle comme un écolier. Il s'était sans doute aperçu du goût qu'avait pour moi M. Metham, et il ne demanda pas mieux que de se joindre à moi pour le tourmenter. Nous l'abordâmes de nouveau ; je recommençai à le plaisanter. Ce qui lui rendait mes railleries plus importunes, c'est que ce général étant démasqué, il ne pouvait quitter brusquement un homme de ce rang, et était obligé d'entendre tout ce que je m'amusais à lui dire. Il ne doutait point d'ailleurs, me voyant ainsi accompagnée, que je ne fusse, malgré la modestie de mon vêtement, une personne de considération.

Lord Tyrawley soupait avec quelques amis, de façon que je pus donner carrière à ma fantaisie pendant la plus grande partie de la nuit. Vers les quatre heures, mylord revint dans la salle, et ayant trouvé mes compagnes et moi, il nous invita à nous retirer, vu qu'il ne convenait guère de laisser en pareil lieu trois jeunes filles sans chaperon. Les jeunes Meredith, ayant beaucoup dansé, ne demandaient pas mieux que de s'en aller. J'aurais bien voulu rester encore quelque temps; mais il fallut partir.

Cette subite résolution ne me laissa que le temps de dire à M. Metham, en passant à côté de lui : Qu'est donc devenu l'éclat de ces yeux qu'il devait vous suffire d'apercevoir pour éviter toute erreur? Frappé comme de la foudre, il parut sortir de l'aveuglement qui toute la nuit lui avait dérobé ma présence. Il nous suivit jusqu'à la porte, essayant de me parler. Mais il n'était plus temps; je le laissai accusant sa destinée, et regrettant une occasion qui, peut-être, ne devait pas se représenter de long-temps.

Ainsi en arrive-t-il de toutes nos espérances. Les plus vives, les plus probables sont celles que trompe le plus souvent l'événement. Elles ne nous laissent pour résultat que d'inutiles regrets, et une triste humiliation.

LETTRE XXXIV.

12 juin 17 —.

Vers cette époque, mourut le célèbre poëte Thompson. Sa mort sembla consterner toutes les ames sensibles. Ce n'étaient pas seulement de grands talens dont on déplorait la perte; c'était l'homme estimable et bon que l'on regrettait. Des mœurs douces, une philantropie éclairée, toutes les qualités qui rendent un homme précieux à ses semblables, le faisaient chérir des personnes qui l'approchaient. L'intimité dans laquelle j'eus le bonheur de vivre avec lui est un des plus doux souvenirs que m'offre ma vie. Pour prix de l'amitié dont il m'honora, puissent ses mânes agréer les larmes que je paie à sa mémoire.

Lord Litletton et M. Quin, particulièrement liés avec cet aimable poëte, furent ceux qui le regrettèrent le plus. Après la première effusion de leur douleur, ils délibérèrent sur le moyen le plus efficace qu'ils pussent prendre pour honorer la cendre de leur ami. Sa générosité ne lui ayant pas laissé de quoi pourvoir à la subsistance de ses deux sœurs, ils crurent ne pouvoir rien faire de plus conforme à ses vœux que de leur ménager une ressource; témoignage d'affection plus flatteur, sans doute, pour la mémoire d'un homme estimable, et plus propre à consoler son ombre, s'il lui reste avec nous quelques rapports, que la pompe des obsèques, ou la magnificence d'un mausolée.

Thompson, dans les derniers temps de sa vie, avait fait des changemens au Coriolan de Shakespeare. Le manuscrit de cette tragédie corrigée, était entre les mains de M. Quin; il pensa que la représentation de cette pièce servirait utilement au but qu'on se proposait. On convint de la donner; elle fut sur-le-champ mise à la répétition. Mistriss Woffington et moi, fûmes chargées des rôles de la mère et de la fille: lord Litletton composa le prologue suivant, que M. Quin prononça (1).

---

(1) J'ai cru pouvoir imiter en entier ce morceau qu'on trouverait difficilement ailleurs. (*Note du traducteur.*)

« Je ne viens point implorer votre indul-
» gence pour un ouvrage dont l'auteur n'est
» plus; il n'a pas besoin que personne cher-
» che à vous intéresser à lui; chacun de vous
» lui servira de protecteur. Sa bienveillance
» ne se renferma point dans l'enceinte d'une
» secte ou d'un parti; elle embrassait l'espèce
» humaine. Il eut des amis.... (Ah! pardonnez
» aux larmes que ce mot me fait répandre!
» Je sens ici que ce n'est pas l'acteur qui
» vous parle.) Il les aima d'une affection si
» tendre, si pure, si désintéressée! Son ami-
» tié était si généreuse! son zèle si constant!
» N'en croyez pas nos faibles expressions;
» rapportez-vous-en à nos pleurs. O vérité!
» ô fidélité sans tache! caractère ferme avec
» douceur et noble avec simplicité! tendre
» intérêt au bonheur d'autrui! où trouverez-
» vous, pour l'habiter, un cœur pareil au
» sien? Tel fut l'homme! Quant au poëte,
» vous le connaissez; souvent il a ému vos
» cœurs par le récit de quelque touchante
» infortune; souvent, dans cette salle remplie,
» vous l'entendîtes donner des leçons de la
» vertu la plus pure; car sa chaste muse n'a
» fait résonner sa lyre que pour inspirer de

» nobles sentimens. Jamais une idée vile, ja-
» mais une immorale pensée n'ont souillé sa
» belle ame; jamais n'est sorti de sa plume
» un vers qu'en mourant il ait pu désirer
» d'effacer.

» Puisse aujourd'hui votre suffrage, aux
» ornemens de sa tombe, ajouter un nouveau
» laurier! Désormais, supérieur au blâme
» comme à la louange, il n'entend plus le
» vain bruit de la renommée. Mais si des êtres
» qui lui furent chers, auxquels, d'une main
» libérale et d'un cœur généreux, il partagea
» les bienfaits d'une modique fortune; si ces
» personnes qui l'aimèrent, et que sa mort
» prive des soins d'une pieuse affection, doi-
» vent à vos bontés ce que sa tendresse ne
» peut plus leur donner, quelque plaisir peut-
» être pourra, dans le céleste séjour, parvenir
» encore à son ame immortelle. »

La pièce fut représentée avec le plus grand succès. M. Quin y répandit de véritables pleurs : à en juger par le ton cinique qu'affectait cet acteur, et par la sévérité de son visage, on ne devait pas le croire doué d'une aussi grande sensibilité. L'émotion qu'il témoigna n'en fut que plus touchante; elle se communiqua aux spectateurs qui, par un attendrissement sympathique, montrèrent à M. Quin la considération qu'ils avaient pour son ami.

Le carême approchant, j'avais plus de temps de reste, et par conséquent plus d'occasions de voir M. Metham, ou de recevoir de ses nouvelles. Tous les mercredis et vendredis, il venait à la chapelle du comte de Haslang où je le rencontrais. J'avais en lui une telle confiance, que si par hasard il était malade, je ne craignais point d'aller chez lui. Je n'eus point lieu de me repentir de ma bonne foi; car jamais il ne tenta même de m'embrasser. Tant de respect, mêlé à une vive tendresse, ajoutait au penchant que je me sentais pour lui; et ce qui, d'abord, n'était qu'une préférence, devint un sentiment fondé sur l'estime et l'amitié. Aimables souvenirs ! époque la plus heureuse peut-être de la vie ! une innocente familiarité s'établit peu à peu, non troublée par les craintes auxquelles nous instruit l'expérience, non souillée par cette satiété qu'entraînent à leur suite des plaisirs plus vifs : la jeunesse, la gaieté, un riant espoir, sèment de précieuses illusions, ce court passage que l'on regrettera quelque jour au milieu des jouissances les plus désirées.

Lord Tyrawley me continuait ses visites; et pour m'aider à le recevoir convenablement, il partageait, en général, avec moi le contenu de sa bourse toutes les fois qu'il venait me voir. Sa générosité, et les profits que faisait ma mère sur son commerce de toiles, ne nous laissant point manquer d'argent, ma mère n'avait encore rien fait demander au théâtre sur mon traitement, qu'elle croyait réglé à dix livres par semaine. Ayant un jour quelque remise à faire en Irlande, elle écrivit au caissier pour le prier de nous faire passer ce qui m'était dû. Mais, au lieu de recevoir la somme sur laquelle elle comptait, elle n'en reçut juste que la moitié.

Irritée de la mauvaise foi du directeur, elle voulait que je ne jouasse plus du tout, et peut-être n'était-elle pas fâchée d'avoir ce prétexte pour me faire quitter le théâtre. Ce moyen eût facilité son plan favori, celui de me faire épouser M. Crump. Elle renvoya donc l'argent, et, comptant sur ma fierté offensée, elle se tint pour sûre de réussir dans ce qu'elle avait depuis si long-temps entrepris. En vain miss O'Hara, qui connaissait mes sentimens, voulut la détourner d'un projet pour lequel j'avais tant de répugnance. Ma mère était aussi entêtée que sa fille. Cependant je trouvai, pour mon malheur, le moyen de faire échouer ses combinaisons.

La passion qui m'unissait à M. Metham était telle que je le regardais désormais comme mon futur mari. Je ne faisais point de scrupule d'accepter les présens qu'il m'offrait sans cesse. Ma mère en faisait honneur au lord Tyrawley. Mais l'œil de la jalousie, plus clairvoyant que la sollicitude maternelle, en découvrit la source. On ne manqua pas de la supposer criminelle. J'ignorais des calomnies que j'eusse méprisées; mais elles firent des progrès. Mistriss Woffington, qui avait contribué à les répandre, craignant que ma retraite, à l'instant des bénéfices, ne nuisit à toute la troupe, me fit presser de rester. M. Quin, que je consultai, m'y engagea. L'un des motifs auxquels je cédai, fut l'intérêt que m'avaient témoigné le prince et la princesse de Galles, et qui semblait m'imposer l'obligation de jouer jusqu'à la fin de la saison.

LETTRE XXXV.

21 juillet 17. —

Lord Tyrawley étant venu le même soir souper avec moi, je lui appris l'injustice qu'on m'avait faite; il parut mécontent de ce que je ne quittais pas le théâtre, suivant ma première résolution. Mylord, quoique réconcilié avec moi, et dépensant avec profusion, plus même que ne lui produisaient des places considérables, n'avait encore rien fait pour assurer mon sort, et je ne pus m'empêcher de lui observer que rien ne s'offrait pour me dédommager de la profession qu'il me conseillait d'abandonner. Je regardais l'affront que je venais de recevoir comme très-grand pour ma position; j'étais surprise de le voir si indifférent sur ce point.

Au bout de quelques minutes, j'eus l'explication du mystère. Mylord, me regardant avec bonté, me dit : « Pop, vous ne m'aimez » pas autant que vous faisiez il y a quelques

» semaines. » L'accusation était fondée; je rougis, et je gardai le silence. Que ne parlez-vous? continua-t-il. Si vous avez donné votre cœur à quelqu'un qui le mérite, je lui donnerai votre main; je croyais, je vous l'avoue, que vous m'aimiez assez pour me laisser faire ce choix.

Je conçus tout d'un coup ce que signifiait cette lettre de M. Crump que j'avais vue; la rature que j'y avais remarquée couvrait probablement le nom de Tyrawley. Rien, dis-je à mylord, ne pouvant me détourner de ma franchise, je ne faisais point difficulté de lui avouer que, tout en l'aimant beaucoup, j'avais pour une autre personne une forte inclination; mais je le priais de me dispenser de lui en nommer l'objet, jusqu'à ce que j'eusse bien sondé mon propre cœur.

Mylord avait entendu parler de l'aventure de la chaise, et de la lettre jetée dedans; il n'ignorait pas non plus que le père de M. Bullock avait déclaré que si son fils m'épousait il ne le verrait de sa vie. Sachant d'ailleurs qu'il ne pouvait me donner une fortune assez considérable pour déterminer ce vieillard en ma faveur, mylord me déclara avec serment (c'était la première fois que je l'entendais jurer, quoique militaire) que déjà il savait de qui je voulais parler; et que certes, jamais il ne consentirait à mon mariage avec cet homme.

M. Bullock et sa passion ne se présentant pas en ce moment à mon esprit, je fus persuadée que c'était contre M. Metham que mylord exprimait une si forte prévention; je restai interdite. Lord Tyrawley, pendant tout le reste de la soirée, parut de mauvaise humeur; pour la première fois, je le vis partir avec plaisir.

Le lendemain matin, je mandai à M. Metham qu'il m'était survenu une affliction très-vive, mais je ne lui en dis point le sujet. L'éloignement, que dans mon erreur je supposais à mylord pour l'homme que j'aimais, me le rendit mille fois plus cher qu'il ne m'avait été jusqu'alors. Un obstacle mis dans le chemin de l'amour, n'est qu'un aliment de plus offert à sa flamme.

Mon bénéfice devait avoir lieu dans peu de jours; les trois soirs précédens, je devais jouer pour ceux de M. Quin, de mistriss Woffington et de M. Ryan.

La duchesse de Queen'sberry, assistant au bénéfice de M. Quin, montra sa bienveillance pour moi d'une manière plus flatteuse qu'elle n'avait encore fait : avant la pièce, elle me pria de lui retenir des loges pour mon bénéfice. Comme je ne supposais pas que sa Grâce voulût bien être en ma faveur aussi généreuse qu'elle l'avait déjà été, et comme j'avais appris à mes dépens à me défier de son humeur capricieuse, je ne sus quel nombre de loges retenir. Je pensai donc qu'il valait mieux le laisser au hasard, que de courir les risques de l'offenser.

La duchesse ayant paru désirer de voir le foyer, qu'elle avait ouï dire l'emporter en esprit et en politesse sur beaucoup de salons, je lui demandai la permission de l'y accompagner quand la pièce serait finie, ce qu'elle voulut bien agréer. Aussitôt donc que j'eus fini le rôle d'Octavie, que je jouais dans *All for Love,* et qui se terminait au quatrième acte, je jetai sur moi un manteau, et j'allai dans la loge sur le théâtre, trouver sa Grâce, qui m'invita à m'asseoir derrière elle.

Une position si remarquable, près d'une femme que son rang et ses rares qualités faisaient considérer comme une des premières personnes du royaume, attira les regards de tous les spectateurs. M. Quin m'a dit depuis que, quoique bien instruit de la bienveillance qu'avait pour moi la duchesse, il n'avait jamais été plus agréablement surpris que de me voir là. Lorsque sa Grâce sortit de la loge, il s'éleva un applaudissement général. La duchesse était encore sensible à ces témoignages d'intérêt public; celui-ci l'eût renvoyée satisfaite et de bonne humeur, si sa curiosité ne l'eût conduite à une scène propre à lui faire une impression d'un tout autre genre. Je l'avais fait passer derrière les coulisses. Plusieurs personnes de qualité étaient dans l'usage de venir, après la pièce, dans le foyer, et de s'y amuser devant la cheminée, à jouer à croix ou pile, petit jeu auquel il se perdait ou se gagnait quelquefois des mille livres dans une soirée. Je croyais tous les acteurs partis, et je m'attendais à n'y trouver que de ces spectateurs distingués; mais lorsque j'ouvris la porte, le premier objet qui frappa notre vue fut la belle reine d'Égypte (mistriss Woffington, qui venait de jouer ce rôle) tenant à la main un pot de bière, et criant : Périssent tous les rangs ; et vive la liberté ! La table était entourée d'une société analogue, et servie d'un plat de pieds de moutons.

La duchesse était entrée d'un air très-gai, et avec toute la dignité d'une femme de la cour. Jugez de la surprise que dut lui causer un tableau si contraire à celui qu'elle s'attendait à rencontrer, et de l'idée que dut lui donner cet échantillon de la politesse et du bon ton d'un foyer. Je n'étais guère moins confuse. Après un moment de silence, elle s'écria : Eh ! mais, l'enfer est-il déchaîné ? Puis, sortant à la hâte, elle courut, plus morte que vive, trouver sa chaise. En me quittant elle me recommanda bien de ne jamais entrer dans cette chambre, et me pria de l'aller voir le lendemain matin.

Le jour suivant, elle me reçut avec politesse ; mais il y avait dans son maintien je ne sais quel air peu flatteur. Elle me demanda si je vivais avec les acteurs, nous traitant, ce me semble, comme des espèces de Bohémiens, et supposant que, dans nos retraites les plus privées, nous n'étions séparés les uns des autres que par quelque couverture. J'osai lui en faire l'observation, et j'essayai de justifier notre art et ceux qui le cultivent; mais je vis que ma rhétorique faisait peu d'impression sur l'esprit de la duchesse, encore révoltée de ce qu'elle avait vu la veille (1).

Mon digne ami, M. Quin, choisit pour mon bénéfice *the Double Dealer,* pièce remplie d'esprit, mais susceptible de quelques reproches de légèreté, pour ne rien dire de plus. Les dames qui, à mon premier bénéfice, m'avaient honorée de leur présence, et que l'on comptait parmi les plus vertueuses personnes du royaume, remplirent ce jour-là les loges. Une distinction si obligeante me

---

(1) Une autre anecdote, racontée un peu longuement par mistriss Bellamy, fera connaître sous un nouveau jour le caractère fantasque et absolu de la duchesse. Elle avait pour femme de chambre une mistriss Hyliard qu'elle paraissait aimer beaucoup. Un jour après l'avoir quelque temps regardée fixement, elle lui dit que si elle ne consentait pas à faire sur-le-champ quelque chose qu'elle voulait lui commander, elle allait la renvoyer. La pauvre femme promet bien vite d'obéir, et demande ce que l'on veut d'elle : il fallait qu'elle fît arracher ses dents de devant. Elle a beau remontrer, prier, protester; la duchesse s'obstine. Enfin, la femme de chambre en fut quitte pour deux dents, l'une d'en haut et l'autre d'en bas. « Ce sont là jeux de princes, » dit quelque part Lafontaine.

(*Note du traducteur.*)

flatta d'autant plus que lord Tyrawley, pour la première fois, parut jouir des suffrages que m'accordait le public.

Le produit de cette représentation fut moins considérable que celui de mon premier bénéfice. D'une part, on ne me regardait plus comme une débutante, et l'on ne croyait pas aussi nécessaire de m'encourager; de l'autre, les hommes qui m'eussent montré le plus de galanterie étaient écartés par l'opinion devenue publique, que M. Metham était amant heureux. Ainsi se trompe quelquefois ce public, juge mal instruit, et arbitre, souvent aveugle, de nos destinées.

J'ai maintenant à vous rendre compte de la première démarche que j'aie vraiment à me reprocher. Jusqu'ici, souvent imprudente, jamais, du moins, je n'avais justifié les discours de l'envie. Que ne puis-je en dire autant pour ce qui me reste à vous raconter!

LETTRE XXXVI.

2 août 17 —.

Quelques jours après mon bénéfice, lord Tyrawley entra en souriant dans ma chambre, et me dit d'un air satisfait : Pop, je vous ai trouvé un mari. — En ce cas, mylord, je me flatte que vous avez deviné mon choix. Je n'eus pas plutôt achevé ces mots, que le visage de mylord s'obscurcit. Avec un regard tel, je suppose, qu'il l'eût lancé à un ennemi prêt à le combattre, il jeta une lettre sur la table, en me disant : Lisez ceci ; j'ai donné ma parole ; pour le monde entier, je ne voudrais pas y manquer : ainsi point de réplique, car je veux être obéi. Il sortit sur-le-champ, me laissant à loisir parcourir la lettre.

Si mylord, avec le même empire, m'eût offert l'homme que j'aimais, je crois véritablement que je l'eusse refusé. Mon caractère ne peut supporter la contrainte : l'obéissance, en certain cas, me paraît un devoir ; mais à moins qu'on ne l'exige avec douceur, il m'est impossible d'y plier mon caractère. La lettre que m'avait laissée mylord, était de Crump : je vis, en la lisant, que tout avait été arrangé pour mon mariage avant que lord Tyrawley eût quitté Dublin. Crump lui mandait qu'il arriverait le lendemain à Londres, et qu'il espérait le voir chez moi : il avait, ajouta-t-il, remis sa lettre au capitaine Johnson, qui avait paru fort affligé de perdre l'agence de mylord ; mais il avait trouvé juste la circonstance qui la lui enlevait.

Je voulais d'abord aller féliciter ma mère sur le succès de ses projets; mais je pensai qu'il valait mieux dissimuler jusqu'à ce que j'eusse instruit M. Metham. Une lettre que j'écrivis à l'instant à celui-ci, ne lui laissa plus aucun doute sur l'état de mon cœur : depuis long-temps, je lui avais donné lieu de croire qu'il le possédait ; mais jamais je ne lui en avais fait explicitement l'aveu.

La joie qu'il en ressentit tempéra d'abord, et finit par irriter son indignation. Quant à moi, la colère suspendait mes larmes ; j'étais dans une disposition tout-à-fait assortie au rôle de *Lady Fanciful* (lady Capricieuse), que je devais jouer le même soir dans *the Provôked wife* (la Femme provoquée). La présence de M. Crump, que j'aperçus aux premières loges, n'était pas propre à m'adoucir.

Le pauvre Metham était dans la coulisse, défait et consterné, comme si, au lieu d'être l'amant préféré, il eût été éconduit. Le moment approchait où devait se décider le destin de ma vie; le dez était jeté, et c'était de mon bonheur qu'il allait résoudre. Le souvenir de ce moment fait encore palpiter mon cœur. Au commencement du cinquième acte, je traversais derrière la toile pour gagner le côté opposé du théâtre : M. Metham me rencontre, et me prie en grâce de permettre qu'il me dise quelques mots dans la grande salle. Comme le souffleur ne sonne, pour faire cesser la musique, que lorsqu'il voit prêts tous les acteurs qui doivent commencer l'acte, je consentis à l'écouter un moment; mais je n'eus pas plutôt passé la porte, qu'il me saisit entre ses bras, et traversant rapidement le passage, me porta dans une voiture que son domestique tenait prête à cet effet. Je fus d'abord si surprise, que je savais à peine ce qui se passait : lorsque je pus me reconnaître, je sentis que l'amour excusait le ravisseur, et je ne pus trouver dans mon cœur ni résistance ni colère. Le coupable n'avait pas compté sur tant d'indulgence. Tremblant et pâle, il attendait les expressions de mon ressentiment : d'autres transports le saisirent en voyant qu'il ne recevait que celles de ma tendresse.

La voiture nous conduisit à une maison meublée dans Leicester-Street, dont la maîtresse, mistriss Studwick, me prêta quelques vêtemens. J'ai appris depuis qu'au théâtre les spectateurs, ennuyés de la longueur de l'entr'acte, avaient témoigné leur impatience de la manière ordinaire. Le bruit avait fait sortir de sa loge M. Quin. On appelait de tous côtés lady Fanciful ; elle ne se trouvait point. On sut alors qu'un véritable enlèvement, si l'on peut donner ce nom à un départ sans contrainte, ne permettait pas de continuer la pièce. Il n'était plus question que d'en instruire le public : c'est ce que fit M. Quin, qui jouait le rôle de *Sir John-Brute*, en apprenant aux spectateurs que lady *Fanciful* venait de quitter *Heart-Free* pour un amant *fait tout exprès pour elle* (1).

Mille sentimens contraires, qui se partageaient mon cœur, écartèrent, pendant quelque temps, toutes réflexions. Elles vinrent enfin amères et confuses. Tantôt je blâmais ma faiblesse, tantôt je me reprochais le moindre doute sur la loyauté de mon amant. Les journaux ne tardèrent pas à publier l'aventure qui, grâce aux propos antérieurs de mistriss Woffington, ne causa pas une grande surprise.

Je ne devais plus songer à regagner les bonnes grâces de lord Tyrawley. Attaché depuis peu au char de ma rivale, il avait reçu d'elle de nouvelles préventions, et était moins disposé que jamais à la clémence.

M. Metham était désormais convaincu de mon attachement. Le sien sembla s'en augmenter : il me présenta à sa sœur, mistriss Dives, et à tous ses amis. Ses égards pour moi, son extrême tendresse, ne permettaient à personne de douter qu'il n'eût le projet de m'épouser.

---

(1) Expression de lady Fanciful dans la première scène.

Ma mère, de chrétienne *pure*, était devenue *méthodiste*. Dans l'austérité de sa régénération, elle était trop sainte pour me pardonner une pareille faute. J'écrivis à miss O'Hara qui, sur-le-champ, m'envoya mes vêtemens et mes bijoux. Mais ma mère, supposant que le protecteur que je venais de choisir ne me laisserait pas manquer d'argent, garda prudemment le mien, pour se consoler de mon absence. J'imaginais que mon départ me vaudrait un beau-père; cependant M. Crump retourna sans femme en Irlande, et le capitaine Johnson resta l'agent de lord Tyrawley.

M. Quin n'avait jamais approuvé le projet qu'avait mylord de me marier avec M. Crump; mais celui-ci, jugeant des motifs de son ami par sa propre conduite, lui avait fait entendre qu'il le soupçonnait de prendre à moi un intérêt personnel; observation qui avait fermé la bouche à cet homme respectable. Il me manda que, par égard pour mylord, il ne pouvait me voir en ce moment; mais qu'il viendrait me faire une visite en Yorkshire, où il supposait que nous irions dans l'automne.

Je voyais plus souvent que jamais mon aimable amie miss Saint-Léger; elle recevait en secret des soins du major Burton, intime ami de M. Metham : elle m'honorait d'autant plus volontiers de sa société, que, suivant ce que lui avait dit le major, M. Metham était très-décidé à m'épouser, assurance qui contribua beaucoup à me tranquilliser : je fondais d'ailleurs mes espérances sur la haute idée que j'avais conçue de l'honneur de M. Metham; mais malheureusement je ne connaissais pas son humeur capricieuse. La femme imprudente qui confie son sort à la probité d'un amant, n'a pas seulement à craindre sa perfidie ; elle court toutes les chances de la légéreté, de la mauvaise honte. « Jupiter, » ont dit les hommes, se rit des parjures des » amans. »

LETTRE XXXVII.

15 août 17 —.

Au bout de quelque temps, nous allâmes à Yorck. M. Metham y prit une jolie maison, dont le jardin joignait à un monastère. Je trouvai dans ce voisinage une distraction qui m'était nécessaire ; car mon amant, quoique plus tendre que jamais, avait tant de liaisons, d'amis et de parens, que je le voyais fort peu. Le chapelain du monastère, avec qui j'avais fait connaissance, me présenta aux dames de la maison. Bientôt notre société devint intime ; une piété douce, une gaieté calme, régnaient dans leurs entretiens, et me consolaient des fréquentes absences de M. Metham. Il partageait son temps entre son père, qui demeurait à quarante milles de nous, le marquis de Rockingham, les comtes de Burlington et de Scarborough, et le lord Downe : la chasse en prenait une partie ; de manière que dans les sept mois que nous demeurâmes à Yorck, il ne resta pas, à tout prendre, plus de sept semaines avec moi.

Le 4 décembre, je sentis des indispositions qui m'annonçaient un prochain accouchement. On envoya chercher M. Metham, qui voulait que je fisse venir un accoucheur; je m'y refusai par une modestie mal placée, qui pensa me coûter la vie : il fallut, après beaucoup de souffrances, recourir au secours que j'avais refusé.

Le onzième jour de ma maladie, je mis au monde mon bien aimé fils George Metham : la mort qui, depuis, me l'a enlevé, m'a privée d'un bon fils, d'un tendre ami ; elle a interdit à ma vieillesse l'espoir d'un appui trop nécessaire.

M. Metham, tant que je fus en danger, montra la plus grande inquiétude : à mon insu, il avait écrit à ma mère qui sur-le-champ vint à Yorck. Elle n'y laissa pas un moment de repos à M. Metham, qu'il ne lui eût promis de m'épouser ; et comme il était parfaitement connu pour homme d'honneur, satisfaite de sa déclaration, elle se réconcilia avec moi : transportant alors toute sa tendresse à mon enfant, elle conçut pour lui un attachement dont elle n'a cessé de lui donner des preuves.

LETTRE XXXVIII.

24 août 17 —.

Je reçus, alors, une lettre de M. Quin, qui, s'excusant de n'avoir pu venir me voir dans l'automne, m'invitait à me rendre promptement à Londres. Il m'y avait procuré un engagement, à raison de 7 liv. par semaine, avec un bénéfice net de frais. Mon traitement devait commencer à l'ouverture du théâtre.

M. Metham, qui, depuis ma maladie, était resté à la maison, commençait à trouver Yorck fort triste. Soupirant après les plaisirs de Londres, il m'invita à accepter la proposition. J'employai tous les efforts de la raison pour obtenir de lui qu'il me laissât dans une retraite où j'étais si heureuse. Je pouvais y vivre dans l'aisance, à très-peu de frais. Quoique, jusqu'à notre arrivée à Yorck, je ne me fusse jamais occupée des détails d'une maison, j'avais fait, depuis mon séjour en province, de grands progrès dans cette science. J'étais devenue si économe, que nous ne dépensions pas plus de trois guinées par semaine. Ni mes raisons, ni l'empire que je croyais avoir sur son cœur, ne purent le détourner de son projet. Heureuse, ainsi que lui, si je l'avais emporté ! Mais le sort en avait autrement décidé : j'étais réservée à des peines dont je n'eusse pu, alors, supporter la seule perspective. Ce voile, qui enveloppe l'avenir, n'est pas le moindre des bienfaits de la Providence : elle dérobe ainsi aux mortels la vue des maux auxquels ils sont destinés, et leur donne la force de souffrir ceux qu'ils n'auraient pas eu d'avance le courage d'envisager.

Retenue par les suites de ma maladie, nous ne partîmes qu'au commencement de février. Une maison meublée nous attendait. J'y trouvai deux ou trois billets de M. Quin. Aussitôt qu'il sut mon arrivée, il me vint voir : il avait, me dit-il, le plus grand plaisir à m'apprendre que, depuis l'annonce de mon retour, on avait fait de fréquentes questions sur mon arrivée, et que les loges étaient retenues pour plusieurs jours. Il était fâché, ajouta-t-il, d'être convenu pour moi d'un prix qui, dans le temps, lui avait paru avantageux. L'empressement de me voir, que témoignait le public, lui faisait présumer que j'eusse pu faire à mon gré mes conditions. Il m'apprit aussi que lord Tyrawley était en Irlande. Cette nouvelle me fit plaisir, parce que je n'avais aucun espoir d'obtenir de lui mon pardon. Mylord avait déclaré à M. Quin, que, quand même M. Metham m'épouserait, il ne pourrait se réconcilier avec lui, quoique, peut-être, il pût un jour me pardonner. Je connaissais le caractère de mylord, et je ne songeais point à toucher son inflexibilité.

Mon succès, lorsque je reparus sur la scène, surpassa tout ce que M. Quin lui-même m'avait donné lieu d'espérer. La belle mistriss Woffington qui, depuis peu, avait quitté le cothurne pour le brodequin, ne vit point sans envie que la faveur publique ne m'avait pas abandonnée.

J'étais obligée de jouer très-souvent. Ma santé, mal rétablie, parut succomber à mes fatigues. Je fus menacée d'une consomption que prévinrent les soins du docteur Thompson, médecin sans grades qui, plus recherché que considéré, passait, parmi les médecins, pour peu instruit, et, parmi les gens du monde, pour faire beaucoup plus de cures qu'il n'avait fait d'études.

M. Rich mit alors au théâtre une pantomime qu'il appelait *the Fair*, la plus mauvaise pièce de ce genre qu'il eût jamais faite. Il y introduisit un célèbre danseur de corde, innovation qui déplut extrêmement à M. Quin. C'était, disait-il, déshonorer un grand théâtre que de l'assimiler à des tréteaux de baladins; il déclara même que, si cela avait lieu, il ne paraîtrait pas dans la pièce qui précéderait la pantomime. M. Rich, comme je l'ai dit, était le plus entêté des hommes, lorsqu'une fois il pouvait prendre sur lui de vouloir quelque chose. Il s'obstina, et l'on prépara la pantomime.

Pour faire sa cour à M. Quin qui n'avait pas encore rompu ouvertement avec elle, mistriss Woffington refusa aussi de jouer. Son refus parut d'autant plus étrange qu'elle avait, disait-on, dans son enfance, servi de *contrepoids* à madame Violante, la première danseuse de corde qui ait paru en Irlande.

M. Rich craignit que je ne suivisse ces deux exemples. Mais je le rassurai à cet égard, et je lui conseillai de remettre en même temps au théâtre, *Roméo et Juliette,* corrigée par M. Shéridan, d'après le *Caius Marius* d'Otway. M. Rich prit ce parti, qui lui réussit; de manière que la pièce eut plusieurs représentations. Il désira que je parusse sur le théâtre dans la pantomime, j'y consentis; et je n'ai jamais reçu, dans aucun rôle, autant d'applaudissemens. Le public, en me témoignant ainsi son approbation, fit implicitement connaître aux deux acteurs qui avaient refusé de prendre part à la pantomime, ce qu'il pensait de leur conduite. Mistriss Woffington, à cette époque, ayant manqué d'égards pour M. Quin, se brouilla avec lui, et partit pour Dublin. Sa beauté suffisait pour lui garantir des succès dans cette capitale.

LETTRE XXXIX.

31 août 17 —.

Mon bénéfice approchant, je reçus de miss Conway une invitation de me rendre le lendemain à Leicesterhouse, le prince et la princesse de Galles se proposant de m'indiquer la pièce qu'ils désiraient que je choisisse pour ma représentation. Je m'empressai d'aller recevoir des ordres si flatteurs.

La pièce qu'avaient choisie leurs Altesses, était *le Siége de Damas* (1), dans laquelle M. Quin jouait, avec une grande distinction, le rôle de Caled. Malheureusement le prince

---

(1) *The Siege of Damascus*, tragédie en cinq actes, de J. Hughes. Le sujet est le siége de Damas fait par les Sarrasins en 1634 : cette pièce est très-estimée ; elle ne se joue cependant guère qu'une fois par hiver, et ordinairement on choisit pour la donner l'époque des bénéfices. John Hughes, auteur de cette tragédie, mourut le jour même de sa première représentation, le 17 février 1720.

(*Note du traducteur.*)

tomba malade, et mourut avant le jour désigné pour la représentation. Le théâtre, pendant quelque temps, fut fermé, et l'on ajourna les bénéfices.

M. Metham prenait, de jour en jour, plus de goût pour le jeu. Mon assiduité au théâtre, l'empêchant de rester à la maison, lui donnait de fréquentes occasions de se livrer à ce penchant. A la fin de l'hiver, je pris une petite maison dans un faubourg, et il alla en Yorkshire, où était restée ma mère avec mon petit George. En son absence, un de ses amis, M. Brudenell, avait la complaisance de me donner l'argent dont j'avais besoin. Il m'en fallait peu; je ne voyais presque personne.

M. Metham ayant eu, dans son voyage, plus de succès au jeu qu'il n'en avait espéré, revint de bonne heure à la ville, et loua, dans le quartier de la cour, une grande maison; il se donna, de suite, un équipage, un train de vie que n'eût pas comporté une fortune double de la sienne. Notre maison devint bientôt le rendez-vous de tous les jeunes gens à la mode : et comme j'étais reçue dans la famille de mistriss Dives, les dames que j'avais connues avant ma liaison avec M. Metham, ne firent point difficulté de continuer à me voir.

Ce fut alors qu'une élection balancée entre lord Trentham et sir George Vandeput, donna lieu à des contestations soutenues avec plus d'esprit de parti qu'on n'en avait encore vu. Une troupe de comédiens français étant venue, dans le même temps, jouer au petit théâtre de Hay-market, la protection que mylord leur donna excita le peuple contre lui. Ce motif rendit l'opposition plus vive et plus longue qu'elle n'eût été. Je prenais, ainsi que tous mes amis, au succès de mylord un intérêt aussi vif que si les destinées de la nation eussent dépendu de ce choix ; j'envoyais à chaque demi-heure savoir des nouvelles du scrutin. Je donnai, à cette occasion, des déjeuners publics ; et quoique je n'eusse, ce me semble, jamais vu lord Trentham, je sollicitais pour lui, comme si j'eusse été son intime amie.

Combien de gens, en des cas semblables, sont conduits par des motifs aussi peu réfléchis ! Égarés par quelques amis intéressés, influencés par l'exemple, par la mode, ils entrent dans ces contestations ; et, dès-lors, il n'est plus question ni de modération, ni de raisonnement : la prévention dénoue tous les liens de la société ; les amis les plus chers, s'ils diffèrent d'opinion ne se reconnaissent plus. Un ruban d'une certaine couleur donne sur-le-champ, à celui qui le porte, la plus mauvaise réputation : jamais peut-être on ne l'entendit nommer ; n'importe, il mérite les galères, la potence, le bûcher. De ces rivalités naissent la débauche, le tumulte, les querelles, les duels, quelquefois l'assassinat : et tout cela, pourquoi ? pour le choix d'un représentant qui, de l'instant où l'élection est finie, ne se soucie ni de vous, ni de tous les vôtres ; qui, sitôt qu'il a mis le pied dans la chapelle de Saint-Étienne, abandonne la cause même que vous souteniez avec tant de chaleur. Il est sans doute un zèle avoué par la raison : mais elle réprouve ces emportemens frivoles ; et comme je m'en reconnais coupable, je ne crains pas de les condamner dans les autres.

Pendant cette élection un incident eut lieu, qui, peut-être, pourra vous amuser. M. Saint-Léger, dont je vous ai précédemment parlé, et qui s'était conduit en plein théâtre d'une manière si peu circonspecte à mon égard, arrivait de ses voyages, et vint un matin pour me voir. Avec du bon sens, une taille avantageuse, et une belle figure, il avait dans les manières une certaine fatuité, que son séjour en pays étranger n'avait fait qu'augmenter. Impatiente dans tous mes désirs, je m'étais mise à la fenêtre, pour voir revenir l'émissaire qui devait m'apprendre l'état du scrutin. A l'extrémité de la rue, j'aperçois M. Saint-Léger, vêtu comme le beau Léandre ; il avait un surtout blanc avec un collet rouge, une veste à la française, ses cheveux en papillottes, et un couteau de chasse à son côté ; à son bouton pendait une petite canne, et deux lévriers le suivaient. Arrivé devant ma maison, et m'apercevant à la fenêtre, il me crie en français : Bonne nouvelle ! bonne nouvelle ! Des boueurs passaient avec leur tombereau ; ils s'arrêtent pour considérer ce personnage ; l'un d'eux, après l'avoir regardé avec attention, dit à l'autre : Tom, avise un peu M. Talons rouges. M. Saint-Léger, aussi brave et aussi fort qu'aucun homme qu'il y eût en Angleterre, n'eut pas plutôt entendu ce propos que, s'avançant vers l'homme, il le saisit, l'enleva, et tout d'un temps le jeta dans sa charrette. Il vint ensuite nous joindre avec un sang-froid qui ne nous divertit pas moins que son action.

La nouvelle qu'il nous apportait, était le résultat tant désiré de l'élection. J'appris de lui que la mauvaise santé de sa sœur l'avait obligée d'aller au midi de la France, où lord et lady Doneraile l'avaient accompagnée. Ce fut pour moi un grand chagrin : j'avais espéré que le docteur Thompson, qui m'avait si heureusement rendu la vie, pourrait traiter avec le même succès miss Saint-Léger; mais ce médecin, affligé de la mort de son protecteur, M. Winnington, chez lequel il était logé, et de l'avantage que donnait à ses ennemis cet événement, était mort lui-même peu de temps après.

LETTRE XL.

27 septembre 17 —.

La dépense dans laquelle s'était jeté M. Metham l'avait beaucoup dérangé; il fut obligé de retourner à Yorck. Il m'avait fait connaître un Français fort aimable, nommé le marquis de Verneuil, ainsi que madame Brillant, actrice de la troupe, qu'avait amenée de France M. Monnet, et que le peuple avait si maltraitée.

Le goût de la dépense m'avait gagnée; ne pensant pas que je n'avais nul droit à rivaliser en ce genre avec les gens riches que je voyais, je me livrais à ce dangereux penchant. Je pris une maison à Richmond; l'un de mes motifs était que lord Tyrawley, revenu depuis peu en Angleterre, habitait dans ce joli village. Malgré son inflexibilité connue, j'avais de temps en temps quelque espoir de réveiller en lui l'intérêt qu'autrefois il m'avait témoigné. Je m'en flattais d'autant plus, que

M. Metham était absent. Sa nièce et ses deux neveux demeuraient avec moi, et cet arrangement semblait prouver que, s'il n'était pas mon époux, il se proposait de le devenir.

Les comédiens français, d'après le peu d'encouragement qu'ils avaient reçu, étaient si gênés qu'ils avaient à peine de quoi subsister. J'ouvris pour eux une souscription, qui produisit une somme assez considérable; mais par une suite de circonstances fâcheuses, madame Brillant restait dans le plus grand besoin; je lui offris dans ma maison de Londres un appartement, qu'elle accepta.

Peu de temps après mon arrivée à Richmond, j'eus le bonheur de me réconcilier avec lord Tyrawley. Ses bontés me furent d'autant plus utiles que, malgré un traitement avantageux, malgré un bénéfice très-lucratif, et la générosité sans bornes de M. Metham, je me trouvais souvent au dépourvu d'une guinée; position affligeante pour une personne dont le plus grand plaisir fut toujours de soulager les besoins des autres. C'était en moi un penchant naturel, auquel je ne cherchais point à résister. Aujourd'hui même, entourée de mille désagrémens, que m'a causés cette disposition indiscrète, loin de regretter de m'y être livrée, je bénis l'auteur de tous dons de m'avoir départi une portion de sa bienveillance.

Lord Tyrawley, auquel je présentai le marquis de Verneuil, fut très-content de sa société. Ma petite maison était toujours pleine de monde. Le marquis, un jour, proposa de louer la salle d'assemblée, pour y jouer quelques pièces françaises. Les deux miss Meredith, avec qui j'étais toujours liée, parlaient facilement le français, ainsi que deux dames qui, comme elles, demeuraient avec moi. Je fis venir madame Brillant, et en peu de temps nous fûmes en état de jouer Andromaque, Zaïre et Athalie.

Cette fantaisie ne laissa pas que d'être coûteuse; nous offrîmes à toute la bonne compagnie du pays, un repas composé de ce que la saison produisait de plus délicat. Il fallut tout faire venir de Londres, et j'étais aussi glorieuse de ma magnificence que si j'avais eu, pour la soutenir, toutes les richesses d'Athalie. Le marquis paya la salle, les lumières, la musique, le vin et les domestiques; je fournis les habits, les fruits, le thé, etc. Mais ce ne fut pas tout; car, pour terminer la fête, on me présenta, par manière d'épilogue, un mémoire par lequel je me trouvais devoir encore 300 livres.

Mais je dus me croire bien dédommagée de ces petits frais par les complimens de M. Monnet, qui m'assura que, si je voulais, l'été suivant, faire un voyage à Paris, non-seulement j'éclipserais les Dumesnil et les Gaussin, mais je pourrais plaire au grand monarque lui-même. Il me semblait, dans mon amour pour M. Metham, que le plaisir de faire une pareille conquête, pour la lui sacrifier, suffirait pour me consoler de toutes mes folles dépenses.

M. Metham avait eu de mauvaises chances. Il me manda qu'il ne pouvait plus garder notre maison de ville; son père, ajoutait-il, persistant à ne pas vouloir seconder ses folies, il ne savait quand il viendrait à Londres. M. Garrick, qu'il avait rencontré, avait fait l'éloge de mes talens, et paraissait désirer de m'avoir dans sa troupe; il m'invitait donc à prendre un logement provisoire jusqu'à ce qu'il pût, ainsi que le major Burton, qui était avec lui, trouver assez d'argent pour se libérer, et venir à Londres. De là, le major se proposait d'aller rejoindre en France miss Saint-Léger.

Je commençai, pour la première fois, à penser aux affaires d'argent. Je me trouvais fort endettée, et, quoique, étant mineure, je n'eusse point à craindre pour ma liberté, j'étais fort affligée de me voir demander de l'argent que je ne pouvais donner. Je n'avais plus rien à espérer de lord Tyrawley; il se préparait à se rendre à son gouvernement de Gibraltar : les besoins de cette place exigeaient sa présence; et quand même il fût resté en Angleterre, son goût pour la dépense l'eût mis hors d'état de pourvoir à la mienne.

Je pris à Londres une maison meublée, que je payai fort cher. Mon amant absent, mes amis malades, me rendaient importun le séjour de la ville. Je me mis en tête d'aller à Tunbridge, voir la terre qui avait appartenu à mon grand'père, M. Seal. Je fis donc retenir pour moi un logement au Mont-Sion, lieu qui, sans le mariage imprudent de ma grand'mère, aurait dû un jour m'appartenir.

J'avais souvent remarqué un assez joli enfant, couvert de haillons, qui servait un pauvre musicien en face de chez moi; je lui fis demander par ma femme de chambre s'il cherchait une place. Mourant de faim, et rongé de vermine, le jeune homme dit qu'il ne demandait pas mieux que de changer de condition; en conséquence je l'arrêtai; il était de Burges en Flandres; ce fut tout ce qu'on put savoir de son histoire. Il me montra beaucoup de zèle et d'attachement. Sa reconnaissance pour moi semblait tenir de l'adoration.

Déterminée à aller à Tunbridge, je pensai qu'il ne convenait pas à une personne de mon importance de voyager sans un équipage complet. Je partis avec ma femme de chambre, dans une voiture à six chevaux; mes deux domestiques, à cheval, m'accompagnaient; un Virgile à la main, je charmais l'ennui de la route. Ma vanité, toujours prête à se nourrir d'illusions, anticipait sur la gloire de la brillante conquête qui m'attendait en France, et sur le plaisir d'en faire hommage à l'amour.

LETTRE XLI.

13 septembre 17 —.

Je reçus, en arrivant aux eaux, une humiliation d'autant plus sensible, que mon amour-propre égaré l'avait moins prévue.

La première personne qui vint me voir, fut M. Saint-Léger. Son intimité avec M. Metham, et l'ancienneté de notre connaissance, avaient établi entre nous beaucoup d'aisance et de familiarité. Sitôt que je le vis entrer, je courus au-devant de lui pour le saluer, comme à mon ordinaire; mais je m'aperçus, qu'au lieu de m'aborder avec sa gaieté accoutumée, il avait un air froid et poli, dont sur-le-champ je lui demandai la raison. Il m'apprit, alors, qu'il recherchait en mariage miss Butler, avec qui, comme je l'ai dit, j'avais jadis été fort liée; et que, dans peu de jours, il espérait l'épouser. Sa visite avait pour objet une commission dont l'avait chargé la mère de cette jeune personne. Elle désirait, en me priant d'excuser cette question, que je lui fisse savoir si, réellement, j'étais, comme on le disait, mariée avec M. Metham. Si cela n'était pas, malgré toute l'affection qu'elle avait pour moi, ni elle, ni sa fille, ne pourraient me voir. Ceci, ajoutait M. Saint-Léger, m'occasionerait beaucoup de désagrémens dans les lieux d'assemblée : il s'y trouvait beaucoup de personnes de la bonne compagnie d'Irlande, qui m'avaient connue à Dublin chez mistriss Butler, et qui probablement suivraient son exemple.

Frappée, comme de la foudre, je vis tout-à-coup s'évanouir tous les songes de ma vanité. Je sentis à quel point m'avait dégradée une imprudente conduite, et combien, désormais, j'étais peu digne des bontés de la plus respectable des femmes. Après avoir remercié M. Saint-Léger de m'avoir épargné, par cette démarche, un affront public, je le priai d'offrir, tant à mistriss qu'à miss Butler, l'hommage de mon respect, ainsi que de ma reconnaissance. Mais je n'eusse pas mérité leur estime, si j'avais cherché à la conserver par un mensonge, et j'étais obligée d'avouer, qu'avec un espoir très-probable d'épouser M. Metham, je n'étais point encore sa femme. J'ajoutai que, ne pouvant me flatter de voir mistriss Butler, j'allais sur-le-champ quitter Tunbridge.

Vainement M. Saint-Léger chercha à m'en détourner, en me faisant espérer que ma franchise compenserait aux yeux de mistriss Butler l'irrégularité de ma conduite; mon parti était pris : la soirée me fournit de nouveaux motifs pour y tenir. Quelques amis, ayant su mon arrivée, vinrent me voir. Je voulais cacher l'impression de tristesse que m'avait laissée la conversation de M. Saint-Léger. Nous jouâmes; quand on se sépara, je trouvai que de deux cents et quelques livres que j'avais apportées, il ne me restait que douze guinées. Sur cela, il me fallait payer une semaine de loyer qui en emportait à peu près la moitié.

Le lendemain matin, je partis n'ayant plus qu'une demi-guinée. Mon courage était encore plus épuisé que ma bourse : je n'osais, dans mon humiliation, me rappeler toutes les chimères dont je m'étais bercée en venant. Ainsi finit cette course aux eaux de Tunbridge, où je m'étais promis tant d'amusement. En m'en retournant, je dînai à Bromley; mais lorsqu'on me présenta la carte, je fus obligée, pour la payer, d'avoir recours à ma femme de chambre, la bonne Obrien, qui, non contente de me soulager, entreprit de me consoler par la perspective de la gloire qui m'était promise pour l'été suivant. Le refus que je me proposais de faire d'un amant tel que le roi de France devait infailliblement me faire passer à jamais pour un modèle de vertu et de délicatesse. Je souris à cet avenir consolateur, dont la supposition me rendit un peu de gaieté. La vanité, comme ces corps flottans que le moindre poids pousse sous les eaux, se remontre bientôt à la surface.

Arrivée le même soir à ma demeure, en Frith-Street, je n'avais pas un schelling pour payer les quatre chevaux de trait que j'avais jugé à propos d'ajouter aux miens, non plus que les deux chevaux de selle qu'avaient montés mes gens. J'envoyai, sur-le-champ, chez M. Brudenell, qui ne quittait guère la ville, et qui m'envoya vingt guinées.

En attendant le retour de la personne qui était allée chez lui, la voiture était restée à la porte : Pierre, ce jeune Flamand que j'avais pris à mon service, la gardait. Deux hommes bien vêtus voient, en passant, ce brillant équipage, et l'un témoigne à l'autre quelque curiosité de savoir à qui il est. Il appartient à ma maîtresse, répond Pierre avec un air d'importance. En ce cas, lui répond-on, je voudrais bien savoir qui le paiera. Pierre, indigné, vint me dire, presque les larmes aux yeux, ce qu'avaient dit les deux passans.

Bon! dis-je en me moquant de lui, vous n'aviez qu'à répondre à ce monsieur que ce serait lui, si cela lui plaisait. Pierre redescend, et attendant toujours dans la rue, voit revenir les deux hommes, dont l'un répète la question. Pierre, alors, lui répond hardiment : C'est vous, monsieur. Très-volontiers, reprend celui-ci; et, sans cérémonie, tous deux montent dans la maison.

Je les vois entrer; c'étaient M. Fox et son commis M. Calcraft. Je fus, je l'avoue, très-surprise, n'ayant précédemment vu qu'une seule fois M. Fox. J'avais, il est vrai, été présentée à sa femme par les filles du comte d'Albermarle. Ces dames m'honoraient d'une bienveillance particulière, surtout feu lady Caroline et la marquise de Tavistock. Souffrez qu'ici j'offre quelques fleurs à la mémoire de ces deux chères et respectables personnes. La seconde, surtout, a des droits à une reconnaissance que je lui paie du plus profond de mon cœur. La dernière fois que j'eus le bonheur de la voir, elle me promit une retraite qui, avec l'avantage de me procurer une existence indépendante, m'eût permis de jouir de sa société toutes les fois que les devoirs de son rang ne l'eussent pas occupée. Lorsqu'elle me fit cette promesse, elle se portait à merveille; et cependant un secret pressentiment m'avertit que je ne la reverrais plus. Je ne prétends pas expliquer ces avis intérieurs qui rarement m'ont trompée sur l'avenir; mais que les personnes attentives à se rendre compte de leurs sensations, nous disent, si souvent elles n'ont pas trouvé, dans leur ame attristée, le sentiment involontaire de cette triste prévoyance.

LETTRE XLII.

26 septembre 17 —.

M. Fox, en entrant, me dit qu'il espérait que la bizarrerie de l'aventure et une tentation qu'il n'avait pu vaincre lui serviraient d'excuse. Celui qui l'accompagnait avait un air gauche et craintif que je ne remarquai pas, mais qu'observa Obrien qui se trouvait dans la chambre. Le messager que j'avais dépêché à M. Brudenell, revenant alors, les chevaux furent payés et renvoyés. Précisément dans le même moment, le général Wall et le comte Haslang, étant venus à passer, et voyant chez moi de la lumière, entrèrent pour me voir. La conversation devint générale.

M. Fox, avant de sortir, me pria de trouver bon qu'il vînt me voir quelquefois. Il se trouvait pour lors à la ville, et souvent seul, parce que lady Caroline, à cause de sa santé, couchait ordinairement à la campagne. Je ne connaissais pas alors toutes les vertus de ce grand et estimable homme, sans quoi j'aurais agréé son offre avec bien de l'empressement ; mais par considération pour sa femme, je répondis froidement que je serais flattée de le voir quand il pourrait me faire cet honneur. Ainsi se termina cette visite, qui commença par la légèreté et finit par la politesse.

Après son départ, LL. Ex. me demandèrent par quel hasard un personnage du rang de M. Fox était venu chez moi : elles ne l'y avaient rencontré ni à la ville ni à la campagne. Je leur racontai tout uniment ce qui avait donné lieu à cette visite. Le général rit de l'aventure. Mais le comte, avec un sourire, me demanda si M. Fox, voyant mon embarras, m'avait offert de m'aider. Je répondis que sûrement, un homme comme M. Fox ne se serait pas permis une pareille inconvenance. Sur quoi le comte, avec un petit mouvement d'épaule, se contenta de dire : Hum ! C'était sa manière d'exprimer l'approbation ou le blâme. Dans le premier cas, il inclinait la tête ; et dans le second, il levait un peu les épaules.

On se préparait à jouer : nous attendions deux dames que j'avais invitées à passer la soirée, lorsqu'un de ces messieurs, regardant sur la cheminée quelques porcelaines, aperçut un papier plié qui ressemblait à un billet de banque. Comme je leur avais dit que je n'avais que les vingt guinées que m'avait envoyées M. Brudenell, ils me demandèrent si je savais que ce billet fût là. Nous l'ouvrîmes ; il était de 50 liv.

Je ne doutai point que M. Fox n'eût pris ce moyen pour me tirer d'embarras sans offenser ma délicatesse, et je me disposais à renvoyer sur-le-champ le billet, ne voulant pas avoir une obligation de ce genre à un homme que je connaissais à peine. Le comte m'en empêcha : ce serait, dit-il, faire un affront à celui qui me l'avait donné. Je n'aurais pas fait scrupule de recevoir de lui cette somme, à l'occasion de mon bénéfice ; je ne devais pas en faire davantage en cette occasion. On me persuada, et je me regardai comme redevable à la générosité de M. Fox, de cette gratification si délicatement offerte.

Je doublai cette somme le même jour, en gagnant cinquante autres livres aux diplomates. Avant de nous séparer, nous convînmes, le général, le comte et moi, de monter, quelques semaines avant l'ouverture du théâtre, une banque de pharaon, conjointement avec le marquis de Verneuil, que nous attendions chaque jour d'Yorkshire. Je n'avais pas beaucoup d'argent, mais j'avais des diamans, du crédit, et je vis que je n'aurais pas grande peine à faire les 1000 liv. que je devais, pour ma part, mettre dans la caisse.

Cependant, j'allai à Richmond pour y passer quelques jours, avant la saison qui devait me ramener à la ville. J'étais à peine descendue de voiture, lorsqu'on m'annonça M. Lacy, associé de M. Garrick dans la direction du théâtre de Drury-lane. Il demeurait à Isle-Worck, dans le voisinage, et comme nous étions assez liés, je crus que sa visite était accidentelle. Mais en entrant, il m'apprit, à ma grande surprise, que mistriss Cibber était engagée à Covent-Garden, ainsi que Barry; et que M. Quin, pour quelque mécontentement, avait quitté le théâtre.

J'avais peine à croire cette dernière nouvelle, ne pouvant penser que M. Quin, qui me traitait avec tant d'amitié, m'eût laissé ignorer un fait aussi important pour ma position. L'invraisemblance de cette assertion eût dû, je l'avoue, me tenir en garde contre les autres. Mais, sans les révoquer en doute, et furieuse de ce que je regardais comme une nouvelle preuve de la duplicité de M. Rich, qui n'avait cessé, non plus que sa famille, de conserver avec moi l'union la plus intime, je signai sur l'heure un engagement pour trois ans, que M. Lacy avait apporté avec lui.

Je n'eus pas plutôt mis mon nom à l'acte, que le directeur, avec cet air de malice que prend le Diable dans la pantomime, quand il a déterminé le docteur Faustus à signer le fatal mandat, me dit que l'engagement de mistriss Cibber était un bruit de ville; mais qu'il n'oserait pas répondre de sa vérité. Cependant, ajouta-t-il, dans tous les cas, il sera toujours heureux pour vous de jouer avec mon associé, dont la réputation donne du mérite à ceux qui n'en ont point, et en ajoute à ceux qui en ont.

Je fus très-mécontente de la tromperie qu'on venait de me faire. Il n'y a point de perte que je n'aimasse mieux supporter que de me voir tromper, même pour me faire obtenir la chose que je désirerais le plus. Au reste, je le pardonne à M. Lacy : c'est l'action et non l'homme qui soulève mon indignation.

Le même jour, au moment où je me mettais à table, entrèrent M. Rich et M. Bencroft. Le directeur me salua comme à son ordinaire. J'avais du monde ; nous ne pûmes parler d'affaires avant le dîner. Aussitôt qu'il en trouva le moment, il me dit qu'il avait engagé M. Barry, et qu'il m'avait apporté un engagement prêt à signer. Il en résulta une explication. M. Rich, pressé par Barry d'engager mistriss Cibber, s'y était refusé : l'engagement qu'il se proposait de prendre avec moi, était de trois ans, à raison de cinq, six et sept cents livres par an. Il allait se trouver obligé de prendre mistriss Cibber, aux conditions qu'elle voudrait.

J'aurais bien désiré d'annuler les conditions faites avec M. Lacy. D'une part, il ne me donnait que 300 liv., et de l'autre j'eusse mis un grand prix à jouer avec M. Barry, vraiment supérieur dans l'emploi des jeunes premiers. Ceux d'amoureuses étaient précisément ceux qui convenaient à mon âge, à ma figure et à mes moyens.

J'eus tout le temps de me repentir et de déplorer la précipitation avec laquelle j'avais traité, sans consulter mon digne ami M. Quin.

LETTRE XLIII.

23 septembre 17 —.

A mon retour de Richmond, notre entreprise de banque de pharaon s'exécuta. J'augmentai ma maison d'un cuisinier et d'une femme de chambre française.

Nous débutâmes d'une manière brillante. C'était ordinairement le marquis de Verneuil ou moi qui taillions : la banque était riche ; elle fut heureuse.

J'eus bientôt assez gagné pour retirer mes bijoux, payer mes dettes, et, malgré la grande dépense que je faisais, mettre en réserve quelques centaines de livres. Le comte et le général m'envoyaient souvent des présens de vin, de chocolat; enfin, je crois que, si les occupations du théâtre ne m'eussent détournée de cette lucrative opération, j'aurais pu faire ma fortune.

Je perdis alors ma fidèle Obrien. Sa mort

me priva d'une domestique zélée, et, je ne crains pas de le dire, d'une tendre amie.

Le marquis de Verneuil était retourné à Paris; et M. Garrick étant arrivé à Londres, je fus obligée de m'occuper sérieusement des travaux de mon état. Le zèle et l'activité étaient indispensables à ceux qui servaient sous les drapeaux de ce grand chef. Comme lui-même ne négligeait rien de ce qui pouvait contribuer au succès des représentations, il exigeait de ses coopérateurs un égal dévouement. L'hiver précédent, il avait engagé mistriss Ward, pauvre supplément à l'inimitable Cibber, qui cette année n'avait pas joué, parce qu'elle était malade. La nécessité le forçait de jouer avec elle; mais elle le révoltait par son défaut de sensibilité. Elle lui en donna un jour une grande preuve, en rajustant, pendant une des scènes les plus tendres de la Belle Pénitente, un de ses bracelets, qui s'était détaché.

Les deux théâtres s'ouvrirent, cette année, par Roméo et Juliette. Nous jouâmes, Garrick et moi, ces deux rôles, à Drury-lane; Barry et Cibber les jouèrent à Covent-Garden. Mais, pour seconder leurs talens, M. Rich avait joint à la représentation une superbe procession funéraire. Ce directeur aimait singulièrement à montrer son goût dans les grandes cérémonies, telles que mariages, triomphes, entrées solennelles, pompes funèbres, et autres. Il eut, cette année, une belle occasion de dépenser presque autant d'argent que la pièce lui en rapportait. La lutte entre les deux théâtres dura fort longtemps, et tout le monde convint, qu'à l'exception de la scène du moine, Barry l'avait emporté dans Roméo. La pièce eut tant de représentations, que le public et les acteurs finirent par s'en ennuyer. Nous eûmes, cependant, l'avantage de quelques soirées; mais ce ne fut pas sans le secours de bon nombre de billets, qui furent distribués à cet effet.

Pendant que cette pièce se donnait, on me dit un jour, au foyer, qu'un monsieur et une dame âgés me demandaient. Je les fis entrer dans ma loge. L'un et l'autre paraissaient avoir environ soixante ans. Le mari me dit qu'il s'appelait M. Gansel : il avait un fils, capitaine aux Gardes. Sujet à des attaques de goutte, il ne voulait point siéger au Parlement. Étant venus voir Roméo et Juliette, sa femme et lui avaient été enchantés de mon jeu. La réputation dont je jouissais, dans ma vie privée, et dont leur avait rendu compte une personne dans la maison de qui ils demeuraient, avait ajouté à leur approbation, et ils n'avaient pu résister au désir de faire connaissance avec moi. Ils m'invitèrent de suite à aller, au premier moment que j'aurais à perdre, les voir dans Southampton-Street, Covent-Garden, ou à Donnalan-Park, près Colchester.

La nouveauté de cette présentation, jointe au maintien simple et franc du bon vieillard, me fit un vrai plaisir. Je promis de bon cœur que j'irais les voir le lendemain : mais il fallut, pour les contenter, que j'allasse le même soir souper chez eux. Leur voiture était prête; ils offrirent d'attendre que je fusse déshabillée. Pour ne pas mortifier des personnes aussi prévenantes, je les accompagnai. Au bout d'une demi-heure, nous nous étions aussi liés que si nous nous fussions connus depuis plusieurs années. La vraie politesse hait la cérémonie : une liberté décente, une familiarité noble et franche, distinguent la véritable urbanité, que ne connaissent ni les petits esprits, ni les révérencieux hypocrites.

M. Gansel était doué de beaucoup d'esprit naturel qu'il avait cultivé par l'étude et les voyages. Il avait assiduement suivi le théâtre de Drury-lane pendant le temps des Booth, des Wilks et des Cibber, et payait un juste tribut d'admiration à ces grands acteurs. Il avait aussi été attaché au char de la célèbre mistriss Olfield (1); c'était une chronique vivante; mais son cœur, meilleur encore que sa mémoire, était généreux, humain et sincère : son ame trop haute pour daigner flatter, même un roi, était en même temps si sensible, qu'il eût craint d'offenser un insecte. Je me fis un bonheur de cultiver une aussi précieuse connaissance : pour répondre à l'honnêteté que j'avais reçue, j'invitai mes nouveaux amis à venir le lendemain dîner avec moi. M. Gansel accepta, ce qui me garantit le consentement de sa femme.

---

(1) C'est celle dont la mort prématurée excita tant de regrets, et dont le convoi fut suivi par les plus grands personnages de l'Angleterre. Voltaire en fait mention dans sa belle Épître sur la mort de mademoiselle le Couvreur.

(*Note du traducteur.*)

Mistriss Gansel sentait la supériorité de son mari, et lui soumettait entièrement sa volonté. Ne s'occupant guère que de son intérieur, elle savait faire une chemise, assaisonner un pudding ; c'était ce qu'on appelle une bonne ménagère. Notre liaison dura tant qu'ils furent à la ville. Cette amitié, si brusquement formée, s'est trouvée, comme vous le verrez, être en résultat l'un des événemens les plus malheureux de ma vie.

M. Metham, vers ce temps, revint à Londres. Le plaisir qu'il éprouva en voyant le succès avec lequel j'avais soutenu la concurrence de la première tragédienne du monde, fut extrême ; il ajouta, s'il eût été possible, à son attachement. Ma mère, avec mon enfant, était aussi revenue à la ville ; mais comme ma maison était trop petite pour cette augmentation de famille, je pris pour ma mère un logement dans le voisinage. M. Metham en prit un chez Deard, dans Pall-Mall.

En rompant notre banque de pharaon, j'avais prudemment congédié mon cuisinier ; une femme de chambre mal choisie avait remplacé ma bonne Obrien ; mon domestique m'avait quittée pour s'établir ; et je me trouvai livrée à de misérables mercenaires, occupés de leurs intérêts beaucoup plus que des miens : mon assiduité au théâtre facilitait leurs déprédations en m'empêchant de les surveiller.

Une circonstance extraordinaire m'avait privée de ce jeune Flamand qui me servait avec tant de dévouement. On me dit un jour qu'un étranger demandait à me parler : madame Brillant, très-sensible à tout ce que j'avais fait pour elle pendant son séjour en Angleterre, profitait de toutes les occasions pour m'adresser quelques témoignages de sa reconnaissance : je présumai que la personne annoncée me venait de sa part. Je fais entrer l'étranger : il me demande si je n'ai pas à mon service un nommé Pierre ; je lui réponds que oui. Ah ! grâce à Dieu, s'écrie-t-il, j'ai donc trouvé mon fils ! Pendant le silence que suivit son agitation, Pierre entra, tenant par la main mon petit garçon, qu'il venait de faire promener : en voyant son père, il tomba immobile sur le plancher : ce ne fut pas sans peine qu'on lui fit reprendre ses sens. Lorsqu'il eut recouvré la connaissance, son père, en l'assurant de son pardon, lui dit que son camarade était vivant. A ces mots, le jeune homme, d'un air satisfait, se jeta à genoux en criant : Dieu soit loué ! Dieu soit loué !

Je ne comprenais rien à tout ce que je voyais. L'étranger me l'expliqua. Il était riche, et marchand de vin à Bruges, en Flandre : son fils, à l'âge d'environ douze ans, ayant eu une querelle avec un camarade de collége, en avait reçu un coup : furieux, il avait plongé dans le sein de son adversaire un couteau qu'il tenait à la main. Épouvanté de son action, et des suites qu'elle pouvait avoir, il s'était enfui. Son père, pendant six ans, l'avait cherché sans succès : appelé à Londres par quelques affaires, un de ses compatriotes lui avait dit qu'il croyait avoir vu son fils entrer dans Frith-Street ; en suivant cet indice, il l'avait trouvé.

Je regrettais de perdre Pierre ; mais je le félicitai du changement de son sort. Son père m'invita, si jamais je passais dans son pays, à le mettre à même de me témoigner sa reconnaissance : j'allai le voir en effet quelques années après, et il me procura tous les agrémens qui dépendaient de lui.

LETTRE XLIV.

8 octobre 17 —.

Ma mère m'importunait sans cesse pour que je pressasse M. Metham de m'épouser ; je lui promettais de le faire, mais j'en négligeais souvent l'occasion. Enfin, l'ayant saisie, je lui demandai, sans détour, s'il comptait se marier avec moi. Sur cette question, il me quitta sans me répondre un seul mot. Cette grossièreté me surprit d'autant plus qu'il était très-poli pour tout le monde, et surtout pour moi. Extrêmement offensée, je dis au domestique de ne pas le laisser entrer quand il se présenterait.

Une heure après, je reçus de lui un billet, par lequel il m'apprenait que son beau-frère M. Dives, et lui, se proposaient de venir dîner avec moi; ils voulaient me parler d'affaires, et désiraient que je n'eusse pas d'autres personnes. J'acceptai, persuadée qu'ils venaient pour m'entretenir de l'affaire dont j'avais parlé le matin.

Avec eux, vint un procureur. M. Metham, après un grand éloge de son beau-frère, m'apprit qu'ils avaient le projet de faire devant moi un écrit, par lequel, si M. Metham mourait sans enfans légitimes, son bien, tant présent qu'à venir, devait passer à son beau-frère, lequel, en conséquence, s'unissait avec lui pour me faire une rente viagère de 300 livres, et assurer 2000 livres à notre fils George.

Je crus d'abord avoir, au sujet de cet acte, une grande obligation à M. Dives, et je le remerciai de sa générosité. Mais ma mère, à qui je montrai l'écrit, en pensa différemment. M. Dives, selon elle, n'avait pour but que d'empêcher son beau-frère de se marier. L'avantage qu'il me faisait était d'ailleurs très-modique, comparé aux services que M. Metham rendait annuellement à sa sœur. Ma mère connaissait le monde; ses réflexions m'ouvrirent les yeux; je ne vis plus dans la conduite des deux frères qu'un plan concerté pour me faire renoncer à l'espoir d'épouser M. Metham.

Dans l'embarras où me jetait cette découverte, j'eus recours à l'amitié toujours obligeante de M. Quin, et j'allai le consulter.

Il me demanda d'abord si réellement j'aimais M. Metham; je le préférais, lui dis-je, à tout l'univers. Alors, il me conseilla de ne pas faire son malheur et le mien, en le pressant sur ce point. L'union que je désirais m'obligerait de quitter le théâtre, et je ne pouvais renoncer aux avantages de cette profession, tant que vivrait M. Montgommery, père de M. Metham. Je devais laisser à l'honneur et à la tendresse de mon amant le soin de mon avenir; ma discrétion sur ce point le toucherait plus que mes instances.

Je connaissais le jugement de M. Quin; j'en crus des raisonnemens que mon cœur approuvait, et quand je revis M. Metham, je ne lui laissai voir aucune trace de l'impression que sa conduite m'avait laissée.

Mon bénéfice fut, cette année, très-lucratif; j'étais liée alors avec plusieurs personnes du haut rang. Outre celles que j'ai déjà nommées, la maison d'Essex, les dames Capel et Keppel m'honoraient de leur bienveillance. La pièce que j'avais choisie était *Tancrède* et *Sigismunde* (1). J'y réussis plus que je ne l'eusse espéré, le rôle de *Sigismunde* appartenant, dans l'origine, à mistriss Cibber. Cette représentation augmenta en même temps et ma fortune et ma réputation.

Il se passa à l'un des bénéfices de cette année un incident burlesque. On jouait l'Orpheline pour le bénéfice de M. Sowden, acteur du second ordre, qui avait quitté, pour suivre le théâtre, la profession de bourrelier. M. Garrick, par une complaisance qu'il n'avait guère ordinairement que pour les premiers acteurs, avait bien voulu se charger du rôle de *Chamont*. Je faisais *Monime*. Au milieu de la scène pathétique du quatrième acte, dans laquelle j'informais *Chamont* de tous mes malheurs, j'entendis quelqu'un parler, mais je ne pus distinguer ce qu'on avait dit. M. Garrick me répondant, le même bruit se répéta, et tout le monde entendit une voix aigre, qui criait : *Croupières à vendre, croupières à vendre*. Roscius de tous les

---

(1) Tragédie en cinq actes, de Thompson, la seule de cet auteur qui soit restée au théâtre. Le sujet en est tiré de Gilblas. (*Note du traducteur*.)

hommes le plus rigoureux observateur de la décence théâtrale, se retourne, en disant : Qu'est-ce donc? Mais il fut si déconcerté, que, perdant absolument la mémoire, il répéta, sans suite, des passages de différentes pièces, sans pouvoir trouver ce qu'il avait à me dire : je n'étais pas moins embarrassée; il fallut interrompre la scène, et finir la pièce. On sut que M. Sowden ayant annoncé son bénéfice à ses amis, ils étaient venus en force, pour lui faire honneur. Dans le nombre, était une revendeuse de vieux harnais, qui, s'étant endormie aux premières loges, avait, à son réveil, répété machinalement les mots qu'elle criait toute la journée. J'ai pensé que vous pourriez rire un moment de cette scène, dont j'ai beaucoup ri moi-même.

LETTRE XLV.

9 octobre 17 —.

Je perdis, à la fin de cet hiver, mon aimable amie miss Conway. Dans un bal où elle s'était fort échauffée à danser, elle eut l'imprudence de boire un verre de limonade, et mourut quelques heures après, dans des douleurs affreuses. Elle expira, comme je l'ai dit, entre mes bras. J'ai la consolation de penser que mes soins ont adouci l'amertume de ses derniers momens.

Miss Saint-Léger était en France, et toujours malade : elle m'invitait à l'aller joindre ; mais j'étais moi-même trop indisposée pour voyager. Le repos et le beau temps dissipèrent les fatigues de l'hiver.

L'année suivante, notre théâtre, quoique augmenté de deux nouveaux acteurs, M. Mossop et M. Ross, ne fut pas très-fréquenté. Plusieurs nouveautés que fit représenter M. Garrick, n'eurent que de médiocres succès, et il remit au théâtre *the Mourning Bride*, dans laquelle il jouait Osmyn. Mécontent de ce que j'avais prié le docteur Young de me communiquer sa pièce des deux Frères (*the Brothers*), qui devait se jouer prochainement, il donna à mistriss Pritchard des leçons pour le rôle de Zara, et négligea la pauvre Almérie. Cependant mon succès, dans ce personnage, fut presque aussi complet que celui de Roscius lui-même; et je crois que, malgré la gloire qu'il acquit dans celui d'Osmyn, malgré les recettes considérables que produisirent huit représentations successives, il eût volontiers sacrifié tous ces avantages pour que je n'eusse pas obtenu, dans le rôle d'Almérie, autant d'applaudissemens.

Encouragée par mon succès, mistriss Clive essaya de jouer celui de Zara, et elle s'en tira, selon moi, avec infiniment plus d'intelligence que mistriss Pritchard. Mais le public, en général, n'aime point à voir les acteurs sortir de leur emploi.

M. Woodward, pour me le prouver, me racontait qu'il avait un jour entrepris de jouer le rôle de *Charles* dans le *Non Juror*. Mais les spectateurs étaient habitués à le voir paraître dans les rôles bouffons, tels que *Slender*, *Wittol*, etc. Sitôt qu'ils le virent entrer avec l'air grave qui convenait à son personnage, ils partirent d'un éclat de rire, et recommencèrent jusqu'à la fin de la pièce, toutes les fois qu'il parut sur la scène. Cet accueil le décida à renoncer au cothurne pour s'en tenir au brodequin, qui lui avait acquis une si haute réputation.

On mit alors à l'étude la pièce d'Young, *the Brothers;* et comme elle passait pour très-supérieure à son autre pièce, *the Revenge*, on en espérait beaucoup de succès. On distribua, dans le même temps, les rôles du Gil-blas de M. Moore. M. Garrick qui, par amitié pour l'auteur, s'intéressait beaucoup à la réussite de l'ouvrage, me destina dans cette pièce un rôle que je refusai.

Le directeur, déjà mécontent de moi, m'écrivit dans sa colère : « Depuis que le public
» vous a gâtée, vous croyez avoir le droit de
» faire tout ce qu'il vous plait. La liberté
» que vous avez prise de demander à lire
» la pièce du docteur Young est inexcu-
» sable. Je vous ferai voir que je suis le seul
» qui doive connaître de tout ce qui regarde

» le théâtre; et je trouverai moyen de vous
» faire repentir du peu d'égards que vous
» avez pour moi. »

Assurément je n'avais pas eu la moindre intention d'offenser ce directeur si jaloux de sa prérogative, et je crus devoir l'en assurer : mais j'ajoutai que, très-facile à me laisser conduire par la complaisance, je ne me laisserais gouverner par personne au monde, avec un sceptre de fer.

Ce petit grand homme (car tel il était dans toute l'étendue du terme) avait dans le caractère autant de bassesse que d'élévation dans le talent. Cette assertion pourra paraître étrange relativement à un homme qui, de l'aveu des meilleurs juges, peut être regardé comme le premier acteur qui ait jamais monté sur le théâtre. Mais j'ai eu mille preuves que son adresse égalait son habileté.

Il envoyait, par exemple, M. Varney, le concierge de son théâtre, chez quelques femmes de qualité, les prévenir, comme par bon procédé, que le directeur devait jouer tel jour, et que, s'il était possible, il leur garderait une loge. Je l'ai vu venir faire cette histoire à des dames qui, croyant lui être fort obligées, lui donnaient une guinée pour le remercier, sans compter les étrennes de Noël, et le présent qu'on lui faisait à son bénéfice ; et cela, lorsqu'à ma connaissance, il n'y avait pas, pour la représentation annoncée, une seule loge de retenue.

Lorsqu'il fut question d'étudier *the Brothers*, j'offris de céder à mistriss Pritchard le rôle qui m'était destiné, mais le docteur n'y voulut point consentir.

A la lecture de la pièce, je repris un vers qui me parut ne devoir pas sortir de la bouche d'une femme. C'était :

I will speak to you in thunder (1).

L'auteur assura que c'était le plus expressif de sa pièce; à quoi je répondis que sans doute il le serait encore plus, s'il y joignait les éclairs. Le docteur s'échauffa : c'était, disait-il, le meilleur vers qu'il eût jamais fait. Je ne pus m'empêcher de lui dire : Docteur, j'ai peur de perdre vos bonnes grâces, comme fit en

---

(1) Littéralement : Je vous parlerai en tonnerre.

pareille occurrence Gilblas auprès de l'évêque de Tolède (1). Cette plaisanterie, qui fit rire les auditeurs, acheva de le déconcerter. Je craignis d'avoir offensé un homme que je respectais; et lui prenant la main, je le priai de se rappeler les leçons d'indulgence et de modération qu'il nous avait données dans les *Nuits*. Il me remercia de bonne grâce; et après avoir fait quelques tours dans la chambre avec un air aussi affligé que dut l'avoir Jephté prêt à consommer son sacrifice, il prit une plume et effaça le vers.

Garrick, surpris, le fut encore plus quand le docteur me demanda à dîner pour le lendemain. M. Quin, se trouvant ce jour-là à Londres, fut de la partie. Nous passâmes une heureuse et agréable journée.

---

(1) C'est de l'archevêque de Grenade qu'il est question dans le trait de Gilblas, auquel l'auteur fait allusion.

(*Note du traducteur.*)

LETTRE XLVI.

18 décembre 17 —.

La pièce du bon docteur eut deux représentations (1); mais elle dut son succès moins à son mérite qu'à la considération dont jouissait l'auteur. Gilblas n'eût eu que deux représentations, si M. Town n'en eût demandé une troisième pour l'auteur. Le sort d'une pièce nouvelle dépend beaucoup de l'heureuse distribution des rôles; et ceux de Gilblas avaient été distribués avec plus de prévention que de jugement.

Une pièce nommée Eugénie, ou la Fille supposée, traduite du français par le *docteur Francis*, quoique jouée par Garrick et ses premiers acteurs, ne put se traîner que pen-

---

(1) Cette pièce de Thompson ne paraît pas être restée au théâtre; celle qu'on y joue sous le même titre *the Brothers*, est une comédie en cinq actes, de Cumberland.

(*Note du traducteur.*)

dant six ou neuf représentations. Le directeur, découragé, remit au théâtre le *Masque d'Alfred*, de Mallet, dont le succès le dédommagea. Garrick se surpassa dans le rôle d'Alfred; et lorsqu'il prononça ce vers emprunté de Racine :

I Fear God, and have no other Fear,

Je crains Dieu, cher Abner, et n'ai point d'autre crainte,

il parut, comme Atlas, soutenir le monde sur ses épaules.

Ni mes occupations, ni une santé chancelante ne m'inspiraient le désir de voir beaucoup de monde. Je jouissais peu de la compagnie de M. Metham; il passait presque tout son temps à perdre son argent chez White, ou dans quelque autre café. Le 30 janvier approchait; c'était le jour de sa naissance, et je me proposai de donner ce jour-là une fête à nos amis.

M. Metham y amena M. Calcraft, que je ne connaissais que pour l'avoir vu avec M. Fox, lorsque le hasard avait amené celui-ci chez moi, et parce qu'il venait assidûment au théâtre, où lord Robert Sutton me l'avait présenté. Mon dîner fut trouvé fort beau; mais le dessert, que m'avait fourni le célèbre confiseur Robinson, enleva tous les suffrages; il était plus brillant en effet que ne pouvait l'excuser la fortune de M. Metham; et s'il faisait honneur à mon goût, il en faisait peu à ma discrétion.

Parmi les complimens que me firent les convives, quelqu'un observa que j'aurais pu, ou supprimer, ou réduire ce service. Je sentis que j'avais eu quelque tort de laisser cela à l'arbitraire du confiseur. Voulant tourner la chose en plaisanterie, je dis que je n'avais pas peur d'aller pour cet article en prison; et qu'au reste, si cela m'arrivait, quelqu'un de mes amis ici présens voudrait bien m'en tirer. A ces mots, M. Metham se lève furieux, et déclare que je pourrais y pourrir avant qu'il m'en fît sortir.

Tout le monde surpris garda le silence; enfin, M. Calcraft, se tournant vers M. Metham, lui dit : Je suppose, monsieur, que vous n'en voudriez pas à ceux qui le feraient. Je tâchai de reprendre mon maintien ordinaire; mais cela me fut impossible : la gaieté ne reparut plus dans la société. Pour comble d'embarras, on n'avait ce jour-là ouvert aucun lieu de réunion publique qui pût servir de prétexte à mes amis pour me quitter. Je fus obligée, avec un cœur brûlant de dépit, de paraître gaie, et de prolonger ce supplice jusqu'à trois ou quatre heures du matin.

J'avais engagé une dame à emmener M. Metham, qui, je crois, ne demandait pas mieux que de s'en aller, sentant le trouble qu'avait jeté au milieu de nous un ridicule accès de jalousie. Telle en effet était la cause de son incartade. Lord Downe, qui crut en être l'objet, se retira aussitôt qu'il put le faire décemment. J'ai eu quelques raisons de croire que ce seigneur m'honorait d'un tendre sentiment; mais jamais un seul mot de sa bouche, tant que je fus sous la protection de M. Metham, ne me fit connaître son penchant.

Lorsque les hommes furent partis, quelques femmes de mes amies plaidèrent auprès de moi la cause de M. Metham. Humiliée de l'outrage que j'avais reçu, et fatiguée de leurs sollicitations, je me jetai devant elles à genoux, protestant que désormais, quand il m'offrirait sa main, je la refuserais; et quand, ajoutai-je, ma vie en dépendrait, je ne consentirai de mes jours à avoir avec lui le moindre rapport.

O Sterne! pourquoi ton ange des souvenirs n'a-t-il pas, de sa main indulgente, effacé du livre de mémoire cet imprudent et cruel serment? Le bonheur encore eût pu être mon partage; mais je ne méritais pas qu'une intelligence céleste excusât les mouvemens de ma colère : mon emportement n'était pas digne de la pitié d'un ange.

Restée seule vers le matin, trop émue pour chercher un sommeil qui m'aurait fuie, je marchais dans ma chambre. M'étant approchée de la fenêtre, je vis, à la lueur des lanternes, un homme qui se promenait dans la rue, et qui semblait aussi agité que moi. Rien en ce moment ne pouvait exciter ma curiosité, et je n'eus garde de penser que cet homme fût plus occupé de moi que je ne l'étais de lui.

M. Metham vint le lendemain ; il tâcha, par les plus humbles excuses, d'expier la grossièreté de la veille; il imputa sa faute à un instant d'égarement, qui ne venait que de l'excès de son amour. Mais mon ressentiment était trop vif pour céder à ses protestations.

Ni les expressions les plus ardentes de sa passion, ni le langage secret de la mienne, qui plaidait intérieurement pour lui, ne firent la moindre impression sur mon ame irritée ; je restai inexorable ; il me quitta dans un état difficile à peindre.

Tu pardonneras non-seulement sept fois, a dit le Dieu de paix, mais soixante-dix fois sept fois. Comment ai-je méconnu ses lois ? Comment ai-je oublié que, suivant le dogme de tous les siècles, l'amour s'augmente par les querelles des amans ? Hélas ! j'étais jeune alors, sans expérience, et fière de ma persévérance dans des résolutions que souvent, comme le dit Hamlet, il serait plus honorable d'enfreindre que de garder.

Au bout de quelques jours, M. Metham voyant que je m'obstinais à ne le plus recevoir comme amant, me fit solliciter, par le colonel Sandford, de le voir comme ami. J'y consentis d'autant plus volontiers, que j'étais décidée à ne former avec qui que ce fût aucune liaison d'un autre genre.

M. Quin, à qui je fis part et de l'événement et de la résolution à laquelle il avait donné lieu, approuva fort le parti que je prenais. Quant au public, je n'avais jamais pris la peine de le tromper; il ne juge de nos actions que par les apparences; les occasions qui leur donnent lieu, les motifs qui les déterminent, échappent à sa vue. Quiconque a placé son bonheur dans l'opinion publique, doit s'attendre à des jours orageux et à des nuits agitées. C'est à la conscience à nous dédommager, à nous consoler de ses méprises.

Quelques jours après, ma femme de chambre me remit un paquet qu'on avait apporté pour moi; il contenait dix billets de banque, de cent livres chacun. Après bien des conjectures, j'imaginai qu'un présent de cette magnificence ne pouvait m'être fait que par quelqu'un qui prenait à moi un grand intérêt. Je l'attribuai à mylord Downe; et pensant que l'auteur ne tarderait pas à se faire connaître, je mis en réserve les dix billets, bien décidée à n'en point faire usage.

M. Metham devait dîner avec moi. Pour éviter un tête-à-tête, qui ne pouvait être agréable ni pour l'un ni pour l'autre, j'engageai le colonel Sandford à l'accompagner. Avec eux vint M. Calcraft, qui devenait de plus en plus intime avec M. Metham; mistriss

Lane, la seconde fille de M. Quin, étant venue par hasard, je la retins pour être de la partie.

Pendant le dîner, je témoignais quelque regret de ne pas avoir de places pour aller voir la nouvelle pantomime d'Arlequin sorcier. Mistriss Lane offrit obligeamment de m'en procurer, tant pour moi que pour les jeunes Dives, qui continuaient d'être habituellement avec moi. Comme je n'avais point d'engagement pour le samedi suivant, nous choisîmes ce jour là. Le cher ami du confiant M. Metham, M. Calcraft, proposa alors à ces Messieurs de faire une course à Oxford, pour y assister au jugement de miss Blandy. Le colonel et M. Metham aimaient la dissipation ; ils acceptèrent la partie, et convinrent de partir le lendemain matin.

LETTRE XLVII.

26 octobre 17—.

Le samedi, mistriss Lane eut la complaisance de m'accompagner au théâtre de Covent-Garden. J'y conduisis miss Dives et ses deux frères. A peine étions-nous assis, que j'entends quelqu'un demander où je suis; et à mon extrême surprise, je vois paraître M. Calcraft. Après mille excuses de la liberté qu'il avait prise, il s'assied. Comme nous avions peu de place, il fut obligé de prendre un des enfans sur ses genoux. Je lui demandai pourquoi il n'avait pas été à Oxford, et si M. Metham était revenu ? Il me répondit qu'une affaire pressante avait nécessité son retour : un courrier qu'on lui avait expédié, l'avait rejoint à Salt-Hill : ses deux camarades de voyage avaient continué leur route.

M. Calcraft étant homme d'affaires, je ne fis point de difficulté de le croire. Comme il ne me venait pas même à l'esprit de le supposer assez présomptueux pour avoir sur moi quelques desseins, ou assez vain pour oser rivaliser avec M. Metham, une excuse, pour peu qu'elle eût de vraisemblance, me suffisait. A la fin de la pièce, il nous conduisit à la voiture, et me demanda à venir à la maison. J'y consentis. Quand nous y fûmes, je l'invitai à souper.

La pièce avait fini tard; nous ne sortîmes de table qu'à deux heures du matin. On ne put trouver pour mistriss Lane, ni chaise, ni voiture. M. Calcraft offrit sa chaise qui l'attendait; et pendant qu'elle conduisait mistriss Lane, il resta avec moi.

Avant de continuer mon récit, il faut que je vous fasse le portrait d'un homme qui doit jouer un si grand rôle dans mon histoire. On l'appelait alors l'honnête Jack Calcraft. Vous verrez, par sa conduite, quels droits il avait à cette qualification. Il était grand, un peu puissant, avait de belles couleurs, des yeux bleus, et des cheveux châtains. A tout prendre, il avait une assez belle figure d'homme, et il était bien fait de sa personne. Mais il avait un air commun, un maintien gauche et maussade. Peu d'hommes, au reste, paraissaient avec quelque avantage à côté de M. Metham, dont la taille était très-noble, et les manières très-élégantes. M. Calcraft ne s'en faisait point accroire sur son esprit, ni sur ses connaissances. Il sentait bien que des prétentions en ce genre l'exposeraient au ridicule.

Son père était commis de la ville à Grantham. Le fils avait été élevé dans une école de campagne, et savait lire assez passablement; mais il était grand chiffreur, et s'entendait à merveille à tenir un registre. Ces talens, joints à une infatigable assiduité, le conduisirent de l'état de petit commis, à une immense fortune.

Lorsque nous nous trouvâmes seuls, la conversation tomba sur la manière inconvenable dont M. Metham, en sa présence, s'était conduit avec moi. Il n'y voyait d'excuse que la jalousie qui l'avait occasionée; il déplorait la violence qui avait porté son ami à un excès si funeste pour lui. Cet intérêt apparent pour son ami, ajoutant à l'opinion favorable que j'avais de M. Calcraft, je lui crus toutes les bonnes qualités qu'on lui supposait. Prenant en lui confiance, je lui parlai des billets de banque qui m'avaient été envoyés : je les lui montrai pour savoir si, par l'écriture de la suscription, il ne pourrait pas reconnaître la personne qui me les avait adressés. Flatté, dit-il, de ma confiance, il m'invita fort à faire usage de ces effets ; m'assurant que s'il en eût eu les moyens, il aurait été disposé, dans la circonstance, à me faire le même présent. J'avais, de la générosité, comme de toutes les vertus, l'idée la plus exaltée. Je ne doutai point que lord Downe n'eût pris cette mesure pour m'offrir un secours que, dans ma position actuelle, je pouvais ne pas vouloir demander à M. Metham, ni recevoir de lui.

M. Calcraft voulut savoir ensuite si je croyais que M. Metham se proposât encore de m'épouser ; à quoi je répondis, sans hésiter, que désormais, s'il m'offrait sa main, je la refuserais ; j'étais décidée, ajoutai-je, à ne former aucune liaison de cette espèce. En ce moment la chaise qui avait conduit mistriss Lane arriva. M. Calcraft prit congé, me demandant la permission de me revoir, que je lui accordai. Je m'allai coucher, sans même me douter que j'eusse commis la moindre indiscrétion en restant seule jusqu'à une heure si avancée, avec un jeune homme. Je croyais celui-ci sans conséquence ; mais d'autres pouvaient en juger différemment.

Le lendemain était le jour du bénéfice de mistriss Pritchard ; je jouais dans cette représentation. Il y avait beaucoup de monde sur le théâtre ; et au moment où je me disposais à entrer en scène, un homme pris de vin m'aborda de la manière la plus grossière. M. Calcraft, qui se trouvait là, prit sur-le-champ mon parti. Quelques paroles s'ensuivirent. M. Calcraft, d'un coup de poing, renversa l'agresseur. Celui-ci s'étant relevé, mon champion le força de sortir, parce qu'il avait quelques mots à lui dire. Ils sortirent ensemble, et M. Calcraft, l'instant d'après, étant rentré avec un air très-serein, je crus l'affaire arrangée. Cet incident me donna lieu de penser qu'il avait pour moi quelque penchant ; je me repentis de l'avoir invité à un grand souper qui devait se faire chez moi après le spectacle.

Cependant le respectueux éloignement dans lequel il se tint de moi toute la soirée, me fit croire que je m'étais trompée ; et comme, pendant le souper, quelques personnes le plaisantèrent sur une dame à laquelle il paraissait attaché, je fus tout-à-fait dissuadée.

Le lendemain matin, j'étais allée me promener au parc. Un domestique de M. Metham vint m'y trouver, et me dit que son maître étant arrivé, désirait de me voir un moment chez lui. Il demeurait à deux pas du parc, j'y allai sur-le-champ. Avant d'y arriver, je rencontrai M. Calcraft avec l'homme qui, la veille, m'avait insultée. Il avait exigé de celui-ci qu'il me fît des excuses, et me cherchait pour me les offrir. Nous entrâmes ensemble chez M. Metham. L'étranger s'excusant gauchement, lâcha quelques mots sur les actrices, espèce de misérables, que, selon lui, on pouvait insulter sans inconvénient. Monsieur, lui dit sèchement M. Metham, cette dame doit être ma femme. Le bon Irlandais, surpris, crut avoir affaire à un vrai chevalier errant, et s'éloigna sans répliquer. M. Metham avait quelquefois un air très-imposant, et propre à intimider quelqu'un de plus hardi que ne paraissait l'être mon agresseur.

A peine ce dernier était-il parti, que M. Metham, au lieu de remercier M. Calcraft d'avoir pris ma défense, lui demanda, avec une extrême hauteur, de quel droit il s'était avisé de se faire mon champion.

Je ne concevais rien à cette nouvelle bizarrerie : la suite de la conversation me l'expliqua. M. Metham, ayant été chez moi, avait appris de ma malveillante femme de chambre, le tête-à-tête nocturne que j'avais eu avec M. Calcraft, ainsi que la promenade que celui-ci avait faite sous mes fenêtres, dans la nuit qui avait suivi notre querelle. Ces détails, ajoutés au retour précipité de M. Calcraft, avaient éveillé la jalousie de M. Metham, et lui avaient persuadé que son ami le trompait. Je ne pus entendre, sans effroi, cette explication ; je m'évanouis. En revenant à moi, j'appris qu'un duel devait en être la suite : le major Burton et le colonel Haywood devaient servir de seconds. Des événemens subséquens m'ont empêchée de savoir quel avait été le résultat de cette querelle.

Mon bénéfice devait avoir lieu le samedi suivant. Il me donnait tant d'occupation, que, jusque-là, je ne vis qu'en passant mes deux chevaliers. J'avais choisi *Venise sauvée;* mais je fus sur le point d'être obligée de changer la pièce, par une inadvertance de l'imprimeur qui, sur les affiches, avait oublié d'indiquer l'acteur chargé du rôle de *Jaffier.* M. Garrick, ne considérant pas que cette omission ne pouvait faire tort qu'à moi, fut très-piqué, et me demanda, avec une vivacité presque grossière, qui aurait, le soir, l'honneur d'être mon mari? Il m'expliqua, en même temps, le motif de cette question, qui me fit d'autant plus de peine, que j'étais, comme on l'a vu, médiocrement bien avec lui. Je n'avais, lui répondis-je, aucune part à cette négligence. Il n'était pas dans mon caractère de désobliger personne, et encore moins lui, sur le grand talent duquel je fondais tout l'espoir d'une brillante chambrée. A ce mot, ses traits s'éclaircissent, et il me dit en souriant, du même ton qu'il les disait à la scène, ces mots du roi Richard : « Un » peu de flatterie est quelquefois à propos. »

La salle était pleine; je fus fort applaudie. M. Murray, depuis comte de Mansfield (1),

---

(1) L'un des plus habiles magistrats qu'ait eu l'Angle-

était à côté de M. Fox. Après avoir témoigné, en général, sa satisfaction du spectacle, il ajouta : J'étais venu pour admirer Garrick; mais je m'en vais enchanté de Bellamy. M. Fox, toujours bien aise d'être porteur de bonnes nouvelles, me vint conter cette particularité, la plus flatteuse qui ait marqué ma carrière théâtrale. Je fus très-glorieuse, comme vous pouvez le croire, de l'approbation d'un si grave et si savant personnage. Lorsque M. Fox m'en rendit compte, M. Garrick était au foyer: il vit d'un œil d'envie l'honneur que je recevais, et ce sentiment ajouta à la prévention qu'il avait contre moi, car, plus jaloux de sa gloire qu'un monarque oriental de son pouvoir, il ne pouvait souffrir même une rivale auprès de son trône.

---

terre : c'est celui qu'attaque si fortement Junius dans ses Lettres. (*Note du traducteur.*)

LETTRE XLVIII.

30 octobre 17 —.

Le lendemain de mon bénéfice, fatiguée de corps et d'esprit, j'étais restée couchée plus tard qu'à l'ordinaire, et j'avais dit à mes gens de ne point laisser entrer M. Metham s'il se présentait ; mais ils le regardaient comme leur maître, et il exigea qu'on l'introduisît. Il entra donc dans ma chambre, et s'avança près de mon lit avec un air aussi égaré que s'il se fût à l'instant échappé des mains du docteur Monro (1). Me regardant fixement, il me demanda si je voulais continuer de vivre avec lui. Je lui répondis, d'un ton très-décidé, que je ne le voulais pas : il tira alors son couteau de chasse, et dit, en jurant par son Dieu, qu'en ce cas il fallait que je mourusse avec lui.

---

(1) Médecin occupé de la guérison des fous, comme l'est aujourd'hui Willis, qui a traité Georges III.
(*Note du traducteur.*)

Heureusement, mon petit garçon jouait dans la chambre. Il vit briller l'arme levée sur ma tête, et s'écria : Ah ! maman ! maman ! Ce cri de son enfant réveilla en lui quelque tendresse. Je m'évanouissais ; il reprit sa raison ; et quand je fus revenue à moi, il employa les menaces, les imprécations pour m'engager à abjurer le serment que j'avais fait de renoncer à lui. Mais rien ne put m'ébranler. La violence, comme je l'ai dit, n'obtient rien de moi. Voyant le peu d'efficacité de ce moyen, il eut recours à de plus douces armes. Il pria, conjura, mit en œuvre tout ce que la tendresse put lui suggérer. Cette attaque était plus propre à réussir que l'autre. Cependant j'y résistai. Je rejetai toutes ses propositions, et même l'offre qu'il me fit de me donner sur-le-champ sa main, avec la promesse la plus solennelle d'expier, par une éternelle complaisance, l'outrage qu'il m'avait fait.

Mon obstination ramena sa frénésie. Je le priai en grâce de me quitter. Sa tendresse, et la crainte qu'il eut de me voir retomber dans mon évanouissement, l'y firent enfin consentir ; mais ce ne fut qu'à condition que je lui permettrais de revenir dans deux heures.

En sortant, il défendit aux domestiques de laisser entrer près de moi qui que ce fût. Il alla, comme je l'ai su depuis, chez lui, où il trouva le major Burton, qui était depuis quelque temps à Londres, et avait retardé son retour en France, à cause de l'affliction de son ami.

Aussitôt qu'il fut parti, j'envoyai ma femme de chambre, avec une commission verbale, chez quelque femme de mes amies; et pour qu'elle ne prît aucun soupçon de ce que je la faisais sortir, je lui dis que j'étais si mal que j'allais tâcher de dormir en attendant son retour. Mais au lieu de le faire, sitôt qu'elle fut sortie, je me levai; et jetant sur moi les premiers vêtemens que je trouvai, j'allai plus morte que vive dans la rue, où je me mis à courir comme une folle. C'était un dimanche : le peuple sortait de l'église, et voyant par les rues une jeune femme habillée comme on ne l'est pas ordinairement pour aller à pied, il dut croire que j'avais perdu la raison.

En marchant, je me calmai assez pour réfléchir que l'appartement de ma mère ou celui de quelqu'intime amie n'était pas l'asile que je devais choisir, étant probable que ce serait là que M. Metham irait d'abord me chercher. Je me rendis donc jusque dans Southampton-Street, dans la maison où j'avais logé en arrivant d'Irlande. C'était précisément celle que les honnêtes Gansel avaient depuis habitée. Mistriss Smith, la maîtresse, fit, pour me tranquilliser, tout ce qui dépendait d'elle. Après m'avoir donné à déjeuner, elle alla chez ma mère, pour lui dire où j'étais. Elle y trouva M. Metham en proie à toute la rage d'un insensé. Il m'avait cherchée chez M. Calcraft, et courait partout où il pouvait espérer de me trouver. M. Calcraft apprenant ma disparition, avait été presque aussi déconcerté que lui. L'amour et la jalousie lui persuadèrent que j'avais été me mettre sous la protection du lord Downe qui, sans contredit, était doué de tout ce qui peut attirer les regards de mon sexe. Il éprouvait donc les mêmes craintes, le même dépit que M. Metham.

Ma mère, après avoir promis à ce dernier qu'elle l'instruirait de ma retraite aussitôt qu'elle la connaîtrait, vint me trouver. Elle aurait mieux aimé que j'eusse accepté ce qui faisait depuis si long-temps le grand objet de tous ses vœux, et qu'on venait aujourd'hui m'offrir : mais l'état dans lequel était M. Metham, et le danger que j'aurais pu courir en restant à sa portée, l'empêchèrent de blâmer le parti que j'avais pris.

Heureusement la semaine de la Passion se trouvait suivre celle dans laquelle j'avais éprouvé tant d'agitations. Afin de me procurer un peu de repos, et d'éviter M. Metham jusqu'à ce qu'il eût repris quelque raison, je voulus profiter de cette occasion pour aller voir mes amis à Donnalan-Park. Mistriss Smith, que les aimables propriétaires de cette demeure avaient souvent invitée, ainsi que moi, à les aller voir, consentit à m'y accompagner.

Nous partîmes, en conséquence, le lendemain. Nous fûmes accueillies avec des transports de joie. M. Gansel eut la bonté de me dire que le plaisir de me voir ajouterait dix années à sa vie. Il me prodigua les louanges auxquelles il m'avait accoutumée, de manière que toutes les personnes présentes durent me croire supérieure, non-seulement aux Olfield et aux Porter de son temps, mais égale à l'incomparable Cibber du nôtre; perfection à laquelle je n'ai jamais osé me flatter d'atteindre. Mais j'étais jeune, et le public indulgent m'a toujours accordé, avec bienveillance, plus d'applaudissemens que, probablement, je n'en méritais.

La satisfaction que me témoignaient les maîtres de la maison, semblait se communiquer à tout ce qui les environnait : chacun s'empressait à me prodiguer des marques d'attention. Je me trouvais dans un paradis terrestre, séjour de paix, d'innocence et de bonheur. M. Gansel, sujet à de fréquentes attaques de goutte, vivait en valétudinaire. Il se retirait ordinairement à huit heures, et laissait sa femme faire les honneurs du souper. Mais, par égard pour moi, il annonça qu'à cause de mon arrivée, il passerait la soirée avec la société. Ce fut inutilement qu'avec tout le monde je le priai de ne pas compromettre sa santé, en dérangeant ses habitudes : il avait, me dit-il, tant de plaisir à voir à Donnalan-Park son admirable Juliette, que rien ne pourrait l'engager à la quitter avant qu'elle allât se coucher.

Je fus toute surprise alors d'entendre le bon vieillard commander pour souper trois poulets bouillis, trois poulets rôtis, trois sur le gril, et un pâté de poulet froid. Cette uniformité de mets avait quelque chose de bizarre ; et je ne trouvais pas moins étrange que le maître de la maison entreprît ainsi sur les attributions de sa femme. Nous n'étions, pour manger tous ces poulets, que huit personnes.

Pendant le repas je remarquai, sur le visage de mistriss Gansel, un air de tristesse que je ne pouvais m'expliquer. Elle m'avait invitée avec les mêmes instances que son mari, à venir chez eux, et elle ne m'avait pas témoigné moins de plaisir que lui en me voyant descendre de voiture : j'eus bientôt la clef de ce mystère.

Mistriss Gansel, ayant pris la peine de me conduire à mon appartement, me pria d'excuser le singulier souper que je venais de faire. Elle en avait fait préparer un plus analogue à mes usages : mais son mari, dans sa jeunesse, ayant fait serment de ne jamais faire servir sur sa table, quand il mangerait, qu'un plat, ou plutôt qu'une qualité de mets, non compris les fruits et leurs préparations, elle avait été obligée, pour ce soir, de céder à son goût.

Je ne concevais pas, lui dis-je, comment,

ayant autant de convives, il pouvait les traiter convenablement sans enfreindre son vœu, à moins qu'il ne fît rôtir un bœuf. Je pourrais, me dit-elle, en juger le lendemain. Il devait avoir à dîner ses collègues de l'assemblée du canton. Au reste, comme elle avait remarqué que le souper était mon principal repas, elle aurait soin, pendant mon séjour, de me le faire faire dans un autre genre que le dîner : M. Gansel, lorsqu'il n'y assistait pas, lui laissait la faculté de faire, à cet égard, ce qu'elle voulait. Autant que me le permettait l'agitation de mon ame, je m'amusai de la singularité de mon nouvel ami, et de la naïve simplicité de sa femme.

LETTRE XLIX.

9 novembre 17 —.

La maison de M. Gansel était petite, mais commode, bien meublée, et accompagnée de tous les accessoires qui pouvaient en rendre le séjour agréable; tout y était propre et soigné : une rivière voisine offrait de tous côtés de jolis points de vue. Tout cela ne suffit point au bonheur. Les propriétaires de ce lieu de délices voyaient avec chagrin que leur fils unique, le colonel Gansel refusait de se marier : ils craignaient que par la suite une habitation qu'ils avaient pris tant de plaisir à embellir, ne passât à des étrangers. Ainsi se mêle toujours quelque amertume à la vie la plus heureuse.

Le dîner du lendemain répondit au souper de la veille : un grand morceau de chevreuil fut servi à un bout de la table, un second à l'autre; deux pâtés de la même viande garnissaient les côtés ; quelques légumes remplissaient le milieu. J'ai peu de goût pour le chevreuil ; mais celui-ci était fort bien apprêté : je n'ai guère fait d'aussi bon repas. Un dessert très-varié remplaça ce monotone service. Quand je vis que la bouteille commençait à circuler, je fis un mouvement pour sortir ; mais le maître de la maison, près duquel j'étais assis, en me donnant un petit coup, me dit : Restez, ma chère fille ; nous ne disons jamais rien dont une femme puisse rougir ; et je suppose que les dames ne quittent la table après le premier ou le second verre, que parce qu'elles craignent de voir les hommes se dégrader par quelque excès (1).

Je fus si satisfaite de cette façon de penser que j'aurais, je crois, baisé la main qui m'avait frappée. La décence est la sœur de la raison : il est ridicule que les femmes, dans la société la plus choisie, soient privées de participer à la gaieté qui termine ordinairement le repas, parce que quelques hommes mal

---

(1) L'usage où sont les dames de sortir au dessert est universel en Angleterre ; telle en fut peut-être l'origine : les habitudes survivent souvent aux circonstances qui y ont donné lieu. (*Note du traducteur.*)

élevés ne savent pas dans leurs saillies respecter une oreille délicate. Aux petits soupers de M. Quin, qu'honoraient ordinairement de leur présence les hommes les plus distingués de son temps, jamais il n'échappait un seul mot dont pût s'alarmer une femme estimable. Je n'ignore pas qu'on a attribué à ce digne homme lui-même des expressions peu convenables; et il serait possible que la vivacité de la conversation en eût surpris quelques-unes à une imagination aussi facile ; mais ces *jeux d'esprit* (1) durent être rares, et beaucoup ont couru décorés de son nom, qui ne lui ont jamais appartenu.

Le colonel Gansel vint le soir se réunir à nous : sa mère, qui l'adorait, fit tuer pour lui le veau gras. Pendant le dîner du second jour, on dit au maître de la maison que quelqu'un demandait à lui parler. Il fit prier l'étranger d'entrer; mais celui-ci fit dire que l'affaire qui l'amenait étant particulière et pressante, il désirait d'entretenir seul M. Gansel.

---

(1) Ces mots sont en français dans l'original.
Note du traducteur.)

Notre hôte était curieux. Il ordonna qu'on tînt chaud un des quatre plats qui composaient le service, et nous engagea à continuer de dîner, ne sachant pas, d'après le contenu du billet, combien de temps il serait absent. L'air qu'il prit en disant ces mots, affecta visiblement son fils ; je remarquai qu'il changeait de couleur, et qu'il paraissait fort agité. Après le dîner, M. Gansel sonna, et demanda qu'on lui montât, pour lui et son hôte, le plat qu'il avait fait réserver. Mistriss Gansel sortit en même temps, elle revint bientôt, et souriant à son fils, lui dit : Ne vous alarmez pas, votre père paraît gai ; vous n'êtes pas le premier homme qui soit devenu amoureux sans le consentement de ses parens. J'appris ainsi pourquoi le colonel avait paru si inquiet ; postérieurement, j'ai su qu'il avait, depuis quelque temps, formé secrètement une union qu'il avait peu d'espoir de faire approuver à son père.

Le colonel avait amené pour la ménagerie de son père un beau taureau blanc, animal rare et curieux. Après le dîner, nous allâmes dans le parc pour le voir ; un domestique vint m'y dire que son maître désirait de me parler. Je quittai à regret ma promenade pour me rendre à l'invitation du bon vieillard; et ne lui supposant pas d'autre motif que le plaisir qu'il avait à me voir, j'entrai, sans penser à aucune autre chose, dans sa chambre. Quelle fut ma surprise d'y trouver avec lui M. Calcraft! M. Gansel, aussitôt d'une main prenant la mienne, et de l'autre celle de son nouvel hôte, me le présenta, en me disant: Ma chère, voilà votre protecteur contre un furieux; c'est un homme d'honneur; il se propose, si vous y consentez, de vous rendre heureuse pour toute votre vie.

Il me montra alors un papier; puis, sans m'en expliquer le contenu, il sonna, et dit à un domestique d'aller chez son procureur, pour le prier de venir sur-le-champ : le domestique, promptement de retour, dit à son maître que le procureur qu'il employait ordinairement n'était pas chez lui ; mais qu'on pouvait en avoir un autre, qu'il nomma. Non! non! s'écria le vieillard; il ne me convient pas: je n'ai que faire d'un homme qui vient dîner avec moi, et me fait payer ensuite treize schellings et demi pour m'avoir honoré de sa compagnie. Imaginez-vous, monsieur, dit-il en se tournant vers M. Calcraft, que je priais souvent cet homme à dîner chez moi, ainsi que tous mes voisins ; ce misérable, après s'être bien gorgé de ce qu'il y avait de meilleur à ma table, pour chaque fois qu'il m'a fait l'honneur de venir me voir, m'a porté en compte treize schellings et quatre pences, jusqu'à concurrence de deux cents livres. Mais, ajouta-t-il, vous n'êtes pas pressés ; mon procureur reviendra ce soir, et alors nous terminerons l'affaire.

Surprise et confondue, j'eus à peine la force de répondre un seul mot. M. Gansel, continuant, m'apprit que M. Calcraft, dont il fit un grand éloge, ne pouvait pas m'épouser sur-le-champ ; sa position et la dépendance absolue où il était de M. Fox, ne le lui permettaient pas. Mais le papier qu'il tenait était un projet de contrat de mariage, par lequel M. Calcraft s'engageait, sous un dédit de cinquante mille livres, à m'épouser d'ici à six ou sept ans, terme avant l'échéance duquel il aurait probablement acquis assez de fortune pour avouer publiquement son mariage. Mais il ne pouvait, quant à présent, en célébrer la cérémonie, parce que M. Fox avait exigé, sous peine de sa disgrâce, qu'il ne contractât d'engagement légal avec aucune femme. Comme de ce protecteur dépendaient et son aisance actuelle, et toutes ses espérances, il était obligé de se conformer à cette fantaisie. Et telle était sa délicatesse, que, tout en m'aimant avec passion, il ne pouvait, même pour m'obtenir, manquer à la parole qu'il avait donnée à son chef. Ainsi, pressé entre ses désirs et son obligation, il avait imaginé, pour les concilier, le mode qu'il me proposait.

Je laissai M. Gansel développer les motifs et les idées de M. Calcraft; mais dans ma réponse, j'exprimai avec force, combien je trouvais mauvais que ce dernier fût venu importuner et M. Gansel et moi, de ses projets. Je l'assurai que j'étais très-décidée à ne former jamais aucune liaison, et le priai de ne me plus parler de ses propositions. J'allais quitter la chambre, lorsque M. Calcraft, qui paraissait fort affligé de ma résolution, se mit entre la porte et moi, pour m'empêcher de sortir.

Choquée de cette liberté, et la colère l'emportant sur la décence, je le frappai. Je rougis encore aujourd'hui, en me rappelant cette violence commise il y a tant d'années. J'eus une telle honte de mon emportement, que je fondis en larmes; et je parus plus confuse d'avoir donné ce coup, que ne le fut Zanga d'en avoir reçu un. M. Calcraft soupirait et sanglottait. Le bon M. Gansel était presque hors de lui. Celui-ci m'ayant enfin déterminée à m'asseoir, s'étendit sur la manière brutale dont M. Metham s'était conduit avec moi. Il en résultait, selon lui, que ma véracité était devenue suspecte; que ma réputation était entachée; et que j'étais exposée à être, au premier moment, victime de la jalousie d'un furieux. Enfin, il peignit ma situation de couleurs si fâcheuses, que je commençai à être aussi agitée de crainte, que je l'avais été de colère.

M. Calcraft, trouvant en M. Gansel un si zélé défenseur, pensa qu'il ferait bien de lui laisser plaider sa cause. En conséquence, prétextant quelques affaires, il le pria d'excuser la promptitude de son départ. Il craignait, ajouta-t-il, que des raisons du même genre ne l'empêchassent de revenir bientôt à Donnalan-Park, à moins qu'il ne reçût l'heureuse nouvelle que je consentais à être à lui. Il pria M. Gansel d'employer tous ses soins pour obtenir cet aveu, auquel cas il accourrait pour signer son acte. Son amour, dit-il encore, lui donnait pour moi les plus vives inquiétudes; il ne savait trop ce qui pourrait m'arriver, si je retournais à Londres sans y avoir quelqu'un pour me protéger; si je le permettais, il se chargerait volontiers de cet emploi, fût-ce au péril de sa vie. Je ne répondis rien : il sortit.

Son départ me soulagea. L'agitation que je venais d'éprouver me donna la fièvre. La semaine de la Passion expira avant que je fusse rétablie. M. Gansel pria son fils, qui était retourné à la ville, d'instruire M. Garrick des motifs qui m'empêcheraient de paraître pendant quelques jours. Le colonel trouva que le directeur n'avait pas grand besoin de ma présence, la plupart des représentations étant destinées aux bénéfices. Les chagrins et les inquiétudes se succédaient : j'étais née pour être malheureuse; et chaque incident de ma vie semblait tendre à l'accomplissement de cette triste destinée.

LETTRE L.

20 novembre 17 —.

M. Gansel me flattait, me consolait; il ne négligeait rien pour me décider à accepter ce qu'il appelait mon bonheur; il me soignait dans mon indisposition, avec une attention plus convenable à une vieille garde-malade qu'à un riche et ancien membre du parlement d'Angleterre.

Enfin, je reçus une lettre de ma mère; elle avait, me disait-elle, fait part à M. Metham du lieu de ma retraite. Cette connaissance avait paru le tranquilliser. Elle avait lieu de croire que l'amour-propre offensé par la crainte d'avoir un rival, avait eu plus de part à sa colère que l'ardeur d'une grande passion. Le bruit courait, ajoutait-elle, qu'il avait renoué une ancienne liaison avec une femme galante de qualité. A en juger par l'indifférence avec laquelle il parlait de moi, il était probable que, quand même je relâcherais quelque chose de mon obstination, il ne se proposerait pas de m'épouser.

Cette lettre fatale, confirmée par le silence que gardait M. Metham, quoiqu'instruit, me disait-on, de ma retraite, ranima un ressentiment qui commençait à fléchir, et mit le comble à mon infortune; car si je l'avais vu avant de consommer l'union que l'on me pressait de former, quoique j'eusse pu peut-être ne pas vouloir être à lui, je n'aurais jamais consenti à être à un autre. Ainsi, victime d'une cruelle déception, dont ma mère avait été l'innocent instrument, je devins la dupe de ma propre indignation.

Ce sentiment prenant alors le dessus dans mon cœur, et M. Gansel multipliant ses efforts pour me faire accepter les propositions de M. Calcraft, je ne pus résister à cette double influence; l'écrit fut dressé, et M. Calcraft mandé pour le signer.

Mais mon consentement était à peine donné, que l'image de l'homme que j'aimais encore, malgré sa grossièreté passagère, vint se représenter à mon esprit, et en bannir tout autre objet. C'était le premier, le seul que j'eusse jamais aimé; c'était le père de mon enfant.

L'union que j'allais former répugnait à mon cœur, et je m'attachai de nouveau à la résolution que j'avais prise d'éviter toute liaison avec aucun homme. Mon hôte, instruit de ce changement de disposition, employa pour m'en détourner les plus puissans argumens. Il y avait de la folie, me disait-il, à contrarier la fortune qui me jetait à la tête une union assurée avec un homme déjà riche et destiné à l'opulence. Je ne pouvais, sans inconséquence, sans enfantillage, retirer la parole que j'avais donnée. Il avait réservé pour le dernier le plus puissant de tous ses raisonnemens; il était surpris, dit-il en terminant, que douée d'un esprit si fier, si indomptable, je pusse tranquillement me voir traiter avec indifférence. Cette idée réunie au souvenir de l'humiliation que j'avais reçue à Tunbridge, éveilla de nouveau mon ressentiment; « il vint » comme le corbeau qui voltige sur la maison » infectée, » et obscurcit tellement ma raison qu'il ne me laissa plus la force de m'opposer à mon malheur.

Je n'ai pas besoin de dire que M. Calcraft arriva bientôt à Donnalan-Park. Le contrat fut signé; et à la cérémonie près, nos noces furent célébrées à la satisfaction de toutes les parties excepté moi. Le bon Gansel était aussi glorieux, aussi satisfait d'avoir réussi à sa négociation, que s'il eût marié sa propre fille à quelque prince héréditaire. Quant à moi, comme la colombe de l'arche, j'aurais bien voulu retourner à cet asile où j'avais si long-temps trouvé le bonheur; et si j'avais connu la vraie situation où se trouvait l'homme qui m'avait offensée, au lieu d'attendre qu'il me prévînt par sa soumission, j'aurais été, l'olivier à la main, lui demander la paix. En partant pour revenir à la ville, nous laissâmes l'acte entre les mains de M. Gansel. Il ne pouvait être nulle part plus en sûreté que chez un ami aussi zélé pour mes intérêts.

Aussitôt que je fus à Londres, supposant l'état de M. Metham tel qu'on me l'avait dépeint, je lui écrivis que je venais d'élever entre lui et moi une séparation éternelle. Quelles furent ma surprise et ma douleur quand j'appris qu'au lieu d'être dans l'insouciance qu'on lui avait prêtée, il avait été, depuis mon départ, continuellement retenu au lit par une grosse fièvre, dont il était à peine convalescent! Au reçu de ma lettre, le mal reparut; avec lui revint le délire. Son égarement fut plus violent que jamais; dans les accès de sa fureur, il tenta plusieurs fois de s'ôter la vie. Les tendres soins du major Burton et la vigilance d'un domestique affidé qui ne le quittait jamais, l'empêchèrent d'exécuter ce funeste projet.

J'ai su depuis que le compte que m'avait transmis ma mère de la tranquillité qu'avait recouvrée M. Metham, et de l'ancienne intrigue qu'il avait renouée, lui avait été rendu par ma femme de chambre, qu'avait gagnée M. Calcraft. Cette manœuvre, en contribuant à l'union que celui-ci désirait, produisit à peu près l'effet qu'il en attendait; mais elle ne servit pas à lui procurer le bonheur qu'il s'en était promis. La fausseté, dans de pareilles circonstances, conduit toujours à un but opposé à celui pour lequel on l'a mise en usage.

J'étais à Londres depuis quelques jours, lorsqu'on me dit que Sherrad, domestique de M. Metham, demandait à me parler; il m'apportait une lettre. Le pauvre garçon, la larme à l'œil, m'apprit que son maître était encore retenu au lit, et que, sûrement, il allait mourir si je ne voulais pas le voir ou lui donner quelque consolation. Il me demandait sans cesse, croyait se jeter à genoux devant moi, et me conjurait de lui pardonner. Lorsque j'eus dit à Sherrad qu'il était trop tard, et que mon sort était fixé, le digne homme s'écria: « Hé bien, nous sommes donc tous perdus, et mon pauvre petit maître aussi! » Puis il pencha sa tête, avec l'air d'une affliction profonde.

Ces marques naïves d'attachement, le nom de mon enfant, prononcé par ce bon serviteur qui l'aimait comme si c'eût été le sien, me causèrent une émotion que je ne pus supporter; mon ame était déchirée; je m'éloignai avec précipitation, pour cacher ce que j'éprouvais, et, dans ma douleur, j'accusai ma mère de s'être entendue avec Calcraft, pour me tromper et me perdre. Ne pouvant résister à l'agitation de mes sens, je tombai, privée de sentiment. On me transporta dans ma chambre; j'étais presque dans le même état que le pauvre Metham; il me semblait que le monde était anéanti pour moi.

M. Metham, lorsque son honnête valet lui

raconta ce dont il avait été témoin, sembla redoubler d'affliction. Dans un accès de véritable folie, oubliant les obstacles insurmontables qui désormais nous séparaient, il m'écrivit pour me renouveler ses promesses de mariage, et me conjurer de lui permettre de les remplir.

Tant d'épreuves successives avaient jeté mon imagination dans une espèce de désordre, qui se prolongea pendant plusieurs jours. Cette agitation, en s'apaisant, se changea en une insensibilité stupide. Je n'avais pu, dans ce trouble, répondre à la lettre de M. Metham; il fut si offensé de mon silence, qu'il envoya prendre mon fils chez ma mère, et le plaça chez mistriss Dives, sa sœur. Cette circonstance n'ajoutait pas à mes peines; mistriss Dives avait à son frère de grandes obligations, et j'avais montré à ses enfans une tendresse qui me garantissait l'affection qu'elle aurait pour le mien; il avait alors deux ans et trois mois.

Vous voyez quelle combinaison d'événemens me poussa pour ainsi dire à ce nouveau genre de vie dans lequel je vais entrer. J'ai sans doute à me reprocher la précipitation avec laquelle je me promis de ne point renouer avec M. Metham, et surtout l'obstination avec laquelle, rejetant l'honorable réparation qu'il voulait me faire, je tins à ce serment irréfléchi. « Il y a, nous dit Shakespeare, dans les affaires des hommes, un certain flux, qui, lorsqu'on en saisit la direction, conduit à la fortune; » mais combien peu savent distinguer et suivre ce courant favorable ! Il n'entraîne pas comme un torrent; il glisse imperceptible, échappe aux esprits légers, aux ames qu'occupent de plus hautes pensées; l'occasion fuit, « et il faut achever ce voyage de la vie parmi des écueils, entouré de misères et de dangers. »

LETTRE LI.

29 novembre 17 —.

Mon indisposition avait obligé M. Ross de reculer la représentation à son bénéfice, dans laquelle je devais jouer un rôle. M. Garrick voulut profiter de cette occasion pour changer la pièce, et en substituer une à laquelle je ne fusse pas nécessaire. Il chercha même à me faire entendre que ce serait dégrader ma réputation, que de jouer pour un acteur d'un ordre inférieur. Mais, persuadée que plus un acteur est considéré, plus il est obligé d'aider de ses talens la société dont il fait partie, je parus offensée de cette proposition. Cette générosité, si contraire au sentiment que me manifestait le directeur, ajouta à la prévention qu'il avait depuis long-temps contre moi.

Je choisis, cette année, pour mon bénéfice, la farce de l'Oracle, jouée par les Lilliputiens, dans laquelle je fis paraître la célèbre miss Pope, actrice distinguée, plus estimable, s'il est possible, par sa conduite dans sa vie privée, que par les grands talens qu'elle développe sur le théâtre.

M. Quin, ayant appris que j'étais malade, vint à Londres pour me voir, et pour y consommer un acte de générosité, tellement honorable à sa mémoire, qu'il doit trouver place ici. L'année précédente, il avait joué le rôle de Falstaff pour le bénéfice de son ancien ami M. Ryan. Ce témoignage de considération produisit son effet, et M. Ryan eut une représentation très-lucrative. Son succès l'engagea à demander, l'année suivante, à M. Quin la même grâce : celui-ci répondit par une épître vraiment laconique, parce qu'en peu de mots elle contient un grand sens. Je la transcris ici :

« Je jouerais pour vous, si je le pouvais ; mais je ne veux pas *siffler* pour vous. Je vous ai légué mille livres ; si vous en avez besoin, je peux vous les donner, et épargner à mes exécuteurs testamentaires la peine de vous les remettre.

» Bath, 1ᵉʳ mars.

JAMES QUIN (1). »

Cette preuve d'amitié, pour un camarade indigent, augmenta, s'il eût été possible, mon attachement pour M. Quin. Lorsqu'il vint me voir, je lui ouvris mon cœur. Le sien, toujours bon et sensible, m'offrit des consolations. Il me conseilla de tâcher de vivre tranquille, si je ne pouvais vivre heureuse. Il avait, comme se l'était faite alors tout le public, une grande idée de la droiture et de la probité de M. Calcraft. Il convenait bien que nos ames n'étaient pas à l'unisson l'une de l'autre ; mais cet homme

---

(1) On lit dans les *Nuits anglaises* que Quin, après avoir quitté sa profession, s'ennuya à Bath de son oisiveté. Désirant, ajoute-t-on, de rentrer au théâtre, il écrivit à Rich ce peu de mots : « Rich, je suis à Bath. » A quoi Rich répondit : « Hé bien, restez-y jusqu'à ce que le diable vous emporte. » Cette anecdote paraît démentie par tous les détails que donne mistriss Bellamy sur cet estimable acteur. Il était né en 1693, et mourut en 1766.

(*Note du traducteur.*)

paraissait m'aimer tendrement, et je pourrais lui inspirer des goûts analogues aux miens.

Je ne nie pas que cela n'eût pu arriver, si j'avais répondu à la passion que M. Calcraft avait pour moi; mais je ne pouvais me promettre ces effets de l'indifférence que j'avais pour lui. Nous étions véritablement plutôt *joints* qu'*unis*. Il n'était pas possible qu'une ame de feu, comme la mienne, une imagination ardente et mobile, trouvassent quelque charme dans la société d'un être qui ne prisait de l'amour que les jouissances, et qui était étranger à ses plus exquises voluptés.

M. Calcraft dut à cette indifférence une grande partie de sa fortune. S'il m'eût inspiré de l'amour, mon esprit, susceptible d'exaltation, se serait enivré de ces douces illusions : au contraire, n'en ayant aucune à caresser, je ne m'occupai qu'à me perfectionner dans ma profession, et à augmenter les produits de la sienne. Je supportais l'amour; mais je ne l'éprouvais point.

Je ne devais pas m'attendre, qu'après ce qui s'était passé, aucun des amis de M. Metham me conservât sa bienveillance. Je perdis, en effet, pendant quelque temps l'amitié de M. Brudenell. Il m'a depuis, cependant, rendu d'importans services. Quant au major Burton, au colonel Sandford, et au capitaine Shaftoe, ils étaient hommes du monde, et comme tels, plus occupés de leurs convenances, que touchés de la romanesque affliction de leur ami.

M. Metham, dans son désespoir, résolut de se venger sur tout le sexe, de ce qu'il appelait ma perfidie. Il ne manquait pas de moyens pour en trouver les occasions. Il avait de la grâce, une belle figure, un maintien fort noble; son élocution était facile et fleurie.

J'appris bientôt qu'il avait fait hommage de tout ce mérite à mademoiselle Gaussin.

A la clôture du théâtre, M. Calcraft prit, à Twickenham, une petite maison, appelée Ragman's-castle (château du Chiffonnier), où nous passâmes l'été. Son amour semblait s'accroître par mon indifférence. La mort m'ayant enlevé mes deux amies, je voyais peu de femmes. A la ville, nous vivions encore dans deux maisons différentes, parce que M. Digby (le feu lord de ce nom) occupait un appartement dans la maison de M. Calcraft, en Brewer-street.

M. Garrick désirait de m'engager pour la saison prochaine, afin d'empêcher Barry de trouver, pour jouer avec lui, aucune actrice en état de lutter contre mistriss Cibber, que lui-même avait engagée. Mistriss Woffington était revenue d'Irlande ; mais elle ne jouait pas dans le même genre que Barry. Mistriss Cibber était très-liée avec moi; malgré les suffrages dont m'honorait le public, toutes les fois qu'il était question d'elle, je faisais de ses talens le plus grand éloge, et je reconnaissais son incontestable supériorité.

M. Clutterbuck, ami particulier du directeur, fut chargé de cette négociation. Il avait ordre de m'offrir non-seulement une augmentation de salaire, mais les rôles de Juliette, de Desdémone et de Caliste, que mistriss Cibber avait la bonté de me céder pour me conserver dans la troupe.

Les protecteurs de l'un et de l'autre sexe qui m'honoraient de leur intérêt, et prenaient publiquement mon parti, me rendaient précieuse aux entrepreneurs du théâtre de Drury-lane, et me faisaient fort rechercher par ceux de Covent-Garden. Enfin, malgré l'avis de tous mes amis, et les sollicitations les plus pressantes de mistriss Cibber, je m'engageai avec les derniers. Il semble qu'un mauvais génie ait présidé à toutes les actions de ma vie, et m'ait empêchée de profiter de toutes les occasions de bien faire qui se sont offertes à moi. Dans cette circonstance, mon choix fut d'autant plus mal calculé, que d'une part, en continuant de jouer avec Garrick, je me serais perfectionnée ; de l'autre, les fréquentes et (quoi qu'on en ait dit) trop véritables indispositions de mistriss Cibber, m'auraient fourni autant d'occasions que je pouvais le désirer de cultiver l'indulgence avec laquelle le public voulait bien me traiter.

A notre retour à la ville, lord Digby étant en pays étranger, M. Calcraft, qui craignait le retour de M. Metham, me détermina à aller demeurer chez lui. Son attachement semblait chaque jour augmenter au lieu de s'affaiblir ; tout paraissait nous promettre une vie aisée et tranquille.

Ce fut alors qu'il m'apprit quel était son revenu : je fus très-surprise de voir qu'il n'était pas aussi considérable que le mien, y compris mon bénéfice, qui, à la vérité, était prodigieux, et que ma liaison avec lui devait probablement beaucoup augmenter. Il me demanda quelle somme me paraissait nécessaire pour tenir notre maison : sans calculer ni réfléchir, je répondis cent guinées par quartier. Il y consentit sans difficulté.

Tant de temps s'était écoulé depuis que j'avais reçu des billets de banque d'une main inconnue, que je crus pouvoir faire usage des mille livres qu'ils contenaient. Je commençai, en conséquence, par payer toutes mes dettes; j'employai le reste à ajouter à mes bijoux. Ainsi délivrée de tout embarras, munie de riches et élégantes parures, et pourvue d'une assez grande quantité d'argenterie, je pris publiquement l'état de femme de M. Calcraft.

Je vous donne ces détails, pour vous prouver que lorsque j'ai formé cette union avec lui, loin d'avoir des dettes pour l'acquittement desquelles j'eusse besoin de ses secours, je ne devais rien à personne, et j'avais un revenu supérieur au sien. Je vous ai dit que je serais vraie dans tous mes récits ; vous reconnaîtrez que je ne vous ai point trompée.

LETTRE LII.

12 janvier 17 —.

M. Fox, alors, était encore ministre de la guerre, emploi dans lequel aucun de ses prédécesseurs ni de ses successeurs n'a joui de plus de considération que lui. Il m'honorait souvent de sa compagnie ; et comme les intérêts de M. Calcraft étaient devenus les miens, je fis en sorte de connaître le plus grand nombre de militaires qu'il me fut possible. J'y réussis assez pour que nous eussions habituellement à notre table plusieurs officiers du premier rang.

Le général Braddock, que j'avais connu dès mon enfance ; et qui avait pour moi une amitié particulière, fut nommé, vers ce temps, pour aller en Amérique. Par suite de notre liaison, il me donna son agence (1), sans que je la

---

(1) Il sera souvent question, par la suite, de ces *agences*. Ce sont des commissions que donnent des colonels ou des

lui demandasse. Pendant les préparatifs de son voyage, il fréquentait plus assiduement notre maison qu'à l'ordinaire. La veille de son départ, il soupa chez nous avec ses deux aides-de-camp, le major Burton, qui venait de perdre sa femme, mon aimable amie, et le capitaine Orme.

Le général, avant de partir, me dit qu'il ne comptait plus me revoir; il allait, avec une poignée d'hommes, pour combattre des nations entières, qu'il fallait chercher au travers des déserts et des forêts. Disant cela, il me montra la carte du pays, et ajouta : Ma chère Pop, nous sommes des victimes qu'on envoie à l'autel. L'événement n'a que trop vérifié les sinistres pressentimens de l'infortuné général. En me quittant, il remit entre mes mains un papier qui s'est trouvé être son testament. Il ne doutait point, d'après la ten-

---

généraux à un particulier, de suivre auprès du ministère les intérêts de leurs corps, de solliciter les envois de fonds, les équipages, etc. Il paraît que ces soins sont lucratifs, et les officiers ont l'attention d'en charger, ou le secrétaire particulier du ministre, ou quelque autre personne qui ait auprès de lui un accès facile.

(*Note du traducteur.*)

dresse que l'on me témoignait, ainsi que d'après mon nouveau genre de vie, et la préférence que j'avais donnée sur M. Metham, à M. Calcraft, que celui-ci ne fût marié avec moi. Il le fit, en conséquence, son seul exécuteur testamentaire, et ne me laissa que la vaisselle d'argent dont le gouvernement lui avait fait présent à l'occasion de sa nomination au généralat.

Le théâtre de Covent-Garden eut cette année des succès. Il ouvrit par Roméo et Juliette. M. Rich semblait fonder sur cette pièce ses plus belles espérances. J'ai la Juliette à présent, disait-il, aussi bien que le Roméo (1). La foule, qui accourut aux représentations, prouva qu'il ne s'était pas trompé. Cependant, un soir, que je lui en parlais avec satisfaction, il me dit, en prenant une prise de tabac, et tournant sur le talon d'un air de mécontentement : Oui, madame, mais ce succès est dû uniquement à la procession (2). Si je n'avais pas eu tout sujet de croire qu'il m'aimait et

---

(1) Mistriss Bellamy et Barry.
(2) Cérémonie funéraire que M. Rich avait jointe à la pièce. (*Note du traducteur.*)

me considérait, je me serais offensée de cette bizarrerie, dont je ne fis que rire.

On aura peine à croire que la largeur d'une rue (car on peut donner ce nom à l'intervalle qui sépare Drury-lane de Covent-Garden) pût apporter quelque changement à la confiance d'une actrice aussi habituée que je l'étais au théâtre. Il est, cependant, de fait que, malgré la satisfaction que me témoigna le public par des applaudissemens plus nombreux que jamais, je fus aussi intimidée que lorsque j'avais débuté pour la première fois sous les auspices de M. Rich, dans le rôle de Monime. Je ne peux m'expliquer cette singularité, qu'en l'attribuant à ce que j'avais alors une réputation à perdre, comme à la première époque j'en avais une à faire.

Ma grossesse empêcha cette pièce d'être représentée aussi long-temps qu'elle l'avait été pendant les deux années précédentes. M. Garrick, pour balancer nos succès, acheta fort cher une cloche neuve. Mais voyant que les sons harmonieux de cet instrument n'attiraient pas à sa procession autant de monde qu'il l'avait cru, il en fit un usage qui ne pouvait manquer d'être profitable : ce fut de le faire sonner pour l'exécution de Pierre, dans la pièce où Cibber et lui jouaient avec une perfection supérieure à toute concurrence.

Mon absence du théâtre ayant nécessité la suspension de Roméo et Juliette, au grand regret du directeur, je l'engageai à coudre à quelqu'autre pièce la procession qui, selon lui, attirait seule tout le monde à celle-ci. Prenant encore sa prise de tabac, il me dit : Si je ne savais pas le contraire, je supposerais que l'homme de Brewer-street (M. Calcraft) ne mène pas avec vous une vie fort douce.

M. Rich avait accepté du docteur Francis une tragédie intitulée *Constantin*. J'ai dit plus haut que cet auteur passait pour être le traducteur d'Horace. (On m'a assuré depuis que cette traduction était l'ouvrage de M. Duncan.) Il avait aussi traduit, du français, Eugénie, dans laquelle j'avais joué le principal rôle : mais la pièce n'ayant eu aucun succès, je l'avais absolument oubliée. Je devais jouer, dans *Constantin*, l'impératrice Fulvie : cette occasion réveilla en moi un goût de parure que j'avais, depuis quelque temps, un peu négligé; et comme le directeur laissait à ma disposition une certaine somme pour mes vêtemens, je me proposai d'étonner les spectateurs par la magnificence de mon costume impérial.

La pièce du docteur n'était point sans mérite; mais le principal incident ressemblait trop à celui d'Othello. Cependant nous ne doutions point de son succès. L'auteur, malgré la chute d'Eugénie, avait de la réputation, et le nom de Barry, ainsi que le mérite de toute la troupe, semblaient devoir piquer la curiosité du public. Mais, à notre grande surprise, les bancs restèrent vides : Constantin n'eut autour de lui que sa propre suite. C'est le premier exemple de ce genre dont j'eusse jamais entendu parler, et je ne peux encore le comprendre.

Accoutumée à être, comme l'on dit au théâtre, très-suivie, je sentis mon amour-propre blessé, et je résolus de me venger du public en servant l'auteur dédaigné. M'avançant vers le docteur qui pleurait de dépit, et qui avait quelques autres motifs que la vanité pour déplorer sa mésaventure, je le priai de venir le soir souper avec moi. Je savais que

M. Fox y serait, et j'espérais avoir occasion de lui présenter le malheureux auteur avant que la compagnie se rassemblât. Mon projet réussit à souhait. En entrant dans le salon, nous y trouvâmes M. Fox seul. Je lui contai notre aventure, lui présentai le docteur, et le priai de lui rendre service. Comme jamais je n'avais rien demandé à M. Fox, la vivacité de ma recommandation le fit sourire. Il répondit que, pour ce soir, il ne pouvait faire du docteur que son chapelain, mais qu'il l'engageait à venir le lendemain déjeuner avec lui dans Conduit-street. Prenant ensuite par la main le poëte humilié, il finit par lui dire agréablement : Allons, docteur, peut-être votre chute, comme auteur, pourra servir à votre avancement comme théologien.

Ce fut le lendemain que j'accouchai d'une fille. M. Calcraft, enchanté, se persuada que cet événement contribuerait à augmenter mon affection pour lui. Lady Caroline Fox, lady Tyrawley, et M. Fox, lui servirent de parrain et de marraines. Cette circonstance ne laissa aucun doute que je ne fusse la femme de M. Calcraft; et dans la vérité, il était difficile de croire que j'eusse voulu, à toute autre condition, vivre avec un homme qui ne pouvait, ni pour les avantages personnels, ni même pour la fortune, entrer en concurrence avec M. Metham.

Lorsque je fus relevée de couches, M. Calcraft, effrayé d'un bruit qui se répandait du retour de M. Metham en Angleterre, me pria de rendre à celui-ci la pension qu'il m'avait faite, n'étant pas convenable, disait-il, qu'une personne qui devait être sa femme, et que le public, ainsi que lui-même, regardait comme telle, touchât une pension d'un autre que lui (1). J'y consentis. Pour reconnaître cette complaisance, il promit de me donner pour ma vie, et celle de ma petite Caroline-Élisabeth, un bien de 120 liv. de rente, situé à

---

(1) Le trait suivant a quelque analogie avec la délicatesse de M. Calcraft. Un acteur avait épousé une femme très-aimable, à laquelle le P..... de....., reconnaissant de quelques complaisances, avait fait autrefois une pension. Il déclamait un jour avec indignation contre l'immoralité d'un homme assez vil pour toucher le prix de l'inconduite de sa femme. Mais, lui dit quelqu'un, la vôtre, ce me semble, avait une rente.... — Sans doute; mais je n'ai eu garde de conserver un pareil revenu. — Quoi! vous avez remis au P.... cette pension? — Non; je me la suis fait rembourser. (*Note du traducteur.*)

Grantham, et qui venait de lui écheoir par la mort de sa grand'mère. Il me donna en même temps son testament, par lequel il me léguait l'intérêt de 11,000 liv. dans les fonds publics, qu'il avait amassés dans la place de payeur et de fournisseur des troupes du roi pendant la rébellion d'Ecosse, emploi qu'il avait dû au crédit de M. Winnington, intime ami de M. Fox.

Pour faire parvenir à M. Metham l'acte constitutif de ma rente (1), je le remis à M. Moore, son ami et le mien : j'ignore pourquoi il ne le lui adressa point, et je ne peux imputer cette négligence qu'au trouble dans lequel était alors son imagination. Une Irlandaise, qu'il adorait, lui avait promis de rompre, pour le suivre sur le continent, des engagemens plus sacrés. Un nouveau goût la détourna de celui qu'elle avait pris pour lui. M. Moore ne put soutenir ce changement. Dans son désespoir, il mit fin à ses jours par un coup de pistolet. Parmi ses papiers, son héritier trouva le titre de ma

---

(1) Les actes, en Angleterre, sont tous faits doubles. Chacun des contractans en a un exemplaire : les notaires n'en gardent point de minute. (*Note du traducteur.*)

rente, qu'il conserva jusqu'à la majorité de mon fils, le capitaine Metham. J'aimais beaucoup M. Moore, qui, de son côté, avait pour moi une tendre amitié. Je fus d'autant plus affectée de sa mort, que, le jour même qu'elle arriva, je l'avais vu le matin, et je devais passer avec lui la soirée. Une humeur douce, des manières prévenantes, un esprit éclairé, le rendaient cher à tous ceux qui le connaissaient.

Le docteur Francis, profitant de la connaissance que je lui avais fait faire, s'attacha à M. Fox, et encore plus à son commis. La mauvaise santé de lady Caroline l'empêchant de voir beaucoup de monde, le ministre ne tenait point de maison : le docteur, qui était un *bon vivant* (1), et qui préférait la table au bréviaire, trouvait à celle de M. Calcraft l'abondance qui ne lui déplaisait pas, et faisait cas du maître qui le recevait volontiers. J'observe, en passant, que ces messieurs ont l'un et l'autre payé leur protecteur de la plus noire ingratitude.

---

(1) **Ces mots sont en français dans l'original.**
(*Note du traducteur.*)

Pour dire la vérité, M. Fox n'a jamais éprouvé de reconnaissance de la part des gens qu'il a comblés de faveurs. Ce bon, ce grand homme avait, dans sa société particulière, le caractère le plus aimable. Excellent mari, père trop indulgent, il était le meilleur des maîtres, le plus tendre et le plus constant des amis. Tant de qualités ne purent le mettre à l'abri, ni des traits de la calomnie, ni de la perfidie des serpens qu'il nourrissait dans son sein.

Je ne peux m'empêcher de citer ici une particularité qui fera connaître quelle était sa tendresse pour son fils, celui qui joue aujourd'hui un si grand rôle dans le monde politique. On devait abattre à Holland-house un mur pour la démolition duquel il était nécessaire d'employer de la poudre à canon. M. Fox avait promis à son fils Charles qu'on ferait devant lui cette explosion. Apprenant que les ouvriers avaient abattu le mur sans avertir l'enfant, il le fit reconstruire; et quand il fut bien achevé, il le fit sauter une seconde fois pour tenir parole à son fils. Il engagea, en même temps, toutes les personnes présentes à ne jamais manquer de parole à des enfans.

La légèreté avec laquelle on les trompe les accoutume à considérer leurs propres promesses comme aussi peu importantes que celles qu'ils voient habituellement enfreindre.

LETTRE LIII.

22 janvier 17 —.

On avait engagé M. Rich à remettre au théâtre la tragédie d'Alexandre, de Lee. Le rôle de ce héros semblait convenir aux moyens de Barry, qui pouvait y développer tous les avantages de sa personne. On pensa que les rôles de reines rivales seraient fort bien remplis par mistriss Woffington et par moi. Le temps n'avait fait qu'accroître l'ancienne animosité qu'avait conçue contre moi cette actrice; cette circonstance y fournit un nouvel aliment. J'avais chargé pendant l'été madame Montete, femme d'un coiffeur alors célèbre, qui partait pour Paris, de m'apporter deux vêtemens propres à la tragédie, et de choisir les plus élégans qu'il fût possible de trouver. J'ai déjà dit que le directeur m'allouait une certaine somme, à la charge de me pourvoir d'habillemens.

Mon ambassadrice devait s'adresser à madame Bonnefoi, la première marchande de modes du temps ; celle-ci devait s'entendre avec madame Brillant, laquelle consulterait mademoiselle Dumesnil; elle avait ordre même de prendre l'avis de tous les gens de goût sur une affaire si importante. La remise d'Alexandre me fournit une belle occasion d'étaler ma magnificence dans le rôle de la princesse persanne (1).

Le goût et la richesse s'étaient concertés pour disposer ces deux parures, dont l'une était d'un jaune foncé. M. Rich avait acheté pour mistriss Woffington, qui faisait le rôle de Roxane, un habillement de la princesse douairière de Galles, très-frais et très-beau au jour. Mais comme il était de couleur de paille, il semblait, à la lumière, être d'un blanc sale, surtout quand à côté paraissait le jaune éclatant du mien. J'avais joint à cette robe jaune un manteau pourpre; cet heureux mélange lui donnait un nouveau lustre.

---

(1) Ces détails sont par eux-mêmes très-frivoles ; mais ils peignent les mœurs, le goût, les usages ; ils nous apprennent quel était alors l'empire de la France dans les arts de luxe, auxquels les nations modernes attachent une si grande importance. (*Note du traducteur.*)

Ainsi revêtue de toute ma pompe, j'entrai dans le foyer; ma rivale, à cet aspect, éprouva plus d'envie que n'en sentit peut-être la véritable Roxane pour la perte du héros de Macédoine. Furieuse, elle se leva, et venant à moi, me dit d'un air hautain: Je vous prie, madame, de ne plus porter ce costume dans la pièce que nous devons jouer ce soir.

La violence, vous le savez, n'obtient rien de moi; je le fis sentir à mistriss Woffington, qui, au lieu de commander, se réduisit à solliciter; je promis ce qu'elle désirait, et la pièce fut jouée tranquillement.

Mais le lendemain, je parus avec mon autre vêtement, plus riche, plus élégant encore que le premier. La colère de mistriss Woffington devint une véritable rage ; elle témoigna si ouvertement son impatience, que le public s'en aperçut et exprima son mécontentement.

Je méprise la vengeance, mais je ne hais pas certaines représailles. Le jour suivant, je remis le vêtement jaune et pourpre; mistriss Woffington ne put plus se contenir; elle voulut interposer l'autorité de M. Rich, qui refusa de se mêler de ce grand débat. Prête à crever de dépit, elle me dit que j'étais bien heureuse d'avoir un ministre pour fournir à mon extravagance en bijoux et en parures. Choquée d'un reproche injuste, je répondis avec aigreur que j'étais bien fâchée que la moitié de la ville ne suffît pas pour lui donner l'équivalent de ce que, selon son impertinente supposition, me donnait un ministre. Je m'enfuis après avoir dit ces mots, car j'aurais couru le risque de paraître dans la scène suivante avec des yeux noirs quoique la nature me les eût donnés bleus.

L'hiver suivant, M. Foote fit de cette aventure une petite pièce à sa manière, qu'il intitula : *La Querelle du Foyer, ou Bataille royale entre la Reine de Babylone et la fille de Darius* (1).

La pièce des Reines rivales fut bien se-

---

(1) On a vu que mistriss Woffington excellait dans le personnage de sir Henri Wildair. On prétend qu'un jour, sortant de la scène, et s'applaudissant au foyer du succès qu'elle avait eu dans ce rôle, elle dit : Je suis persuadée que la moitié du parterre m'a prise pour un homme. Que vous importe? lui dit quelqu'un; l'autre moitié sait bien le contraire. (*Note du traducteur.*)

condée par la perfection avec laquelle Barry joua le rôle du conquérant de la terre. Mais cette tragédie est écrite d'un style si boursouflé, que ni la beauté de mistriss Woffington, ni mes beaux costumes, ni tout le talent de Barry n'eussent produit beaucoup d'effet, si M. Rich n'eût déployé tout son génie dans l'entrée triomphale d'Alexandre à Babylone : ce fut réellement la plus belle cérémonie que j'eusse jamais vue; et quoiqu'elle entraînât de très-grands frais, elle en dédommagea bien par les produits. Le directeur, en cette occasion, pouvait bien se dire que son succès était son ouvrage.

Je perdis à cette époque la société des deux miss Meredith, auxquelles m'unissait une longue et étroite intimité. L'une d'elles ayant reçu le conseil d'aller en France pour sa santé, sa sœur l'y accompagna, et elles m'engagèrent à les y suivre; mais j'étais alors trop occupée pour m'absenter. Je sollicitais tous les officiers que je connaissais, de me charger de leur agence, et j'étais obligée de rester pour réclamer l'exécution de leur promesse, au moment de leur promotion.

J'avais obtenu, outre celle du général Braddock, celles de sir John Mordaunt et du général Campbell (depuis duc d'Argyle); j'avais de plus la promesse du colonel Honeywood (depuis général), qui était sur les rangs pour avoir un régiment anglais. J'étais aussi alerte à me procurer ces agences, que M. Calcraft était soigneux à en remplir les devoirs.

Quant à mes intérêts, ils occupaient peu mon attention; je laissais le détail de mon ménage à mon cuisinier, que je croyais aussi honnête qu'habile. Nous avions du monde tous les jours à dîner et à souper, ce qui portait notre dépense au triple de ce que M. Calcraft m'avait alloué pour cet objet. Mais son affection pour moi ne paraissait éprouver aucune diminution, et je ne doutais point que, son revenu s'augmentant par mes soins, il ne payât avec plaisir des dettes contractées pour recevoir des personnes qui contribuaient à l'amélioration de sa fortune.

M. Fox dînait presque toujours avec nous, lady Caroline ne sortant guère de Holland-house. Le feu lord Kildare, qui était cet hiver à Londres, l'accompagnait pour l'ordinaire. Le marquis de Granby, le général Hervey, venaient ou déjeuner, ou dîner, ou souper, quelquefois faire les trois repas. Il fallait à de pareils convives des mets recherchés, et je me piquais d'entendre à ordonner un menu aussi bien qu'aucun maître-d'hôtel de Londres.

Mon futur mari avait acheté une maison de campagne dans une jolie position, mais exposée à quelques inconvéniens; on l'appelle Hollwood-Hill; elle est située près de Bromley, dans le comté de Kent. M. Calcraft était sujet à avoir la goutte dans la tête; il parlait souvent de la mort, et il avait lieu de craindre cette maladie, dont sa mère était morte jeune. Dans ces momens, il disait qu'il se proposait de laisser cette maison à ma fille et à moi; en conséquence, je n'épargnais rien pour l'embellir. Ce qui m'attachait particulièrement à Hollwood, c'est que lord Tyrawley en avait jadis été le propriétaire.

Cette maison est voisine d'un bois de plusieurs centaines d'acres, dans lequel on déterre des renards, ce qui lui a donné son nom.

Quelques années avant que M. Calcraft l'achetât, elle avait été occupée par six particuliers attachés aux chasses de Cloydon; ces messieurs y avaient ajouté des cuisines et des écuries dignes d'une plus grande habitation, car celle-ci était vieille et bâtie à l'antique. Elle n'avait pas été louée depuis quatre ans, et n'avait guère moins besoin d'être nettoyée que les écuries d'Augias; les bâtimens étaient remplis de vermine, et les jardins couverts de ronces.

Heureusement, la cave contenait un assortiment de bons vins, ce qui engagea le docteur Francis, curieux de pareils meubles, à m'aider de ses soins. Le général Campbell m'envoya un jardinier, et me fournit des arbustes et des plantes étrangères; il m'indiqua aussi la manière de disposer le terrain, qui ne contenait que onze acres. Je construisis dans le jardin une serre chaude, une glacière, un pavillon, etc. Tous ces travaux furent achevés dans l'espace de quatre mois.

Cette habitation est à quatre milles de Bromley, qui est le marché le plus proche; elle est placée sur une éminence, et domine sur une contrée à perte de vue. D'un côté, on aperçoit Londres à quinze milles de distance; de l'autre, on voit une vaste étendue de campagnes. La proximité de la capitale en aisait malheureusement une sorte d'auberge, à cette petite différence près, qu'on ne pouvait pas le matin présenter la carte à ses hôtes. J'avais presque toujours avec moi deux ou trois femmes gaies avec décence, et spirituelles sans méchanceté; on peut croire que nous ne manquions pas d'hommes; les uns y venaient chercher notre société, d'autres y trouvaient avec plaisir le nectar qui avait servi d'attrait au docteur Francis.

L'année suivante, M. Calcraft prit une ferme voisine, qui suffit pour fournir la maison de denrées; mais dans le commencement, le docteur Belt fut mon pourvoyeur. Cet ecclésiastique demeurait dans un village appelé Caston, à environ un mille du bois; et comme il percevait ses dîmes en nature, il était en état de me fournir de volailles, et d'autres articles du même genre. M. Calcraft m'avait fait présent de six vaches d'Alderney, et d'un taureau; et comme il avait secrètement pris un intérêt dans le haras de M. Shaftoe, nous avions pour l'écurie nombre de serviteurs, ce qui n'était pas sans mérite dans un lieu si solitaire.

A la fin de l'été, je trouvai que j'avais dépensé là six cents livres, quoique le général Campbell m'eût fait présent de toutes les plantes et de tous les arbustes nécessaires à mon jardin.

LETTRE LIV.

16 février 17 —.

Mon bénéfice, à la fin de l'hiver précédent, m'avait produit plus de onze cents livres. Je devais cet avantage à plusieurs causes. Devenue l'arbitre souveraine de la mode, j'en dictais les arrêts à toutes les personnes d'un certain rang.

Tel était, à cet égard, mon empire, qu'il n'y avait pas une femme du bon ton qui ne se crût obligée de me consulter sur un habit de fantaisie, ou sur le vêtement qu'elle devait mettre le jour de la naissance du roi. Les ambassadeurs étrangers avaient donné un bal masqué, le plus beau qu'on eût encore vu en Angleterre. Cette fête donna un grand travail à mon imagination : il me fallut varier les costumes des différens groupes de dames qui s'adressaient, tant à moi qu'à ma couturière. Si je les avais laissées faire, il se serait trouvé au bal cent Eltrudes. Lady Kildare et lady Granby augmentèrent alors le nombre de mes protectrices. Pour reconnaître les services que j'avais rendus à plusieurs dames, en cette circonstance, elles mirent de l'intérêt à grossir le produit de mon bénéfice.

Le docteur Francis, par suite de ma recommandation auprès de M. Fox, avait été placé, et cette promotion avait fait du bruit; on en concluait qu'il était à propos de s'adresser à moi pour obtenir des emplois. Les militaires s'empressèrent de rechercher ma bienveillance, et crurent qu'un moyen sûr de l'acquérir, était d'honorer mon talent par un solide hommage. Lord Kildare, lord Granby, M. Fox et M. Digby, alors de retour en Angleterre, prirent chacun un billet de cent liv. Les trois derniers ont continué jusqu'à leur mort à me donner des preuves de leur munificence. Ces particularités expliquent l'étendue de mon bénéfice.

Je recevais, de plus, des présens des quatre parties de la terre. Enfin, je possédais tout ce qui flatte les hommes, tout ce qui excite leur envie : et pourtant, entourée de ce qui semble faire le bonheur, je n'étais pas heureuse. Comme l'inimitable Carlin, qui, dit-on, pleurait sous le masque, pendant que son jeu faisait rire aux éclats les spectateurs ravis, le sourire était sur mes lèvres, mais le vide et l'ennui étaient dans mon cœur. Combien de fois, environnée de convives qui me supposaient toute la satisfaction que peuvent donner l'opulence et la gloire, ne me suis-je pas surprise déplorant mon sort, et enviant celui des solitaires, qui ne connaissent du monde ni les dangers, ni les plaisirs!

Ce mécontentement intérieur, joint aux fatigues de mon état, avait altéré ma santé. On me conseilla d'aller à Bristol passer quelques semaines, avant que les théâtres se rouvrissent. J'y allai accompagnée de la veuve Delany, qui était habituellement avec moi, et qui avait épousé un des commis de M. Calcraft, nommé Walker. En arrivant à Marlborough, comme nous entrions dans la cour du château, je vis accourir au-devant de moi M. Ryan, qui m'apprit que mon vieil ami, M. Quin, était dans la maison; il allait, ajouta-t-il, monter pour l'éveiller.

Il était huit heures du soir. Ces mots me firent craindre que M. Quin ne fût malade :

mais j'appris par M. Beard, qui était aussi de la partie, que mon respectable ami, la dernière fois qu'il avait été à Londres, y ayant été retenu plus long-temps par toutes ses connaissances, qu'il ne s'était proposé d'y rester, avait résolu de n'y plus retourner. Cependant, comme il ne voulait pas renoncer tout-à-fait à la société d'un petit nombre d'amis qu'il y conservait, il les avait engagés à venir tous les étés, le trouver chez Smith. Il était convenu qu'ils y resteraient jusqu'à ce qu'ils eussent bu une certaine quantité de vin. J'ai oublié la mesure ; mais quand M. Beard me le dit, il me sembla qu'ils devaient en avoir pour un an.

M. Quin vint bientôt me joindre dans le jardin. Chemin faisant il ordonna à Smith de préparer tout ce qu'il avait dans son garde-manger, et de faire acheter ce qu'il trouverait de meilleur dans la ville. Ses ordres furent très-bien exécutés. Mon voyage se trouvant ainsi retardé, nous nous mîmes à table à dix heures du soir, au nombre de vingt-six personnes, pour manger un dîner aussi copieux que celui de la réception d'un lord maire.

J'eus, avant que l'on servît, le plaisir de jouir de quelques instans de tête-à-tête avec M. Quin, à qui je racontai tout ce qui m'était arrivé depuis que je l'avais vu. Je retrouvai en lui cette amitié paternelle qu'il m'avait toujours témoignée, et je retirai de notre entretien cette consolation que me procurait toujours la conversation de ce respectable et excellent ami. A trois heures du matin, je demandai des chevaux pour continuer ma route, laissant ces enfans de Bacchus achever, non pas leur nocturne orgie, car il faisait le plus beau jour du monde, mais leur sacrifice du matin. Au génie se joint, pour l'ordinaire, un peu de bizarrerie; il dédaigne les règles, et ne s'asservit point à la tyrannie des usages.

En arrivant à Bristol, je reçus de ma femme de chambre une lettre qui m'apprenait que M. Calcraft avait une attaque de goutte dans la tête; ma fille avait la petite vérole, et ma mère, ayant imprudemment gardé l'enfant sur ses bras, avait contracté un mal dont M. Adair, le médecin, jugeait les symptômes dangereux. Je repris, à la hâte, le chemin que je venais de faire : pour le parcourir plus rapidement, j'ajoutai deux chevaux à ma voiture.

Quand je repassai à Marlborough, il était deux heures après-midi. M. Quin n'était pas encore levé. Mon inquiétude ne me permettant point de m'arrêter, je le fis prier de rester couché, et pendant qu'on changeait mes chevaux, j'allai m'asseoir auprès de son lit, et causer quelques instans avec lui.

Ma compagne de voyage n'était guère moins impatiente que moi d'arriver à Londres; mais nous n'avions pas tout-à-fait les mêmes motifs. Incapable de déguisement, j'avais confié à mistriss Walker, qu'un seigneur riche et généreux faisait profession d'être mon adorateur. Elle en concluait qu'aussitôt que M. Calcraft serait mort, je formerais, avec cet amant, une liaison qui me mettrait à même d'être pour elle plus généreuse que je n'avais pu l'être jusqu'alors. Cet espoir promettait de la dédommager d'une perte qu'elle avait subie par sa faute. Après la mort de son premier mari, M. Delany, elle avait eu, quoique dans l'aisance, l'injustice de refuser des secours à sa belle-sœur, qui était dans le besoin. Celle-ci, irritée, lui avait intenté un procès, par suite duquel mistriss Delany, qui venait de perdre le seul enfant qu'elle eût eu de son premier mari, avait été obligée de vendre une terre que celui-ci lui avait laissée. J'aurai occasion, par la suite, de vous reparler de mistriss Walker, ainsi que du lord sur lequel elle fondait ses espérances.

Je retrouvai heureusement à Londres moins de sujet d'alarmes que je ne l'avais craint. L'indisposition de ma mère n'avait point eu de suites, la goutte de M. Calcraft était le résultat de quelques intempérances de table; et quant à ma petite fille, M. Adair, qui en avait pris le plus grand soin, ne la croyait pas en danger.

Rien ne donne aux sentimens tendres autant d'activité, que la maladie de l'être qui nous est cher; il semble que les souffrances qu'il endure, le danger qu'il court, ajoutent à notre affection. Ainsi, du moins, l'ai-je toujours éprouvé : c'est ce qui faisait dire à ma chère miss Conway, que j'avais manqué ma vocation, et que j'aurais été la meilleure sœur de la charité qui eût jamais desservi un hôpital. Vous ne serez donc pas surprise des alarmes que me causait la maladie d'une enfant qui m'était si chère; pour M. Calcraft, il semblait ne redouter que pour la beauté de sa fille les funestes effets de cette terrible maladie.

Loin d'avoir le même souci, j'eusse plutôt désiré qu'elle eût peu de ces dangereux attraits qu'on envie. Une triste expérience m'avait appris à déplorer ceux que j'avais reçus de la nature. Quoique, par un sentiment de devoir, je me conduisisse, envers M. Calcraft, avec tous les égards que comportait notre union, quoiqu'une absence de dix-huit mois eût effacé presque toute la tendresse que j'avais eue pour M. Metham, je ne songeais jamais sans amertume à ces misérables agrémens qui m'avaient jetée dans les bras d'un homme que je ne pouvais aimer.

Les peintres ont représenté l'amour monté sur un lion, et gouvernant, à son gré, le plus fier des animaux; mais personne ne s'est avisé de le peindre obéissant lui-même à un maître. Souverain du monde, il n'est jamais esclave, et il ne nous est pas plus permis de diriger ses traits, qu'il ne nous est possible de les éviter. Il ne dépendait pas de moi d'aimer un homme dont l'ame n'était pas de la même trempe que la mienne. On peut feindre, dit-on; mais il est difficile de tromper : et serait-ce en ce genre que j'eusse voulu en faire l'essai, moi qui, fière de ma franchise, n'y renoncerais pas pour l'empire de la terre ?

Puissiez-vous, ma chère, quand votre heure sera venue, car il en est une, ce semble, marquée pour l'amour comme pour la mort, puissiez-vous trouver dans l'homme auquel s'unira votre destinée, un cœur à l'unisson du vôtre ; puissiez-vous ne jamais savoir, comme moi, ce que c'est que de donner sa main, et de ne pouvoir en même temps donner son cœur !

LETTRE LV.

23 février 17—.

Notre ami Sterne, dans son voyage sentimental, part de chez lui, pour aller à Versailles, chez un ministre, et il va chez le comte de B***. « Je crois, dit-il à cette occasion, qu'il y a là-dedans une sorte de fatalité : rarement je vais à l'endroit où je me propose d'aller. » J'ai fait souvent la même observation : nos plans les mieux arrangés sont ceux qui échouent le plus ordinairement. J'avais cru trouver à Bristol une distraction nécessaire; quelqu'un de ces esprits malins qui président aux affaires humaines m'en ramène soudain pour me livrer à mille chagrins compliqués. Ce sont là des accidens ordinaires, je le crois; mais je suis souvent tentée de les attribuer à je ne sais quels êtres qui se font un jeu de tourmenter ainsi les misérables mortels.

Mon revenu, l'hiver suivant, se trouva

fort augmenté. M. Barry avait fait recevoir au théâtre une jeune personne qui, malheureusement pour elle, lui était fort attachée. M. Rich, en l'engageant, me pria de permettre qu'elle débutât dans Juliette : j'y consentis volontiers. Miss Nossiter avait une jolie figure; elle avait reçu une éducation soignée, dont elle était redevable au feu lord Cholmondeley, chez lequel sa mère était femme de charge.

Barry, qui dépensait tout son revenu à bien traiter ses compatriotes, amena, pour soutenir le début de sa protégée, toute sa phalange irlandaise. Il prononça, à cette occasion, un prologue dans lequel un vers disait de la débutante, que le rôle qu'elle allait jouer convenait *très-bien à son âge*. Mistriss Cibber, qui était venue au spectacle, s'était placée au premier rang du balcon; Barry remarqua cette inconséquence, et quand il en vint à ce passage, il le prononça de manière à désigner visiblement cette actrice, qui, dans un âge déjà avancé, continuait à faire le personnage de la jeune Juliette. Le public saisit l'application, et montra son improbation de la conduite de mistriss Cibber, en prodiguant à la nouvelle Juliette de nombreux applaudissemens.

J'avais stipulé dans mon traité que j'aurais des appointemens plus forts qu'aucune actrice du théâtre auquel j'étais engagée. Une maladie empêchait mistriss Woffington de paraître cet hiver; en conséquence, comme Barry avait exigé que sa protégée eût cinq cents livres, mon traitement fut porté à cinq cents guinées (1). J'y trouvais d'ailleurs l'avantage plus important d'être beaucoup moins occupée du théâtre, et de pouvoir employer mon temps à des études plus sérieuses, dont j'avais pris le goût depuis que j'avais eu le bonheur de connaître lady Anson.

Une affaire qui concernait mon frère le lieutenant O'Hara, fut l'occasion de cette connaissance. Le vaisseau sur lequel il était employé était en station à Gibraltar, dont, à cette époque, lord Tyrawley était gouverneur. Le jeune homme allait souvent à terre, et y était reçu avec les égards que comportait sa qualité de fils du commandant. Une

---

(1) La livre est de vingt schellings; la guinée est de vingt-un.   (*Note du traducteur.*)

bouffonnerie déplacée lui fit encourir la juste disgrâce de son père. Le vieillard, ancien et respectable militaire couvert de blessures qu'il avait reçues en différentes batailles, était resté boîteux. Un jour de bal, il traversait la salle d'assemblée : son fils, oubliant et le respect qu'il devait à son père, et celui que méritait une infirmité si glorieusement contractée, se mit à sautiller derrière lui en le contrefaisant, pour faire rire les spectateurs. Mylord le sut ou le remarqua : fier de ses blessures, il ne put jamais pardonner à son fils d'avoir tourné en ridicule un défaut qui attestait sa valeur.

Peu de temps après, le bâtiment que montait mon frère étant commandé pour une expédition soudaine, et le capitaine étant malade à terre, mon frère, comme premier lieutenant, prit le commandement. Dans sa croisière, il trouva un vaisseau ennemi très-supérieur en forces à celui qu'il montait : il se défendit avec courage, démâta son adversaire, et par son habileté sauva son navire. On parla beaucoup de cette affaire, qui lui fit un grand honneur. Le capitaine mourut de sa maladie ; mon frère se flattait avec raison qu'il allait être nommé commandant d'un vaisseau que sa bravoure avait conservé; mais il fut trompé dans cet espoir. Lord Tyrawley ne pouvant oublier l'insulte qu'il avait reçue de lui, pria l'amiral d'empêcher que cette occasion servît à l'avancement de son fils.

Celui-ci apprit de l'amiral l'obstacle qui s'opposait à sa promotion. Furieux contre un père trop sévère et des chefs trop complaisans, il adressa aux lords de l'amirauté sa commission sous enveloppe, en les invitant *à en faire une offrande à la déesse Cloacine.* On craignit que, pour cette indignité, mon frère ne fût traduit à une cour martiale; mais les lords prenant en considération la contradiction qu'il avait éprouvée, et attribuant à son dépit sa grossièreté, se contentèrent de décider, par un arrêté, qu'il ne serait désormais jamais employé au service. Il se passa beaucoup de temps avant que je pusse le faire rétablir dans son rang; et malgré tout mon crédit cette faute l'empêcha, pendant plus de quatre ans, d'être fait capitaine.

Dans le cours des démarches que je faisais pour cet objet, je m'adressai à M. Yorke, un de mes plus constans admirateurs au théâtre. Je désirais qu'il s'intéressât auprès de sa sœur lady Anson, en faveur de mon frère. Il m'offrit de me présenter à elle, pour que je pusse moi-même plaider ma cause. Ce fut ainsi que j'eus l'honneur de la connaître.

Cette dame était d'une mauvaise santé, sortait peu, et se livrait avec succès à l'étude des sciences. Elle m'engagea à la voir souvent; et comme, en général, nous prenons les goûts des personnes que nous admirons, je pris plaisir à l'étude de la philosophie. Bientôt je suivis des cours, je fréquentai l'observatoire de Flamstead, et j'acquis quelques notions d'astronomie. J'aurais passé delà, peut-être, à d'autres connaissances; mais dégoûtée de la physique, par le supplice d'un chat que l'on tourmentait sous une machine pneumatique, je quittai les sciences pour la politique.

Je me mis à étudier le droit des gens : je lus Grotius, Puffendorf, tous les gros livres écrits sur cette matière. Je m'occupais de ces recherches, avec autant d'ardeur que si j'eusse dû être nommée ambassadrice vers l'une des premières cours de l'Europe. Lady Rochford, que je rencontrais souvent à Holland-house (maison de M. Fox, connu depuis sous le nom de lord Holland), facilita mes progrès. Elle avait un esprit supérieur, perfectionné par une excellente éducation, et ses grandes connaissances avaient été très-utiles au lord Rochford, dans les ambassades qu'il avait remplies en deux grandes cours. Quoique sa position et la considération due à ses talens lui donnassent droit aux plus grands égards, elle avait le bon esprit de s'élever au-dessus des formes, et s'était fait son étiquette. Comme je ne m'étais pas pressée d'accepter l'invitation qu'elle m'avait faite de l'aller voir, elle vint chez moi la première. Je dus à cette prévenance l'occasion de jouir de sa conversation, l'une des plus intéressantes que j'aie jamais entendues.

Je jouai peu cet hiver, parce que Barry, pour faire paraître souvent miss Nossiter, remit au théâtre plusieurs pièces anciennes, et s'en procura une nouvelle. Il était obligé de prendre cette mesure, parce que les rôles, comme je l'ai déjà dit, appartenaient alors aux acteurs. On se faisait au théâtre une règle invariable de ne point enfreindre un si ancien usage. La pièce nouvelle fut annoncée; l'auteur s'appelait, je crois, Mac Namara; cette merveilleuse tragédie portait, ce me semble, le nom de Philoclié.

Le jour de la première représentation, j'avais été chez M. Rich, dans l'intention d'aller la voir avec quelqu'un de sa famille : je ne sais quelle circonstance nous empêcha d'exécuter notre projet. Vers huit heures, nous fûmes surpris d'entendre sortir du théâtre de grands cris, suivis de prodigieux éclats de rire. Curieux de savoir ce qui pouvait exciter tant de gaieté dans une pièce tragique, nous entrâmes dans la salle. Sur la scène était l'héroïne, avec une autre femme, et nous apprîmes que c'était le huit ou neuvième personnage qui était sorti pour être décapité, et qui ensuite était rentré avec sa tête sur les épaules. Cette bizarrerie avait au moins le mérite de la nouveauté; mais elle ne put sauver la pièce.

Busiris, que Barry avait remise au théâtre, n'eut guère plus de succès. L'entrepreneur, avec plus de frais qu'à l'ordinaire, fit cette année une plus mauvaise recette qu'aucune dont je me souvienne.

Chaque année mon bénéfice devenait plus

lucratif. J'étais si habituée aux faveurs du public, que j'en recevais le tribut avec autant d'indifférence que la princesse, dans la Reine indienne de Dryden, reçoit le laurier de son amant. La mode semblait m'avoir choisie pour sa favorite; mais ce qui me flattait plus que son aveugle suffrage, c'était de voir ma société recherchée par un Doddington, un Littleton, un Williams, un Mallet : je pourrais ajouter à cette liste l'Aristophane moderne, et presque tous les beaux esprits du temps. Des femmes du premier rang, modèles de conduite et de vertu, m'avaient admise à leur intimité. J'étais l'amie des dames Powerscout, Dillon, Tyrawley; j'allais souvent les voir; et quoique ma position dans le monde, quand même j'eusse été mariée, ne m'eût pas dû faire espérer qu'elles me traitassent avec tant d'égard, elles me rendaient exactement mes visites, et acceptaient mes invitations. Ainsi faisait aussi la comtesse de Rochford, dont je vous ai parlé.

Le public me jugeait d'après ce concours de circonstances flatteuses, que je devais plus au hasard qu'à mon mérite, et il me supposait autant de qualités essentielles, que la mode m'en reconnaissait de frivoles. Je ne prenais pas la peine de le détromper ; l'erreur se soutenait ; et si l'on ne m'accordait pas un esprit du premier ordre, on me croyait du moins une personne très-intelligente : c'était l'opinion reçue, et j'étais trop aimée alors pour que personne s'avisât de la contredire. Le monde nous apprécie sur ce qui nous entoure : tant que la fortune nous sourit, nos moindres avantages sont regardés comme des perfections, nos moindres paroles ont un sens exquis : un nuage a-t-il obscurci l'éclat qui nous environnait, les mêmes gens qui applaudissaient à nos sottises, blâmeront ce que nous aurons dit de plus raisonnable.

M. Fox continuait de remplir le ministère de la guerre avec l'approbation générale. Prompt à accorder ce qui pouvait s'obtenir, il ne l'était pas moins à refuser ce qu'il ne devait pas faire. Il empêchait ainsi les solliciteurs de se livrer à de vaines espérances, et ne cherchait jamais à les tromper par des promesses mensongères.

Les agences de M. Calcraft se multipliaient ; mes occupations et ma société augmentaient dans la même proportion. Je mettais tant de zèle à servir ses intérêts, que je m'en occupais quelquefois au péril de ma vie. On me parla un soir fort tard d'une promotion qui allait se faire; sortant sur-le-champ de mon lit, où j'étais retenue par une indisposition, je m'habillai, et j'allai à un bal masqué à la salle de Haymarket, pour y trouver deux personnes auxquelles je voulais rappeler leurs promesses. L'une était le colonel Lascelles, et l'autre le général Honeywood : ils se souvinrent de m'avoir promis, et je réussis dans ma démarche ; mais la fatigue qu'elle m'avait occasionée, me retint au lit pendant quinze jours.

L'augmentation des affaires de M. Calcraft l'obligea de prendre une maison beaucoup plus grande que celle que nous occupions alors. Comme on voulait l'avoir élégante, commode, et dans le quartier des bureaux publics, on prit l'été pour en faire l'acquisition. Quant à moi, je ne voulus point me mêler de cette affaire. Je me trouvais endettée de près de 1200 liv., et je déclarai que je ne tiendrais plus la maison. Pour faire cesser l'habitude que j'en avais prise, je résolus d'aller faire un voyage sur le continent. Je me proposais d'y voir mon amie miss Meredith, dont la santé était très-menaçante. Je voulais aussi remercier en personne madame Brillant, de toutes les politesses que j'en avais reçues.

M. Calcraft se persuadait alors que j'étais devenue un peu moins insensible à son mérite, et, par une disposition naturelle à son sexe, sitôt qu'il crut avoir fait cette découverte, il commença à devenir lui-même plus indifférent. Il montrait même du penchant pour une dame de vertu facile, nommée Lucy Cooper. Il consentit donc, sans peine, à mon voyage en France, et nous nous séparâmes, sans beaucoup de regrets de part ni d'autre.

Le premier endroit que j'allai voir, en arrivant à Boulogne, fut le couvent des Ursulines, où j'avais passé de si heureux jours dans mon enfance, et dont j'avais si souvent regretté d'être sortie. J'y fus reçue avec autant de plaisir que je m'y présentais. J'avais toujours entretenu quelque correspondance avec les dames de la maison, et je n'en étais pas tout-à-fait oubliée. Je restai là quatre jours, que j'employai à causer avec les saintes sœurs et à remplir des devoirs, dont ma première éducation me faisait trouver l'accomplissement facile.

De-là, je me rendis à Paris, où je fus introduite chez la célèbre *Dumesnil*. Mademoiselle *Clairon* et *Le Kain* étaient alors en prison, pour avoir refusé de jouer. Je me félicitai d'être née dans un pays où les lois m'auraient protégée contre une détention arbitraire.

Je reçus une invitation très-pressante d'aller à *Ferney*, où se trouvait alors le marquis de Verneuil. Le temps ne me permettait pas de l'accepter, et de jouir d'une satisfaction après laquelle je soupirais depuis long-temps. Je m'en excusai, en m'engageant à y aller l'été suivant. J'annonçai l'époque de mon retour du midi : c'était à peu près celle où le marquis de Verneuil devait revenir à Paris.

A mon arrivée à Toulouse, lieu qu'habitaient mes belles amies miss *Merediths*, j'eus la douleur d'apprendre que l'aînée, qui avait paru quitter l'Angleterre en bonne santé, était morte depuis quelques jours. Je craignais les suites de cet événement pour sa sœur, dont la maladie avait occasioné leur voyage en France. Mais, quinze jours après, elle se trouva assez forte pour retourner avec moi à Paris, dont les plaisirs firent diversion à sa douleur, et rétablirent son tempérament. Grâce à la gaieté inépuisable du marquis de Verneuil, aux excursions dans les environs, aux petits soupers, qui se succédaient, les trois semaines de notre séjour à Paris s'écoulèrent avec rapidité. Tel fut mon voyage de France, qui suspendit le sentiment de mes peines, et laissa à M. Calcraft le temps de choisir une maison.

De retour en Angleterre, je descendis dans la rue *du Parlement,* à notre hôtel, car c'en était réellement un, en comparaison de notre demeure de *Brewer-street.* M. Calcraft avait pour lors quatorze ou quinze commis, ce qui portait notre maison à plus de trente personnes. Il avait pris un maître-d'hôtel estimé, nommé Quince, qui avait demeuré chez M. Pelham jusqu'à sa mort. Il consentit à passer deux mille cinq cents livres par an pour la table, ce qui, joint au produit de la ferme et aux présens que je recevais, suffisait pour soutenir, à cet égard, notre nouvelle magnificence.

D'après cet arrangement dispendieux, je

ne doutais pas que M. Calcraft ne consentît volontiers à payer une bagatelle, comme celle de douze cents livres, montant des dettes que j'avais contractées pour les dépenses qui nous étaient communes. Mon amie miss Meredith m'avait mise en état de payer celles que mes emplettes de France m'avaient coûtées. Au départ des deux sœurs pour le continent, leur banquier sir Joseph Hankey, leur avait donné un crédit illimité sur une maison de Toulouse, et l'aînée ayant laissé toute sa fortune à la cadette, mon amie avait à sa disposition plus de vingt mille livres. La somme que je lui empruntai, montait à six cents livres.

LETTRE LVI.

9 mars 17 —.

A l'ouverture de la saison du théâtre, j'appris que Barry, mécontent de ce que M. Rich n'avait pas jugé à propos de satisfaire à ses demandes exorbitantes en faveur de miss Nossiter, s'était déterminé à passer en Irlande. M. Shéridan était engagé pour quelques représentations. Je n'étais pas très-bien avec lui, et pour plus d'une raison. Je ne pouvais lui pardonner de m'avoir fait payer les billets que j'avais donnés de son aveu pendant que nous étions à Dublin, et encore moins de m'avoir offert une somme d'argent pour faire donner, par M. Calcraft, à un de ses amis, une agence en Irlande. Si la délicatesse que j'ai toujours montrée dans ces sortes d'occasions était plus générale, les places seraient moins souvent la proie de l'ignorance et de l'incapacité, à l'exclusion du mérite.

Prévoyant peu d'occasions pour moi d'être employée au théâtre, je pressai M. Rich de me rendre mon engagement, qui portait que j'aurais le choix des rôles dans toutes les pièces qui pourraient être jouées sur son théâtre, mais il s'y refusa. Il avait engagé pour cet hiver un M. Sparks, acteur d'un grand talent, mais dont le principal mérite était une gaieté féconde en saillie, qui faisait rechercher sa société.

On monta de bonne heure *the Distressed Mother*. J'arrivais un peu tard, contre ma coutume, à la répétition, et je trouvai que mistriss Woffington répétait le rôle d'Andromaque. Je me plaignis; ma compagne, venant à moi, me dit que ma jeunesse et mon élégance convenaient mieux au rôle d'Hermione, et que d'ailleurs ce serait pour moi une belle occasion de montrer les belles choses que j'avais apportées de Paris. Sans daigner répondre à cette insulte de ma rivale, j'envoyai chez M. Rich, pour l'instruire de ce qui se passait. Le directeur n'hésita pas à me rétablir dans mon emploi; mistriss Woffington, à son grand regret, fut obligée de paraître dans le rôle d'Hermione; et, ce qu'il y eut de plus mortifiant, avec des habits qui n'étaient pas même propres.

Bientôt après, on remit OEdipe. Mistriss Woffington, à raison de sa figure, eut le rôle de l'héroïne, et je pris celui d'une jeune princesse. Mais, le soir même de la représentation, saisie d'horreur et d'effroi à la vue de l'ombre de Laïus, malgré ma longue habitude de la scène, je m'évanouis; on m'emporta sans connaissance. J'appris ensuite que le public, presque aussi frappé de terreur que moi-même, s'était retiré en laissant OEdipe et Jocaste dans leur triste tête-à-tête.

Phèdre et Hippolyte n'eut pas plus de succès. La maladie due au saisissement dont je viens de parler dura long-temps, et ne me permit pas de jouer beaucoup jusqu'à l'époque des bénéfices, où j'eus de fréquentes occasions de paraître.

Après avoir reçu les émolumens de mon bénéfice, je me proposai de liquider mes dettes; dans cette vue, je montrai à M. Calcraft les mémoires qui n'avaient pas été soldés avant de quitter Brewer-street, et qui se trouvaient monter à plus de treize cents livres. Il les prit, les parcourut froidement, et me déclara nettement qu'il ne les paierait pas. Ses dépenses, dit-il, étaient très-fortes, mon revenu très-considérable; avec de l'économie, il aurait dû suffire pour soutenir une si petite maison, joint aux quatre cents livres par an qu'il avait allouées pour cet objet. Qu'avais-je fait des mille livres en billets de banque que j'avais reçues à l'époque de ma rupture avec M. Metham? c'était lui, m'avoua-t-il alors, qui me les avait données, ainsi que les cinquante livres qui avaient servi à payer mes chevaux au retour de Tunbridge. Je fus confondue d'un refus si positif : je m'étais toujours flattée qu'il paierait ces dettes, ainsi que les six cents livres empruntées à miss Meredith.

Revenue de ma première surprise, je me levai pour quitter la chambre ; mais il me retint, dans la crainte que je ne sortisse de la maison ; ce que je n'eusse pas manqué de faire, tant sa bassesse le rendait méprisable à mes yeux. J'avoue pourtant qu'au milieu du chagrin que me causait la conduite de M. Calcraft, j'éprouvai un vrai plaisir en apprenant que je n'étais pas redevable des mille livres au lord que je soupçonnais, et qui avait paru se croire en droit de me faire la cour depuis ma séparation d'avec M. Metham.

M. Calcraft, après m'avoir retenue, finit par me dire que si je pouvais jamais le convaincre que je connusse le prix de l'argent, il me donnerait autant de mille livres que je lui en demandais de cents. Fatiguée de ces débats pécuniaires, et ne le jugeant plus désormais digne que d'un souverain mépris, je lui répondis que j'abandonnais volontiers ce mérite à des misérables comme lui, qui n'en avaient point d'autre. A ces mots, il tira son porte-feuille, et déposa sur la table trois cents livres et quelques guinées, qui, jointes aux mille cinquante déjà reçues, formaient le montant des mémoires réclamés. Il descendit ensuite tranquillement à son bureau, où sans doute il fit son oraison à Mammone, dont la faveur devait un jour le mettre en état d'acheter un titre, ou de jouer un rôle dans la chambre des communes.

Je m'étais à peine remise de l'agitation que m'avait causée cette ridicule scène, qu'une personne qui s'était présentée plusieurs fois, demanda à me parler; j'ordonnai de l'introduire ; c'était une grande femme maigre, pâle, abattue, dont chaque trait exprimait l'affliction. Cependant, à travers cette détresse, perçait quelque chose qui semblait dire qu'elle avait joui d'un sort moins rigoureux. Je la fis asseoir ; je lui demandai ce qui me procurait sa visite ; elle m'apprit qu'ayant perdu l'usage de la main, elle avait été obligée d'emprunter un secours étranger pour m'écrire.

Comme je la pressais de prendre une tasse de chocolat, elle me pria de lui permettre de me parler en particulier ; aussitôt ma femme de chambre sortit, et l'inconnue, ouvrant le vêtement décent qui la couvrait, offrit à mes regards un spectacle de misère au-dessus de toute expression.

Elle était la veuve de sir James Lindsay, qui, premier lieutenant d'un vaisseau de ligne, avait été emporté d'un coup de canon dans une action. Son union avec lui ayant été l'effet de l'amour plutôt que de la prudence, le père de son mari ne lui avait, à sa mort, laissé qu'un très-petit bien, avec un titre plus onéreux qu'utile.

De ses cinq enfans, son fils aîné avait été pris par son oncle, négociant distingué, qui promettait de le soutenir. La plus âgée de ses filles, pendant une des couches de sa mère, était tombée d'une fenêtre, par la négligence d'une servante, et s'était cassé la jambe. Il avait fallu en venir à l'amputation ; l'enfant était restée boiteuse. Mère affligée, plus malheureuse épouse en apprenant la mort de son mari, elle était accouchée avant terme d'un garçon qui avait déjà quatre ans, mais qui menaçait d'être idiot pour le reste de sa vie.

Ces chagrins accumulés avaient ruiné sa santé, et lui avaient ôté l'usage de ses membres. Insensiblement elle l'avait recouvré, excepté celui de ses mains, qui lui auraient été bien nécessaires pour l'entretien de sa petite famille, car quinze livres par an, mal payées, pouvaient à peine suffire à son loyer. Obligée de vendre ses meubles et effets pièce à pièce, elle avait emprunté le chapeau et le mantelet qu'elle avait sur elle, seule partie de son habillement qui ne tombât point en lambeaux. Elle finit par dire que la réputation d'humanité dont je jouissais l'avait enhardie à venir elle-même solliciter ma compassion.

L'argent que M. Calcraft m'avait laissé était encore sur ma toilette, je lui donnai les guinées: c'était peu de chose, mais la somme étant fort au-dessus de ses espérances, la pauvre femme fut prête à s'évanouir de joie. Elle commençait à peine à balbutier quelques mots de reconnaissance, quand M. Fox entra; je lui parus si affectée qu'il fut sur le point de se retirer. Je courus à lui, et lui prenant la main : O mon cher Monsieur! m'écriai-je, vous venez bien à propos. Je n'avais jamais pris cette liberté avec lui, et comme je lui pressais vivement la main, il imagina, surtout à la vue de l'extrême agitation où j'étais, que c'était l'effet de quelqu'événement important, et me demanda en quoi il pouvait m'obliger. Je lui répétai l'histoire touchante que je venais d'entendre, en lui serrant de nouveau la main sans m'en apercevoir.

Mes larmes coulaient, et plaidaient plus éloquemment la cause de ma protégée que n'auraient pu faire de longs discours. Avec un regard où se peignait l'humanité, le digne homme dont j'invoquais la sensibilité s'adressa à l'infortunée, prit part à ses malheurs, et lui dit, en la consolant, qu'il verrait ce qu'il pourrait faire pour elle. Ensuite, tirant son porte-feuille, il lui donna un billet de banque ; je n'en vis pas la valeur, mais j'ai su depuis qu'il était de cinquante livres sterling. La pauvre dame, accablée du poids de sa reconnaissance, tomba aux genoux de M. Fox. L'expression de ses regards nous témoigna énergiquement sa gratitude ; mais sa langue lui refusant son secours, elle prit congé sans pouvoir proférer une syllabe.

Il était temps qu'elle quittât l'appartement : ma sensibilité était excitée à un si haut point, que mon état en était devenu pénible. Pour M. Fox, il s'approcha de la fenêtre, et l'usage qu'il fit de son mouchoir me prouva que ses yeux étaient d'accord avec les émotions bienfaisantes de son cœur.

Au mois de mars suivant, j'eus la satisfaction d'apprendre de mistriss Lindsay, que ses quatre enfans étaient placés sur la liste des secours, à raison de dix livres chacun par an ; et qu'en considération des services et de la mort glorieuse de son mari, le roi lui accordait une addition annuelle de cinquante livres à sa pension.

Elle ajouta que la mort venait de terminer les souffrances de sa fille aînée, et que le garçon dont l'état d'idiotisme l'avait inquiétée était devenu, à sa grande consolation, aussi intelligent qu'aucun enfant de son âge. Elle regrettait beaucoup qu'il ne fût pas à la maison pour me remercier; mais ajouta-t-elle, nous prions soir et matin pour vous et pour notre digne bienfaiteur. Au moment même que je lui disais adieu, le petit garçon entra, et me reconnut, apparemment d'après le portrait que sa mère lui avait fait; car il courut vers moi, se mit à genoux avec grâce, et me baisa la main. Je le relevai, le pris dans mes bras, le caressai, et priai sa mère de me l'amener de temps en temps. Jamais je n'avais été plus heureuse qu'en devenant l'instrument dont la Providence se servait pour sauver cette intéressante famille; et M. Fox trouva sans doute la même récompense dans son cœur.

LETTRE LVII.

21 mars 17 —.

Pendant que la scène décrite dans ma dernière lettre se passait dans mon cabinet de toilette, M. Fox, qui avait un œil d'aigle, aperçut le rôle d'Alzire sur ma table. Je vis qu'il désirait de m'en parler ; mais la compagnie, qui survint presque aussitôt après le départ de mistriss Lindsay, ne lui permit pas d'en trouver l'occasion. Quelqu'un avait, à ma demande, changé plusieurs passages dans la tragédie que je me proposais de jouer pour mon bénéfice, et où lui-même devait jouer le rôle de Zamore. Il avait des talens pour la scène, mais il était meilleur critique qu'acteur; il a quitté depuis le théâtre pour le barreau, où il s'est fait de la réputation (1).

Lorsque le secrétaire de la guerre vint dîner, il y avait compagnie au salon : impatient de

---

(1) M. Murphy.

me parler au sujet de ce rôle d'Alzire, il me pria de lui permettre de m'accompagner un moment dans la pièce voisine. M. Calcraft, informé que M. Fox avait déjà passé quelque temps le matin dans mon cabinet de toilette, ne douta pas que je me fusse plainte à lui, et que je l'eusse instruit de la nature de nos liaisons; c'était ce qu'il redoutait le plus au monde, et ses soupçons lui parurent confirmés lorsqu'il vit le ministre rentrer sans moi, d'un air assez mécontent. Lorsque les dames quittèrent la table, ses inquiétudes redoublèrent en voyant M. Fox me retenir par la main, et en l'entendant me dire : « Je vous prie de vouloir bien y faire attention. » A quoi je répondis : « Je n'y manquerai pas. »

Le mépris que j'avais témoigné le matin à M. Calcraft l'avait vivement alarmé. Ce n'était pas le regret de m'avoir trompée qui l'agitait; ce n'étaient ni le remords, ni l'humanité; il craignait d'être démasqué, de se voir en butte aux censures du monde, et de perdre sa réputation. Mais le temps n'était pas encore venu, et ce ne fut que longtemps après que sa cruelle duplicité fut découverte.

Son insolence et sa bassesse me l'avaient rendu méprisable, quoique je ne fusse pas encore parvenue à le haïr comme je le hais à présent. Sa passion pour l'argent croissait chaque jour; et la rapidité de sa fortune lui donnait un air d'importance qui le rendait ridicule, même aux yeux de ses domestiques. Il possédait pourtant, à un degré éminent, deux qualités nécessaires à l'acquisition et à la conservation d'une grande fortune : l'une était l'art de tenir un livre de comptes; l'autre, un jugement profond sur l'âge et le terroir des vins. Il était grand connaisseur en ce genre ; et comme l'envie de faire sa cour à son patron, et ses liaisons avec moi, amenaient bonne compagnie à sa table, il avait là de brillantes occasions de déployer sa profonde érudition.

Aussitôt que j'eus quitté la salle à manger, lord Melcomb plaisanta son ami, M. Fox, sur la petite familiarité qu'il avait remarquée entre nous. Comme il ne se trouvait en ce moment que des personnes de confiance, M. Fox répondit que ce qu'il m'avait dit avait trait à quelque chose qui les intéressait tous. Il ajouta qu'ayant des raisons de croire que je connaissais l'auteur d'un morceau inséré dans les papiers publics, parodie très-ingénieuse, très-caustique, annonçant un fonds d'instruction politique, et dont le gouvernement avait en vain tenté de découvrir la source, il avait essayé de m'amener à le lui nommer. Ce qui avait, dit-il, excité ses soupçons, étaient des papiers qui se trouvaient sur ma toilette, et sur lesquels il avait jeté les yeux par hasard.

M. Calcraft, délivré de ses alarmes par cette explication, envoya, d'un ton de maître, chercher le rôle d'Alzire, qui avait fait naître les soupçons de M. Fox; mais je refusai absolument de le livrer, ignorant si ce ne serait pas faire tort à l'auteur. Mon refus blessa son orgueil; mais sa seconde tentative ne fut pas plus heureuse que la première. L'entremise du chapelain ne me trouva pas moins inexorable, et je ne cédai que lorsque je fus bien assurée que ma complaisance ne pouvait avoir aucune suite fâcheuse pour mon ami. Cependant l'anxiété de M. Calcraft n'avait pas échappé aux yeux clairvoyans de son patron. Le docteur Francis, qui était dans mes intérêts, l'attribua à la jalousie. Mais le reste de la compagnie crut y démêler une cause plus importante, et bientôt après M. Fox saisit l'occasion de m'entretenir sur ce sujet.

Nos succès dramatiques ne furent pas cette année plus brillans que la précédente. Miss Nossiter était de retour d'Irlande, où elle n'avait eu que des dégoûts, moins à cause du peu de talens qu'elle avait montré, qu'à raison de l'attachement que l'on supposait à Barry pour elle, la femme de cet acteur étant une des plus estimables personnes de son sexe. A son retour, elle s'engagea à Covent-Garden. La mauvaise santé de mistriss Woffington ne lui permit pas de jouer cette saison. M. Smith et M. Ross n'étaient pas des acteurs transcendans; le premier n'était pas encore aussi habile qu'il l'est devenu depuis.

Ma partialité pour miss Nossiter établit bientôt entre nous deux une grande intimité. Malheureuse par son imprudent attachement, cette jeune personne était infiniment plus agréable dans un salon que sur le théâtre. Elle était douce et aimable; et quand elle pouvait un moment oublier ce qui lui déchirait le cœur, sa conversation était vive et pleine de saillies. Miss Meredith, devenue ma compagne, était enchantée de la voir, ce qui l'amenait souvent chez moi.

M. Rich, fatigué des mauvaises chambrées qui se succédaient, dues aux pièces qu'on jouait alors, entreprit de faire revivre la *Prophétesse*, de Beaumont et Fletcher. Son motif déterminant était qu'il pouvait y introduire beaucoup de machines, ce qui, comme on sait, était son grand cheval de bataille. Il imagina, entr'autres raretés, d'y faire paraître nombre de chaises dansantes.

Je ne fus pas fâchée de n'avoir pas à figurer dans cette pièce, d'après l'occupation que j'avais chez moi. L'agence de M. Calcraft avait pris une si grande extension, qu'il ne pouvait plus transcrire toutes ses lettres particulières. Comme j'écrivais fort vite, je me trouvai honorée de l'emploi de copiste du secrétaire de la guerre et de son commis.

Ce nouveau travail me donna plus d'occasion d'être seule avec M. Fox, que je n'en avais eu jusqu'alors. Un soir que nous étions tête à tête, il ramena la conversation sur les circonstances du jour où il avait trouvé mistriss Lindsay chez moi. Il avait observé l'embarras de M. Calcraft, ainsi que les billets de banque placés près du rôle qui avait attiré ses regards. Ces particularités avaient excité sa curiosité : il n'ignorait pas que ma bonne Cliffort était la trésorière de mes petits fonds, à l'exception des émolumens que je retirais du théâtre.

Je l'informai de tout ce qui s'était passé ce jour-là entre M. Calcraft et moi, aussi fidèlement que ma mémoire put me le permettre. A peine avais-je fini mon récit, qu'il me témoigna sa surprise de ce que M. Calcraft ne me reconnaissait pas publiquement pour sa femme. Un éclat de tonnerre ne m'aurait pas porté un coup plus terrible; la parole expira sur mes lèvres, et je fondis en larmes. Quand je fus un peu remise, je lui demandai s'il n'avait pas été, et s'il n'était pas encore un obstacle à cette union? Il m'assura le contraire, et ajouta qu'il avait toujours cru, ainsi que lady Caroline, que nous étions réellement mariés; sur quoi je lui racontai tout ce qui s'était passé chez M. Gansel. A ce récit, il parut aussi confondu que je l'avais été moi-même. Il me conseilla, cependant, de ne rien laisser transpirer de notre conversation; je devais prendre patience, éviter un éclat qui pourrait avoir dans ma situation de fâcheuses suites (j'étais grosse alors); il finit par m'assurer que, comme on lui avait fait à son insu jouer un rôle dans cette affaire, il pourrait un jour en prendre un de lui-même.

Je témoignai à M. Fox toute ma reconnaissance de l'intérêt qu'il me marquait, et promis de me guider par ses conseils, dans un point si délicat. Quant à M. Calcraft, l'indifférence que j'avais eue pour lui jusqu'alors fit place à l'indignation. Je méprisais sa bassesse; sa duplicité me fit horreur. Nous eûmes heureusement peu d'occasion d'en venir à une explication; son temps était pris par les affaires, et le mien par mon nouvel emploi et par la société. Mais quelle que fût mon antipathie pour lui, je ne montrai pas moins de zèle à le seconder dans ses occupations.

A cette époque, la popularité de M. Fox, surtout depuis son opposition à l'acte de mariage, était arrivée à un si haut degré, que sa voiture fut plusieurs jours de suite traînée par le peuple, depuis le parlement jusque dans Conduit-street. M. Grierson, curé de M. Wilkinson, fut la première, et je crois la seule victime des dispositions peu sages de cet acte, qui a eu les plus funestes effets sur la société; car c'est aux obstacles qu'il a semés autour des autels de l'hyménée, qu'on peut attribuer le nombre scandaleux d'infortunées qui infestent les rues de cette métropole.

M. Grierson avait violé cette loi en mariant M. Vernon, le chanteur, à miss Poiter, la danseuse, infraction qui le conduisit à Newgate, et le fit condamner à la déportation. Un soir M. Ridout vint nous voir, et nous apprit qu'ayant été en prison voir cet ecclésiastique, il l'avait trouvé confondu avec les derniers des hommes, et privé même du strict nécessaire. Ce récit émut ma sensibilité; je résolus de faire les derniers efforts pour venir au secours de cet infortuné. A cet effet, je commençai par prier M. Ridout de retourner sur ses pas, de conjurer en mon nom M. Alkerman de prendre le vieillard sous sa protection, et de le placer dans une situation aussi commode que sa détention pourrait le permettre. M. Alkerman se prêta, de la meilleure grâce du monde, à ce que je désirais, ce dont je lui ai toujours su gré, retira le prisonnier dans sa maison, lui donna sa table, et prit de lui le plus grand soin, jusqu'au moment de son départ. En même temps, nous lui recueillîmes une somme assez forte, et M. Fox lui donna des lettres qui lui assuraient un bénéfice, quand il serait arrivé à sa destination. Mais le pauvre vieillard avait trop souffert pour tirer aucun fruit de ces bontés de M. Fox : les chagrins, les fatigues du voyage mirent un terme à ses malheurs et à son existence, avant qu'il eût touché la côte d'Amérique.

LETTRE LVIII.

30 mars 17 —.

Pendant qu'on montait la pièce de la Prophétesse, il arriva un incident ridicule, mais qui peint trop bien l'absurdité du temps où j'ai vécu pour que je le passe sous silence. M. Ross me fit l'honneur de me consulter sur le costume d'un empereur romain. Je lui donnai mes idées, et entr'autres avis, je lui recommandai d'avoir une perruque qui ressemblât, autant qu'il serait possible, à la chevelure naturelle. M. Rich, me dit-il, avait pensé qu'elle devait être à larges faces. Je ne pus m'empêcher de sourire; mais prenant un air grave : En ce cas, répliquai-je, prenez-la le plus étoffée que vous pourrez; et pour faire encore plus d'effet, à votre place je mettrais un panier sous ma tunique.

Le sérieux avec lequel je lui débitai ces folies, trompa mon héros; il me quitta, résolu à se conformer à mes avis. Quand il parut ainsi affublé, ce fut la figure la plus grotesque que l'on eût jamais vue sur le théâtre : le brouhaha ne finissait pas ; mais personne ne jouit de cette scène ridicule, plus que moi, à qui le public en avait, sans le savoir, l'obligation. Elle eut au moins le bon effet de faire tomber un des usages les plus absurdes qui se fussent jamais introduits sur le théâtre anglais, celui de costumer les héros grecs et romains en perruques in-folio.

Ce fait me rappelle un usage de la même force, qui n'est pas rare sur la scène française : je me souviens d'y avoir vu Le Kain, dans le rôle d'Oreste, roulant entre ses mains, au lieu de casque, un petit chapeau garni de plumes à l'espagnole, pendant que le reste de son costume était grec.

Mon bénéfice fut cette année aussi brillant qu'à l'ordinaire, et extrêmement lucratif ; mais Alzire offrait trop peu d'incidens et trop de déclamation pour être fort au goût d'un public anglais. Les pièces qu'on jouait n'étant pas dans mon emploi, je ne fus pas très-occupée au théâtre pendant cette saison. Cette inaction était d'ailleurs peu désagréable pour moi, et je ne m'en trouvai que plus heureuse.

L'été suivant notre société de Hollwood fut si nombreuse, qu'elle me devint réellement pénible. J'avais, quelque temps auparavant, fait à lord Granby présent d'un fort beau cheval, que lord Tyrawley m'avait envoyé de Gibraltar; c'était un arabe, d'une vitesse extraordinaire et d'une force proportionnée, ce qui le rendait sans prix. Ce fut une vraie jouissance pour moi de me voir en état de faire un pareil présent à un si respectable homme.

M. Calcraft, qui avait toujours désiré de me voir bien montée, pria le capitaine Shaftoe de me chercher un bon cheval. Le capitaine avait, lui dit-il, une des plus belles jumens qu'il eût jamais montées; mais elle était si fougueuse, qu'il n'en pouvait parfois être le maître; en conséquence, il était sûr qu'aucune femme ne pourrait la conduire. L'honnête Calcraft avait une haute idée de mon habileté; peut-être aussi avait-il l'espoir de me voir rompre le col : il paria une somme considérable que je saurais non-seulement la monter, mais en être absolument maîtresse.

Il vint ensuite à dîner m'apprendre qu'il m'avait acheté une des plus belles jumens qu'on eût jamais vues.

Le lendemain, elle fut amenée à Hollwood; nous l'admirâmes tous; mais on eut mille peines à me résoudre à la monter : ma répugnance parut extraordinaire; car on me regardait comme une des plus hardies écuyères du royaume.

Mes pressentimens ne m'ont jamais trompée : cette fois j'en eus de sinistres, qui ne furent que trop cruellement justifiés. Il fut question de prendre l'air à cheval : d'abord nous allâmes un trot modéré; mais comme nous approchions d'une pièce labourée, un paysan courut officieusement pour nous en ouvrir la barrière : l'instrument de labour qu'il tenait à la main, venant à réfléchir les rayons du soleil, effaroucha ma monture, qui partit comme l'éclair; toute mon habileté ne put la maîtriser. Les personnes qui m'accompagnaient courant avec empressement pour l'arrêter, ne faisaient que l'animer et redoubler sa vitesse.

Mon poignet gauche était presque démis par les efforts que j'avais faits pour retenir l'indocile animal; observant que nous étions sur le bord d'une carrière de pierres, dont il n'était pas en mon pouvoir de le détourner, je me jetai à bas; mais en ce moment j'étais si près du précipice, que j'y tombai, et l'on me crut fracassée.

Avant que mes compagnons fussent arrivés, j'étais revenue du premier évanouissement causé par ma chute, et je m'efforçai de me lever; mais c'était la chose impossible; mon épaule était disloquée, les deux os de mon bras gauche étaient rompus, et on voyait pendre la main, comme si elle eût été séparée. Un officier de la compagnie, qui, dans les combats, avait eu souvent occasion de rendre ces sortes de bons offices, banda mon bras avec son mouchoir, et une voiture qu'on se procura me ramena chez moi.

Un domestique fut dépêché sur le malencontreux animal qui m'avait mise dans cet état, pour appeler M. Adair à mon secours. Ce chirurgien était à Richmond, ce qui retarda son arrivée de quelques heures, et me fit rester tout ce temps dans la plus pénible situation. Pendant qu'il me remettait le poignet, surpris de ne pas m'entendre jeter un seul cri, il se retourna pour voir si je n'avais pas perdu tout sentiment, mouvement qui fit glisser l'os hors de son emboîture : depuis ce temps, il ne m'a plus été possible de tourner cette main.

Les malheurs viennent rarement seuls. Pendant que je gardais la chambre, je reçus un des coups les plus sensibles que j'aie jamais éprouvés. M. Calcraft entrant un jour chez moi pour demander des nouvelles de ma santé, me parut plus pensif que de coutume : sur-le-champ, inspirée par ma prescience ordinaire, je m'écriai : Mauvaises nouvelles d'Amérique! Comme il ne répondait qu'en secouant sa tête, je repris : Mes craintes ne sont que trop prophétiques, et j'ai perdu un second père. Il m'apprit alors tous les détails de la défaite et de la mort du meilleur de mes amis, le général Braddock. A cette déchirante nouvelle, je m'abandonnai à une douleur sans bornes, qui me donna la fièvre ; ces maux compliqués firent quelque temps craindre pour ma vie.

Comme on a souvent reproché à ce brave guerrier de la dureté, on me pardonnera de placer ici une anecdote qui prouve le contraire.

Un jour que nous nous promenions au parc, nous apprîmes qu'on allait punir un pauvre soldat; sur quoi je priai le général d'intercéder pour le coupable. L'officier général, nommé Dury, auquel il s'adressa, lui demanda s'il y avait long-temps qu'il s'était corrigé lui-même de la brutalité de ses manières. « Jamais, répondit Braddock, je » n'ai été insolent envers mes inférieurs. Ce » n'est qu'avec les gens qui vous ressemblent » que je prends le ton qu'ils méritent. »

Durant le même intervalle de temps, je reçus des nouvelles d'une toute autre nature, et qui, si elles n'eussent pas été illusoires, m'auraient mise en état de me venger à mon gré de la perfidie de M. Calcraft, en assurant mon indépendance.

Peu de jours après que la fièvre m'eut quittée, il entra dans ma chambre, en criant comme un fou : Votre fortune est faite, votre fortune est faite. Je n'entendis rien d'abord à ce langage. Alors il tira un papier public, et me lut un paragraphe qui me concernait. C'était un avis portant que, depuis peu, Thomas Sykes, écuyer, était mort dans une province méridionale de France, et avait laissé à mistriss Bellamy, actrice de l'un des théâtres de Londres, son intérêt dans les fonds publics d'Angleterre, et ses propriétés de la Haye; articles qui passaient tous deux pour être très-considérables. Pour les autres particularités, on devait s'adresser à M. Loyd, Garden-Court, au Temple.

Je ne me souvins pas d'abord d'avoir jamais eu connaissance d'une personne de ce nom; les affaires publiques absorbaient alors toutes mes pensées, et m'avaient fait oublier tout ce qui ne les concernait pas. Enfin, au bout de quelque temps, ma mémoire me rappela un homme que le hasard m'avait fait rencontrer chez mon cousin Crawford, à Watford, et qui était beau-frère du capitaine Bellamy, mari de ma mère. Ce dernier acte de sa vie me parut parfaitement répondre à la singularité de son caractère.

M. Calcraft, qui n'adorait d'autre divinité que Plutus, courut au Temple. M. Loyd l'informa qu'un testament, d'accord avec le paragraphe des papiers publics, avait été depuis quelques mois soumis à son examen. Il en montra une copie à M. Calcraft, en ajoutant que l'original, s'il n'était pas dans les mains de M. Sykes, au moment de sa mort, était probablement entre celles de M. Crawford, qui avait un logement dans la même cour, mais dont la résidence habituelle était à Watford.

Aussitôt mon zélé négociateur prend la poste pour Watford. Là il apprend de M. Crawford, que M. Sykes, avant de quitter l'Angleterre, avait beaucoup demandé de mes nouvelles, et, qu'informé que j'étais alors à Paris, il s'était flatté de m'y retrouver dans quelqu'endroit public. Qu'au reste, le valet de chambre qui l'avait suivi au midi de la France, devait bientôt rapporter en Angleterre le testament avec les restes de son maître. Celui-ci avait exprimé le désir qu'ils fussent déposés dans l'église de Sainte-Marguerite, quartier de Westminster. M. Crawford finit par assurer M. Calcraft qu'il avait raison de croire que ce legs me vaudrait au moins cinquante mille livres, dont la majeure partie était alors dans les fonds anglais.

De nouvelles recherches confirmèrent

l'exactitude des renseignemens donnés par M. Crawford. Mais le malheur fut que le valet de chambre de M. Sykes, voulant s'assurer la possession des effets de son maître, et trouvant les restes du défunt tout aussi bien dans l'endroit où il était mort, que dans le lieu saint où celui-ci avait demandé qu'on les déposât, n'avait jugé à propos de rapporter ni le testament, ni le corps en Angleterre. En même temps il se ménagea un asile qu'on ne put jamais découvrir. Quelques années après, lorsque je fis un voyage en Hollande, j'appris qu'un long espace de temps s'étant écoulé sans qu'il se présentât de réclamant légal, les possessions hollandaises étaient échues aux États-généraux. Par la même raison, l'argent déposé dans les fonds anglais y est encore. C'est ainsi que la fortune ne fit briller un instant à mes yeux ses faveurs, que pour m'en faire sentir plus cruellement la privation.

LETTRE LIX.

8 avril 17 —.

M. Rich me pressait vivement de retourner à Londres avant que l'état de mon bras me le permît. Enfin, je me trouvai assez bien rétablie, pour reprendre mes travaux dramatiques. Je reparus par le rôle de la comtesse Rutland, dans le *Comte d'Essex* (1). Quand je vins à la scène de folie, je me jetai à terre, suivant l'usage; mais de peur que la chute n'affectât le bras fracturé, je tombai sur le côté droit, au lieu du gauche. Mistriss Clive, qui était dans une loge, s'en aperçut;

---

(1) Tragédie de Henry Jones. Cet auteur, né en Irlande, était maçon de son métier. Le comte de Chesterfield lui trouvant quelque talent, le prit sous sa protection, et l'amena en Angleterre. Il y fit cette tragédie, qui eut un grand succès : on la donna douze fois de suite. Jones, s'étant ensuite éloigné de son patron, tomba dans la misère. Il est mort en 1770, dans le grenier d'un café.

(*Note du traducteur.*)

son bon cœur lui fit tout oublier; elle s'écria :
« Ciel! elle vient de se casser l'autre bras! »
Le public prit l'alarme, et eut la bonté de demander qu'on baissât la toile. Mais ma promptitude à me relever lui prouvant que je ne m'étais fait aucun mal, il me laissa continuer, et à la fin de la scène, je fus plus applaudie que je ne l'avais jamais été ; témoignage d'intérêt que je dus, sans doute, à la saillie involontaire partie du cœur sensible de cette excellente femme.

Nous cherchâmes ensuite à monter des pièces dans lesquelles miss Nossiter pût paraître avec moi. Ses progrès étaient rapides, et en auraient fait une acquisition précieuse pour le théâtre; mais ce jeune fruit ne devait point venir à maturité. L'infortunée était frappée au cœur. En apprenant que Barry avait quitté sa femme, et formé des liaisons avec mistriss Dancer, elle tomba malade: une mort prématurée mit bientôt fin à sa douleur. Elle laissa, en mourant, à son infidèle, la disposition de sa fortune, et la faculté d'offrir ses diamans à sa rivale.

Ce même hiver, mistriss Gregory, depuis mistriss Fitz-Henry, élève de M. Spark, débuta dans le rôle d'Hermione. Elle promettait d'être une actrice utile, quoiqu'elle ne fût plus dans la fleur de la jeunesse, et que sa tournure eût peu d'élégance. Elle avait de la fraîcheur, mais sans délicatesse dans les traits; sa voix avait de l'éclat, sans douceur, et cependant l'ensemble la fit paraître quelque temps avec une sorte de réputation.

Elle joua, cette saison, le rôle d'Alicia, pour le bénéfice de M. Spark, ainsi que pour le mien, et ensuite le rôle de Zara, pour le compte de son maître. Je jouai dans la même pièce (1) celui d'Almaria.

Quelques années après, à son retour d'Irlande, elle reparut au théâtre de Drury-lane, dans le rôle de Calixta, et, à mon grand regret, n'y reçut pas beaucoup d'accueil. J'avais mieux auguré de ses progrès, quand nous jouâmes ensemble dans le *the Distressed Mother*. Je prenais un tel intérêt à son succès, que lorsque je repris le rôle d'Andromaque, nous fûmes obligées de nous prêter mutuellement une partie de notre parure, parce qu'elle n'avait pas encore de

---

(1) The Mourning Bride.

diamans. J'ai souvent depuis demandé de ses nouvelles, sans pouvoir jamais apprendre ce qu'elle était devenue.

Vers la même époque, lord Tyrawley revint de son gouvernement de Gibraltar. Bientôt après son arrivée, il fut cité devant la chambre des communes, à l'instigation d'un pair plus distingué par ses talens que par sa bravoure personnelle. L'accusation portait sur les frais énormes qu'avaient entraînés durant son gouvernement les réparations de la place.

Lorsqu'il fut admis à la barre, il se contenta de répondre que, n'ayant jamais été très-économe de son argent, mais en ayant fait usage quand l'occasion le requérait, il avait disposé des fonds publics toutes les fois qu'il l'avait jugé nécessaire. Acquitté de la manière la plus honorable, il tira un papier de sa poche, et le fit passer à l'orateur. C'était une lettre du roi, qui contenait l'approbation de sa conduite, et allait même jusqu'à remercier le lord des précautions qu'il avait prises pour mettre en défense une place de cette importance.

La chambre parut désirer de savoir pourquoi le lord n'avait pas, avant tout, fait mention de cette pièce, qui aurait levé tous doutes, et épargné toute discussion. Il répondit que la faveur dont le prince l'avait honoré était déjà, sans doute, la justification la plus flatteuse ; mais que pour montrer qu'il en était digne, il avait voulu être disculpé par la nation elle-même, dont il était le soldat.

Quelque temps après, lord Tyrawley fut nommé président de la cour martiale, par laquelle devait être jugé le même pair qui l'avait fait citer devant la chambre des communes; mais il s'en excusa. On connaissait bien, disait-il, son impartialité, et l'on savait qu'aucune considération ne pouvait le porter à voter contre sa conscience ; mais comme les circonstances ne semblaient pas être à l'avantage du noble accusé, son opinion, en cette conjoncture, pourrait être attribuée, par des personnes peu délicates, à des sentimens de vengeance dont il était incapable.

Son arrivée en Angleterre me jeta dans un très-grand embarras. S'il avait refusé de me voir pendant que je vivais avec M. Metham, à plus forte raison se refuserait-il à toute correspondance avec moi, en me trouvant sur le même pied avec un homme fort inférieur à mon premier amant. Cependant, comme M. Calcraft, lorsqu'il avait appris la mort de M. Sykes, avait parlé sérieusement de notre prochain mariage, je résolus de patienter encore, quoiqu'il eût cessé de toucher cette corde. En conséquence, mylord nous croyant réellement mariés, voulut bien entrer dans notre société : quelque temps après, il me donna son agence. Son régiment étant celui de Cold-Stream, cette agence ne laissait pas que d'être lucrative. M. Calcraft promit de m'en abandonner les émolumens ; mais je n'en ai jamais touché une guinée.

De toutes les femmes que je voyais, lady Tyrawley était la seule qui connût ma véritable situation. Elle m'honorait d'une affection aussi tendre que si j'eusse été sa fille.

C'est à elle que je dus l'intimité de lady Powerscourt et de lady Dillon, la douairière. Comme le contrat que m'avait donné M. Calcraft était à ses yeux une véritable promesse de mariage, elle n'avait pas fait scrupule de leur donner à entendre que j'étais mariée, et ces deux dames étant connues pour des modèles de vertu et de décence, personne ne pouvait imaginer qu'elles en violassent les lois au point de visiter une personne engagée dans une liaison irrégulière.

Lord Digby ayant été indisposé, resta quelques jours chez M. Calcraft, de peur de trop alarmer sa mère, dont l'affection pour lui était sans bornes. Mais il nous quitta, dès qu'il lui fut possible, pour rejoindre sa mère et ses frères, pour lesquels il avait la plus tendre affection. Ce jeune homme ne se livrait point aux excès auxquels s'abandonne notre jeune noblesse. Avec une belle figure, il avait un excellent cœur. Généreux sans ostentation, et modeste, quoiqu'ayant beaucoup voyagé, il parlait peu, mais ce qu'il disait annonçait un sens exquis. On ne lui a jamais rien entendu dire de choquant ; on ne l'a jamais rien vu faire de malhonnête : sa mère, et mon estimable ami M. Fox, étaient jumeaux. Ils avaient l'un pour l'autre un attachement aussi rare que la singularité de leur naissance.

Lord Digby venait souvent dans Parliament-street; et comme ses visites me fournissaient une occasion naturelle d'observer sa conduite, je ne pus m'empêcher de remarquer dans son air et dans sa mise un singulier changement : aux fêtes de Noël et de Pâques, il était plus grave qu'à l'ordinaire, et portait constamment un vieil habit bleu. J'étais tentée, ainsi que d'autres, d'attribuer cette bizarrerie périodique à quelque affaire de cœur.

M. Fox, qui voyait ordinairement son neveu fort bien mis, fut curieux de pénétrer le motif de cette altération dans sa toilette. Sur son désir, le major Vaughan et un autre ami se chargèrent d'épier les pas du jeune lord. Le voyant prendre la route de Saint-George-Fields, ils le suivirent de loin, et ne le perdirent de vue qu'à la porte de la prison de Marshalsea.

N'imaginant pas quel motif pouvait conduire dans un pareil séjour un homme de son rang et de sa fortune, ils s'enquirent du geôlier, si tel homme qu'ils lui dépeignaient n'était pas entré dans la prison? — Oui, messieurs, répliqua le porte-clefs; mais ce n'est pas un homme, c'est un ange : il vient ici deux fois l'an, quelquefois plus souvent, et délivre nombre de prisonniers. Non content de cette bonne œuvre, il leur donne de quoi se soutenir eux et leurs familles, jusqu'à ce qu'ils puissent trouver de l'occupation.

Ces nouvelles furent bientôt portées à M. Fox, et causèrent un vif plaisir à son cœur humain et sensible. Mais dans la crainte que son neveu ne fût blessé de la manière dont on s'était procuré ces renseignemens, il nous pria de garder, sur la découverte, le secret le plus profond.

Ma curiosité l'emporta sur cette injonction. La première fois que je vis le jeune lord avec son habit de *bonnes fortunes*, je lui demandai la cause de cette singularité. Il me promit, avec un regard où se peignait toute la sensibilité de son ame, de satisfaire bientôt ma curiosité. Comme nos ames, dit-il, étaient à l'unisson, il ne craindrait point de me conduire dans le lieu auquel convenait son costume.

La veille du jour pris pour cette visite, il vint me prier de me tenir prête pour le lendemain. Nous nous rendîmes au séjour de misère où il avait si souvent porté la consolation. Mais de peur que je ne fusse incommodée de l'humidité, il me fit conduire à une auberge du village, où un dîner était déjà commandé pour les objets de son humanité. Là, j'eus le plaisir de voir près de trente personnes arrachées aux horreurs d'une prison malsaine, au moment le plus rigoureux de l'année....... Je n'entreprendrai pas de décrire l'effusion de tous ces cœurs reconnaissans, ni de peindre la douce émotion du bienfaiteur. Pour moi, je n'ai de ma vie été témoin d'une scène si touchante.

Mon récit devient pénible, et mes larmes me permettent à peine de l'achever. Cet intéressant jeune homme, qui devait faire l'honneur de l'Angleterre, passa quelque temps après en Irlande pour visiter ses terres : obligé, par la prétendue hospitalité du pays, de boire plus qu'il n'avait coutume de faire, et cela au moment où il était indisposé, il contracta un esquinancie qui l'emporta dans la fleur de son âge.

Sa mort priva les pauvres d'un généreux bienfaiteur, ses connaissances d'un compagnon aimable, et son pays d'un de ses plus beaux ornemens. Mais celui pour qui sa perte fut le plus sensible, fut le major Vaughan, dont il était le protecteur inconnu. Le major recevait régulièrement, à chaque quartier, une gratification de 50 livres, dont il faisait honneur au comte Fitz-William, qui, élevé avec lui, l'avait toujours beaucoup estimé. La mort du lord Digby lui révéla la main délicate qui savait obliger avec tant de grâce.

Le major avait, en effet, l'estime de tous ceux qui le connaissaient. Son père l'avait élevé dans l'espoir d'une grande succession; mais le vieillard, venant à mourir subitement, ne laissa à son fils d'autre héritage qu'une bonne éducation jointe à un excellent cœur. Ce renversement de toutes ses espérances n'avait rien changé à son caractère; son ame était aussi contente et son front aussi serein que s'il avait possédé des millions.

LETTRE LX.

15 avril 17 —.

L'INDISPOSITION de lady Caroline l'obligeant d'aller à Bath, le secrétaire de la guerre passait avec nous la majeure partie de son temps. Ce fut alors que M. Pitt attaqua, dans la chambre des communes, la mémoire du feu comte d'Oxford (sir Robert Walpole), qui avait été son patron et celui de M. Fox : le dernier défendit la cause d'un ami qui n'était plus : ce fut le premier différent qui s'éleva entre ces deux hommes célèbres. Le ministre de la guerre y gagna l'affection et les remercîmens personnels de son souverain, qui conservait un tendre attachement pour un si fidèle serviteur.

Je suis tentée de vous esquisser ici le caractère de ces deux grands rivaux de gloire. Leurs qualités étaient aussi différentes que leurs personnes. Les talens de M. Pitt, comme orateur, étaient véritablement étonnans; mais ses discours, mis sur le papier, paraissaient quelquefois superficiels, et la satire y dégénérait en outrages. Sa personne attirait l'admiration. Doué d'une grâce et d'une élégance qui captivaient les esprits, il commençait d'un ton grave et très-bas; mais, haussant la voix par degrés, il s'échauffait, s'élevait jusqu'à l'enthousiasme, et finissait par en inspirer à ses auditeurs. Sa voix était en même temps harmonieuse et forte, surtout dans son médium; aussi son articulation était-elle assurée, et ne perdait-on jamais ses finales. C'était, de plus, un des meilleurs acteurs que j'aie jamais vu, sans en excepter Garrick. Une scène dont j'eus le plaisir d'être témoin, vous donnera une idée de son talent en ce genre.

Un parent de M. Pitt (1) s'avisa un jour de se donner les plus grands éloges au milieu de la chambre des communes, et répéta fréquemment, dans son discours, le mot *where* (où). M. Pitt, perdant patience, se lève, et semble vouloir sortir de la chambre; mais quand il est près du ministre, qui parlait en-

---

(1) M. Georges Grenville.

core, il tourne court et se met à chanter assez haut ce refrain de chanson :

Gentle shepherd, tell me where, where, where, etc.

(Gentil berger, dites-moi où, où, où, etc.)

et continue jusqu'à ce qu'il ait atteint la galerie. Cette saillie de gaieté excita un éclat de rire universel, et l'orateur bafoué garda pour la vie le sobriquet de Gentil Berger (1).

Soit indisposition, soit pour convaincre ses auditeurs qu'il pouvait les mener d'une main, M. Pitt tenait souvent sa main gauche en écharpe; mais l'aisance qui lui était naturelle, faisait qu'aucune de ses attitudes ne paraissait ni gauche, ni pénible.

---

(1) Cette espiéglerie ne paraît pas très-propre à prouver ce qu'avance mistriss Bellamy; mais les derniers momens de M. Pitt, devenu lord Chatam, qui se fit porter expirant à la chambre des pairs pour y plaider la cause de la liberté naissante en Amérique, prouvent qu'il savait quel est sur les hommes rassemblés le pouvoir d'un spectacle nouveau. Dans cette belle scène, l'orateur fut vraiment un grand acteur, puisqu'il joignit au charme de l'éloquence la magie des circonstances extérieures. Tel peut-être n'entendit point son *discours*, qui fut séduit, entraîné par son *action*. (*Note du traducteur.*)

Son contemporain, M. Fox, n'avait ni sa voix, ni ses manières, ni ses grâces personnelles; mais il le surpassait en jugement, en discernement, et surtout par un véritable amour de son pays. Moins familier que M. Pitt avec les fleurs, ses discours avaient moins d'éclat au premier coup-d'œil; mais ils étaient fondés sur une base plus solide, la vérité. Sa voix était sonore, mais de temps en temps désagréable.

Les débats qu'entraînait leur rivalité, prolongeaient quelquefois les séances de la chambre, jusqu'à une heure de la nuit fort avancée. Souvent nous ne pouvions nous mettre à table que le lendemain matin, et rarement étions-nous, même à cette heure, moins de vingt personnes. Cette nombreuse société augmentait la fortune du maître de la maison, sans orner son esprit, polir ses manières ni ennoblir son cœur. Son avarice n'en était pas moins sordide, excepté sur le chapitre de la table, pour laquelle il n'épargnait aucune dépense; car c'était un franc épicurien, dans toute la force du mot.

Il avait un frère, M. Thomas Calcraft, qui avait été élevé comme lui, et dans la même école, à Leicester; mais, persuadé, en sa qualité d'aîné et de chef de son auguste famille, que ce jeune homme ne devait pas être plus savant que lui, il me querella, pour avoir insisté sur ce qu'il le mît quelque temps dans la pension de Soho-Square. C'était le parfait contraste de *l'honnête Jacques*, devenu l'écuyer *Jean Calcraft*. Ses traits étaient doux; sans les ravages de la petite vérole, il eût été d'une fort jolie figure. Il avait, d'ailleurs, un bon cœur, une ame généreuse, et, à cela près d'un certain goût pour la bouteille, il différait autant de son frère, que deux hommes peuvent différer entre eux.

Quand il fut en âge, M. Calcraft lui acheta une commission dans l'armée, où le crédit de son frère rendit son avancement très-rapide. Lorsque le jeune officier prit congé pour aller rejoindre son régiment en Ecosse, son frère lui fit noblement cadeau de deux guinées, en sus des frais de voiture. Mes représentations m'attirèrent, pour toute réponse, que mon indulgence rendrait le drôle aussi extravagant que je l'étais moi-même.

M. Fox s'était fait un point d'honneur de

procurer à son commis tout ce qui pouvait dépendre du pouvoir de sa place, ou même de son crédit, alors fort grand, sur l'esprit du roi. Outre les neuf régimens et les six compagnies indépendantes, dont M. Calcraft était l'agent; outre les fournitures de charbon de terre et d'habits pour les colonies, il venait d'être nommé payeur général au bureau du génie, et commissaire des revues. Sa Majesté, ayant de fréquentes occasions de signer des papiers où il était question du personnage, avait eu la curiosité de demander ce que c'était que son cher cousin John Calcraft (1). Flatté d'avoir attiré l'attention de son souverain, et glorieux d'une fortune qui l'égalait aux plus grands seigneurs, il prit une haute idée de son importance; en conséquence, il se détermina à satisfaire la curiosité du roi, et à commencer, au premier jour de naissance, son apprentissage du métier de courtisan.

Hommes et femmes me consultaient assez généralement sur leur parure; aussi M. Cal-

---

(1) Terme usité dans toutes les patentes.

craft me fit-il l'honneur de me demander mon avis, en cette grande occasion. Je lui conseillai de prendre un habit brun, couleur alors fort en vogue, doublé de satin blanc, avec des boutons d'or. Cet habit convenait à sa profession de financier; il pouvait dissimuler sa tournure commune et son masque de charretier; mais mes conseils ne flattant point sa fantaisie, il s'en rapporta à son propre goût, et nous apprêta fort à rire.

Le grand jour arrivé, tous ceux qui m'avaient consultée, tout ceux que je recevais habituellement, vinrent nous voir, en passant pour se rendre à la cour, afin de nous montrer leurs habits. Lady Rochfort n'y allant pas, parce qu'elle était alors en deuil de son père, m'avait fait l'honneur de venir passer la journée avec moi, pour partager le plaisir de cette espèce de revue. L'affluence des élégans et des merveilleuses fut assez considérable. Mais, au milieu de cette volée, quelle fut ma surprise, de voir paraître mon petit-maître de fraîche date, affublé d'un habit blanc, à paremens de velours bleu, veste et culotte pareilles, et brodés en grenouilles d'argent!

A l'apparition de cette grotesque figure, la comtesse ne put retenir un cri d'effroi, qui le déconcerta au point de lui faire faire une prompte retraite, et il nous laissa la liberté de rire à ses dépens et de faire des réflexions sur son absurdité. J'ignore s'il parut à la cour dans toute la pompe de sa gloire; je ne me suis jamais donné la peine de m'en informer. Mais à dîner, il reparut avec son frac bleu; et jusqu'à ce que le champagne lui eût rendu quelque assurance, il parut très-mortifié d'avoir fait, le matin, la risée de la compagnie.

Quelque temps après, il me donna son portrait en miniature, peint avec le costume du jour de naissance. Mais ici même sa vilenie ne lui permit pas de faire un présent passable : des brillans lui paraissaient trop chers, et l'entourage n'était qu'en roses. Je fis de cette misère le cas qu'elle valait; car je n'ai jamais porté ce beau portrait; je ne sais même ce qu'il est devenu.

Notre frère Tom revint bientôt d'Écosse, et obtint une commission dans le régiment des gardes. Il devint mon Sigisbé : je l'aimai comme un frère, et je pris pour le polir des peines qui ne furent pas infructueuses. Pour l'écuyer, il n'était pas susceptible de culture. Son ignorance était telle, qu'un jour, dans une promenade à Cliefden, nous voyant admirer le gladiateur, il demanda ce que ce mot voulait dire. Depuis, j'exigeai et j'obtins qu'il se tût en pareil cas, au moins quand je serais présente. C'était exactement l'homme que Shakespeare a tracé dans ces vers de son Marchand de Venise (1) :

« L'homme dont l'oreille est insensible aux
» charmes de la musique, dont le cœur n'est
» à l'unisson avec aucun accord, est fait pour
» la fraude et la trahison ; les mouvemens de
» son esprit sont pesans comme la nuit, et ses
» affections noires comme l'Érèbe : défiez-
» vous d'un pareil homme. »

J'ai déjà observé que la nature lui avait donné un jugement solide et une intelligence forte : heureusement ces facultés n'avaient pas reçu de l'éducation un développement qui eût pu faire de lui un homme très-dangereux ; car son ambition était sans bornes, et ni les périls, ni la dépense ne l'effrayaient, quand il était

---

(1) Acte V, scène Ire.

question de la satisfaire; mais en toute autre occasion, il était froid jusqu'à la lâcheté; de plus, rapace, insolent, et de la plus sordide économie.

Tel était le misérable avec qui j'étais condamnée à passer le reste de ma vie. Je ne me serais pas permis de faire un portrait si hideux d'un homme depuis si long-temps méprisé et oublié, si, dans un temps postérieur, il n'avait pas arrêté la publication d'une lettre que je lui adressais, et qui l'aurait fait repentir de l'insolence qu'il avait alors d'offrir ses vœux à une personne d'une des premières familles du royaume.

J'avoue pourtant lui avoir dû une seule faveur pécuniaire durant les neuf ans et demi que nous avons vécu sous le même toît. Le capitaine Frank O'Hara, mon frère, dont je n'entendais parler que quand il avait besoin d'argent, ou quand il était en prison, m'apprit, par un billet, qu'il était arrêté et détenu dans la maison de l'officier du shériff, dans la rue Stanhope, Clare-Market, pour une dette de 60 liv., que son père, lord Tyrawley, avait refusé de payer pour lui. M. Calcraft, à qui je montrai sa note, se rendit sur-le-champ à la prison, acquitta la dette, et ramena mon frère. C'est la seule fois qu'il m'ait paru presque aimable.

FIN DU PREMIER VOLUME.

www.ingramcontent.com/pod-product-compliance
Lightning Source LLC
Chambersburg PA
CBHW072112220426
43664CB00013B/2094